FURAHA GANACSIGA
Bilaabista iyo kobcinta ganacsiga

Saciid Cali Shire

Daabacaaddii 1aad
Buuh Publications

1

BUUH
PUBLICATIONS

BUUH PUBLICATIONS
is part of
BUUH CONSULTING LTD

First published in 2008

Daabacaadii 1aad

Buuh Consulting
11 Evington Drive
Leicester, LE5 5PF
www.buuh.biz
saidshire@buuh.net

ISBN 978-0-9559426-0-0

Published in United Kingdom
Waxaa lagu daabacay Ingiriiska
Cover design: Maxamad Sh. Cabdalle
Printed and bound in Great Britain by
CPI Antony Rowe, Chippenham, Wiltshire

Buuggaan waxaan u hibeeyey waalidkay:
Aabe Cali Shire (Eebe ha u naxariisto,
Firdowsana ha ka waraabiyo)
iyo
Hooyo Faadumo Cali Farax.
Waxaan leeyahay:
*"Eebow ugu naxariiso si ka fiican siday iigu naxariisan
jireen markii aan yaraa"*

3

Hordhac

Buuggan, oo ah kii ugu horreeyey ee ka hadla bilaabista iyo kobcinta ganacsiga yar-yar, ku qoran af-soomaali, una qoran qaab akadeemig ah, cutubyadiisa iyo qaabka uu u qoran yahay labadaba waxa saldhig u ah saddex arrimood: (1) Cashar diyaarin la xiriirta maaddada antrabranoornimada iyo ganacsiga yar-yar (entrepreneurship and small business) oo aan ka dhigi jirey Macaahid sare oo ku yaala Boqortooyada Ingiriiska (UK) sanadihii 2001-2005; daraasado aan ku sameeyey ganacsiga iyo ganacsatada Soomaalida sanadihii u dhexeeyey 2001-2008; iyo waaya'aragnimo gaamurtay oo la xiriirta la talinta sharikaadka yar-yar iyo kuwa dhexe oo aan ka shaqaynayey ilaa 1996-dii.

Buuggan, waxa sidoo kale saldhig u ah, daraasad socotay mudo labo sano ah oo koobtay: xaaladda uu qofka Soomaaliga ahi ku sugan yahay inta uusan bilaabin ganacsiga; noocyada ganacsiga ee Soomaalidu xushaan iyo asbaabaha ay ku xushaan; qaabka ay fikradda ku helaan, qaabka ay u horummariyaan iyo qaabka ay u qiimeeyaan; asbaabaha keena in ganacsiyada Soomaalida qaar kobcaan, qaarna dhintaan; duruufaha maammul iyo hoggaamin ee soo wajaha sharikaadka Soomalida; qaabka suuqgeynta iyo xisaabaadka maaliyadda ay u sameeyaan; iyo qaabka ay u fahmaan isagana caabiyaan tartanka.

Guud ahaan saddex qaybdood ayuu buuggu ka kooban yahay. Qaybta 1aad, *fahanka ganacsiga yar-yar iyo antrabranoornimada*, waxay muuqaal ka bixinaysaa dhalashadda sharikaadka yar-yar iyo dadka bilaaba sharikaadkaas. Qaybtaas oo ka kooban saddex cutub, waxay qaadaa dhigayaa qaabka Sharikaadku u samaysmaan iyo dabeecadaha dadka bilaaba sharikaadkaas.

Qaybta labaad, oo ka hadlaysa *bilaabista, horummarinta, kobcinta iyo fashilka ganacsiga*, waxay marka hore wax ka iftiiminaysaa qaababka loo helo fikradaha ganacsiga (qaababka loo dhaliyo fikradaha, qaabka fikradda loogu beddelo fursad iyo qaabka loo miisaamo fursadda). Waxay marka xiga wax ka taabanaysaa qaabka loo sameeyo qorshe ganacsi. Waxa kale oo qaybtaasi dulmar kooban ku samaynaysaa sida loo bilaabo shirkadda. Labada cutub ee ugu danbeeya qaybtani waxay faahfaahin ka bixinayaan koboca iyo fashilka sharikaadka yar-yar.

Qaybta saddexaad, oo daawo u raadinaysa waxyaabaha sharikaadka Soomaalidu ku liitaan, waxay ka kooban tahay afar cutub: tartanka, suuqgeynta, istaraatiijiyadda iyo maaliyadda xisaabaadka. Meesha cutubka tar-tanku ka waramayo sida loo fahmo tartanka iyo sida loo ilaashado suuqa; cutubka suuqgeyntu wuxuu soo bandhigayaa qaababka loo goboleeyo suuqa, loo xusho gobol ka mid ah, looguna mitido gobolkaas la xushay. Wuxuu sidoo kale wax yar ka taabanayaa sida loo sameeyo suuq

5

baaris (market research). Cutubka maaliyadda xisaabaadku wuxuu ka waramayaa sida loo helo maalgelin xalaal ah iyo sida loo maareeyo maalgelintaas. Cutubka istaraatiijiyadu, wuxuu guudmar ku samaynayaa sida loo sameeyo istaraatiijiyad shirkadda gaarsiin karta koboc.

Buuggan, oo ujeeddadiisa ugu weyni la xirriirto, sare u qaadista tirada iyo tayadda ganacsiga iyo ganacsatada Soomaalida, laba kooxood ayaa si gooni ah niyadda loogu hayey markii la qorayey: (1) dadka ku talo jira in ay yagleelaan ganacsi gaarsiin kara himilooyinkooda - himilooyinkaasi ha noqdeen maalqabeenimo ama in ay magac ku dhex yeeshaan mujtamaca; iyo (2) dadka ku dhex jira ganacsiga, laakiin, jecel in ay wax ka beddelaan jihada ay u socdaan iyo xawliga ay ku soconayaan labadaba.

Maaddaama buuggu u qoran yahay qaab akadeemig ah, waxaa loo isticmaali karaa koorsooyinka 'entrepreneurship and small business management' ee sanadaha 2aad ama 3aad ee jaamicadaha dalka. Waxaa sidoo kale buugga wehel iyo saaxiib ka dhigan kara siyaasiyiinta iyo aqoonyahanada ku hawlan sidii sare loogu qaadi lahaa tirada iyo tayadda ganacsiga Soomaalida.

Ugu danbayn, in kastoon intii mudo ah aan ku dhex jirey cilmiga antrabranoornimada iyo ganacsiga yar-yar, daraasado badana aan ku sameeyey ganacsiga iyo ganacsatada Soomaalida, haddana ma sheegan karo in aan ka soo kor laabtay waxyaabaha saamaynta ku yeelan kara ganacsiyada Soomaalida oo dhan. Buuggani, waxa kaliya oo uu soo guuriyey nuxurka daraasadihii aan ku sameeyey ganacsiga iyo ganacsatada Soomaalida. Dadka ku takhasusay ama waaya'aragnimada gaamurtay u leh maaddadan, gunaanadka buuggaan iyo aragtiyaha uu xanbaarsan yahay intaba waxbay ka oran karaan.

Saciid Cali Shire

B.Sc (Hon), PGD, M.A., M.Sc., M. Phil., MIBC, MIIBF

6

Mahadnaq

Mahad dhammaanteed waxa iska leh Allaah (ST), nabadgeliyo iyo naxariisina ha ahaato rasuulkiisa Muxammad (SCW).

Waxa farxad ii ahayd in aan la kulmo ganacsato iyo aqoonyahanno Soomaaliyeed oo aad u fara badan muddadii aan ku dhex jiray baaritaanka iyo qorista buuggaan. Waxan oran karaa, soo bixitaanka buuggaan, Eebe naxariistiisa iyo galladdiisa gadaasheed, waxaa qayb weyn ka qaatay talooyinkii iyo tusaalooyinkii ganacsatadaas iyo aqoonyahanadaas. Ugu horayn, waxan mahad ballaaran u jeedinayaa ganacsatadii ila wadaagtay waaya'aragnimadooda ganacsiga. Marka xiga, waxan mahadnaq aan midkaas ka yarayn u jeedinayaa aqoonyahanadii: caqliga, cilmiga, guubaabada iyo garabistaaga intaba ka geystay qorista buuggaan.

Dhowr qof ayaa iga mudan in aan si gooni ah ugu mahadceliyo. Dhanka guubaabada iyo talobixinta waxaan si gooni ah ugu mahadcelinayaa: Dr. Sheekh, Maxamuud Cabdiraxmaan Maxamuud; Ustaad Cabdiqani Qorane Maxamed, Cumar Guureeye Kaarshe, Cabdirisaaq Sh. Cali, Inj. Yusuf Musse Cartan iyo Dr. Maxamed Cusman. Dhanka talo bixinta afka-Soomaaliga iyo sixitaanka buugga waxan si gooni ah ugu mahad celinayaa Maxamed Cabdixaliim. Waxan isna mahad ballaaran u jeedinayaa Maxamad Sh. Cabdalle oo gacan weyn ka geystay dhanka naqshaddaynta iyo qurxinta buugga. Ugu danbayn waxan mahad ballaaran u jeedinayaa aqoonyahanadii iyo ardaydii xogta ka soo ururiyey gobollada kala duwan ee Soomaaliya iyo waddammada deriska la ah.

Waxa la yiraahdaa *'nin fiican haddaad aragto, waxa ka danbaysa gabar fiican'*. Waxa mahad ballaaran iga mudan xaaskayga, Samsam Mire (khayru-nisaa), oo muddadii aan ku jiray hawsha buugga, anigoo hawshii guriga iyo tarbiyadii caruurta labadaba ku dayacay, haddana guubaabo ila garab taagnayd har iyo habeen. Waxan sidoo kale mahad u jeedinayaa caruurtayda: Sumaya, Salma, Subayr, Usama iyo Shayma oo muujiyey sabir iyo dulqaad mudadii aan ku hawshanaa baarista iyo qorista buugga.

Ugu danbayn, heerkasta oo qofku nolosha ka gaaro, waxa jira, galladda Eebe gadaasheed, dad libinhaynteedda leh, oo haddii qalinku hilmaamo qalbigu uusan hilmaamin. Waxaan mahadnaq ballaaran u jeedinayaa, walaalkay Nuur Cali Shire, oo qayb weyn ka soo qaatay dhinackasta oo ka mid ah noloshayda.

Waxaan dhammaan dadkii gacanta ka geystay soo bixitaanka buuggaan leeyahay; Ilaahay ha idinka abaal mariyo, miisaanka xasanaadkana ha idiinku daro wanaagyada faraha badan.

Tusmada Buugga

QAYBTA 1aad

Fahanka ganacsiga iyo ganacsatada

Cutubka 1aad
Ganacsiga yar-yar: guudmar

Cutubka 2aad
Dhalashada ganacsiga

Cutubka 3aad
Antrabranoornimada

Cutubka 4aad
Hal-abuurnimada iyo ikhtiraaca

Ganacsiga Yar-yar: Guudmar

"Twenty years from now you will be more disappointed by the things that you didn't do than by the ones you did do. So throw off the bowlines. Sail away from the safe harbor. Catch the trade winds in your sails. Explore. Dream. Discover"
- Mark Twain

Soddonkii sano ee la soo dhaafay, isbeddel aad u weyn ayaa ku dhacay magaca iyo maamuuska loo hayo ganacsiyada yar-yar. Isbeddelladaas waxa ugu weynaa qiimaha iyo qaddarinta ganacsiyada yar-yari ku yeesheen mujtamacayada dhexdooda. Meesha waagii hore maamuus loo hayey ganacsiyada waaweyn oo kaliya, maanta waxa adduunka intiisa badan la isku raacsan yahay in mustaqbalka horummar ee waddan ku xiran yahay tirada iyo tayada ganacsiyada yar-yar ee waddankaas.

Cutubkan oo muuqaal guud ka bixinaya ganacsiyada yar-yar wuxuu ka kooban yahay laba qaybood. Meesha qaybta hore iftiiminayso ganacsiga yar-yar iyo ahmiyadiisa, qaybta labaad waxay dulmar kooban ku samaynaysaa ganacsiga Soomaalida

Markaad akhridid cutubkaan waxaad:
- Kala fahmi doontaa noocyada kala duwan ee ganacsiga (kuwo yar-yar, kuwa dhexe iyo kuwa waaweyn)
- Muuqaal fiican ka qaadan doontaa ahmiyadda ganacsigu u leeyahay dhaqaalaha iyo horumarka waddan.
- Aragti guud oo fiican ka qaadan doontaa taariikhda iyo baaxadda ganacsiga Soomaalida.
- Waxaa sidoo kale wax kaaga bidhaami doonaan wanaagyadda iyo ceebaha ganacsiga iyo ganacsatada Soomaalida

Ganacsiyada yar-yar: qeexid

Halbeegyo kala duwan ayaa la isticmaalaa marka la qeexayo ganacsiyada yar-yar. Qeexiddaha qaarkood waxay isticmaalaan halbeegyo ay ka mid yihiin: tirada dadka ka shaqeeya, iibka, faa'iidada, iyo qiimaha shirkadda. Bolton (1971)[1], guddigii loo saaray in uu qiimayn ku sameeyo ganacsiga yar-yar ee Boqortooyada Ingiriiska (UK), wuxuu isticmaalay laba qeexidood. Qeexidda hore, waxay ugu yeereen 'qeexid dhaqaale' (economic definition), qeexidda labaadna 'qeexid tirakoob' (statistical definition). Qeexidda dhaqaale waxay ku doodaa in shirkadi tahay mid yar markay buuxiso saddex shuruudood:

1. In saamaynta ay ku leedahay sayladda ganacsigu aad u yar yahay;
2. In ay maammulaan dadka shirkaddaas iska leh, una maammulaan qaabka ay iyagu doortaan oo aan badanaa ahayn qaab horummarsan; iyo
3. In aysan qayb ka ahayn shabakad shirkaddo ah.

Qeexidda labaad oo kala abla-ablaysa noocyada kala duwan ee sharikaadka, waxay isticmaashaa tirada shaqaalaha ama iibka shirkadda. Tusaale ahaan, shirkaddaha waxsoosaarka (manufacturing) waxa la oran karaa waa shirkad yar haddii tirada dadka ka shaqeeya ka yar yihiin 200 oo qof, halka ganacsiga tafaariiqada la oranayo waa shirkad yar haddii iibkoodu ka yar yahay £50,000.

Midowga Yurub (European Union) waxay iyagu sharikaadka yar-yar u kala saaraan laba nooc: nooca hore oo ay ugu yeeraan sharikaad aad u yar-yar (micro-enterprises) waa sharikaad ay ka shaqeeyaan dad ka yar 9 qof; nooca labaad oo ay u bixiyeen sharikaad yar-yar (small enterprises) waxa ka shaqeeya 10-99 qof. Hay'adda waddanka Maraykanka u qaabilsan sharikaadka yar-yar oo loo yaqaanno SBA, oo iyana isticmaasha 'qeexid tirakoob', waxay shirkad ugu yeeraan 'shirkad yar' haddii dadka ka shaqeeya shirkaddaas ka yar yihiin 500 oo qof.

Nooca qeexid iyo halbeega lagu cabbiro labaduba waxay ku xiran yihiin heerka horummar iyo nooca sharikaadka ee waddankas. Tusaale ahaan, Albaaniya, sharikaadka waxaa loo kala qaybiyaa saddex qaybood: sharikaad aad u yar-yar (micro-enterprise); sharikaad dhex-dhexaad ah (medium size enterprise); iyo sharikaad waaweyn. Sharikaadka aadka u yar-yar waa sharikaadka ay ka shaqeeyaan hal qof; sharikaadka dhexe waxa ka shaqeeya 2-10; meesha sharikaadka waaweyn ay ka shaqeeyaan dad ka badan 10 qof.

Mancellari's (2002), aqoonyahan wax ka qora Albaaniya oo u shaqeeya Bangiga Adduunka, wuxuu isticmaalaa qeexid kulmisa tirada

---

[1] Bolton Report (1971), Committee of Inquiry on Small Firms, HMSO, Cmnd 4811

dadka ka shaqeeya shirkadda iyo iibka shirkadda. Qeexiddaasi waxay tiraahdaa: sharikaadka aadka u yar-yar waa sharikaad ay ka shaqeeyaan ilaa 2 qof, iibkooduna ka yar yahay 25,000 USD; sharikaadka dhexe waxa ka shaqeeya 2-10 qof, iibkooduna wuxuu u dhexeeyaa 25,000-100,000 USD; sharikaadka waaweyn waxa ka shaqeeya wax ka badan 10 qof, iibkooduna wuxuu ka badan yahay 1,000,000 USD.

Anagoo ka duulayna qeexidda Mancellari's (2002) waxan ganacsiga Soomaalida u kala saarnay saddex nooc:

- **Ganacsi aad u yar-yar**: waa ganacsi ay ka shaqeeyaan wax ka yar 5 qof, iibkiisuna ka yar yahay 100,000 USD, sanadkii;
- **Ganacsi dhexe**: waa ganacsi ay ka shaqeeyaan dad tiradoodu u dhexayso 5-20, iibkiisuna u dhexeeyo 100,000 – 1,000,000 USD;
- **Ganacsi weyn**: waa ganacsi ay ka shaqeeyaan wax ka badan 20 qof, iibkiisuna ka sareeyo 1,000,000 USD.

In kastoo qeexiddaasi kala abla-ablayn karto, muuqaal fiicanna ka bixin karto ganacsiga Somaalida, haddana haddaad dib u fiiriso qeexidii Bolton, waxad arkaysaa in xataa sharikaadka aan ku sheegnay in ay yihiin kuwo dhexe ama waaweyn ay qeexid ahaan hoos imaanayaan sharikaadka yar-yar marka laga fiiriyo dhinaca maammulka. Baaxad kasta oo sharikaadka Soomaalidu gaaraan, dhinaca maammulka wali waxad arkaysaa in ay maammulaan dadkii lahaa una maammulaan nidaam iyagu doorteen oo badanaa aan ahayn nidaam cilmiyaysan.

Ahmiyadda ganacsiga yar-yar

Laga soo bilaabo bilowgii qarnigii dhammaaday, adduunka intiisa badan waxa laga aamminsanaa in sharikaadka waaweyni yihiin lafdhabarta dhaqaalaha. Aamminaadaasi waxay salka ku haysay baaxadda sharikaadkaasi lahaayeen dhinaca iibka iyo shaqaalaynta. In kastoo dhaqaalayahanadu ilaa xilli fog hadal hayeen saamaynta sharikaadka yar-yari ku leeyihiin dhaqaalaha (tusaale ahaan, Schumpeter, 1934), haddana sawirkii laga haystay sharikaadka waaweyni wuxuu is beddelay markii Birch (1979) daraasad uu ku sameeyey waddanka Maraykanka (USA) uu daboolka ka qaaday in 81.5% shaqooyinkii abuurmay sanadihii u dhexeeyey 1969-76 ay abuureen sharikaad yar-yar. Isla sanadahaasna, sharikaadka waaweyni (Furtune 500) dhimeen shaqaale sare u dhaafaya 5 milyan oo qof.

Daraasado kale oo isla arrintaas lagu sameeyey ayaa muujiyey, meesha 1960 afartii qofba mid ka mid ahi u shaqayn jiray sharikaadka waaweyn, in 1990, 14-kii qof hal ka mid ihi u shaqeynayey sharikaadkaas waaweyn. Sidoo kale, tirokoob dhowaan ay soo bandhigtay hay'ada ganacsiga yar-yar u qaabilsan waddanka Maraykanka (SBA) ayaa iyana arrintaas sii xaqiijisay[2]. Tirokoobkaasi wuxuu muujiyey in 2004-tii sharikaadka yar-yar ay ka shaqaynayeen dad sare u dhaafaya 55 milyan oo qof; isla sanadkaas guddihiisana abuureen 1.9 milyan shaqo, meesha sharikaadka waaweyni dhimeen shaqaale sare u dhaafay 1.2 milyan oo qof.

Dhinaca Midowga Yurub, inkastoo ahmiyadda ganacsiga yar-yar la aqoonsanaa laga soo bilaabo dhammaadkii todobaatanaadkii, haddana aqoonsigaasi wuxuu meeshii u sareysay gaaray markii la qabtay shirkii Lisbon, sanadkii 2000. Shirkaas waxa lagu aqoonsaday in ganacsiga yar-yari yahay lafdhabarta dhaqaalaha ee Midowga Yurub. Iyagoo ka duulaya aqoonsigaas ayaa 2003-dii Midowga Yurub daabacay bayaankiisii caanka ahaa ee loo yaqaaney 'entrepreneurship in Europe'[3]. Bayaankaasi wuxuu kor-istaagay istaraateejiyada Midowga Yurub damacsan yihiin in ay sare ugu qaadaan tayada iyo tirada sharikaadka yar-yar. Arrintaasi waxay salka ku haysay isbeddellada isdaba joogay ee ku dhacayey sharikaadka waaweyn ee Yurub. Tusaale ahaan, Jarmalka oo ahaa waddanka ugu dhaqaale ballaaran Midowga Yurub, adduunkana ahaa kan saddexaad, intii u dhexaysay 1991-1995 warshadaha waxsoosaarku waxay dhimeen shaqaale sare u dhaafaya 1.3 milyan oo qof.

Dhinaca Boqortoyada Ingiriiska (UK) oo sharikaadka yar-yari: shaqaaleeyaan dad sare u dhaafaya 13 milyan oo qof; mas'uul ka yihiin 66% dhaqaalaha soo gala waddanka; mas'uul ka yihiin 75% waxa waddanka dibedda uga baxa (export); gacan weyna ka geystaan casriyaynta iyo sare u qaadista heerka hal-abuurnimo iyo ikhtiraac ee waddanka, waxay dawladdu daabacday qorshe ay damacsantahay in ay waddanka ka dhigto meesha ugu fiican adduunka ee ganacsi laga yagleelo[4]. Qorshahaas oo lagu magacaabo 'making the UK the best place in the world to start and grow business', wuxuu taxayaa sidii dawladdu: u samayn lahayd dhaqan weelayn kara ganacsiga; u dhiirigelin lahayd bilaabanka ganacsi yar-yar oo fara badan; sare ugu qaadi lahayd awooda ganacsiyadaas; waxna uga qaban lahayd waxyaabaha ganacsiyada yar-yari ka eed-sheegtaan sida helitaanka maalgelin iyo shaqaale aqoon leh.

Arrintaasi kuma koobna waddanka Boqortooyada Ingiriiska oo kaliya, waxad arkaysaa, in waddanka Talyaaniga 92% sharikaadka waddankasi yihiin kuwo yar-yar ayna shaqaaleeyaan wax ka badan 90% dadka ka shaqeeya waddankas. Dhinaca Denmark, sidoo kale wax ka badan 93% sharikaadka waddankasi waa kuwo yar-yar. Dhamaan, waddamada aan magacawnay iyo kuwa aynaan magacaabin waxay leeyihiin qorshe istaraatiiji ah oo ay sare ugu qaadayaan bilaabanka iyo koboca sharikaadka yar-yar.

Dhinaca waddammada isku bahaystay ururka APEC-OECD ahmiyad weyn ayay sharikaadka yar-yari agtooda ka leeyihiin. Sida ururkaasi soo

2 US Small Business Administration (SBA), Small Business Economy (2007)
3 Green Paper; Antrabranoorship in Europe (2003), European Commission, Brussels
4 Annual Small Business Survey (2007), Small Business Services, London, UK

saaray, 98% sharikaadka ka hawlgala waddammadaas waa sharikaad yar-yar. Sharikaadkaasi waxay shaqaaleeyaan wax ka badan 60% dadka shaqeeya waddamadaas. Si ay u abuuraan bay'add saalix u ah sharikaadka yar-yar, wasiirada u qaabilsan sharikaadka yar-yar ee waddammadaasi kulan ay ku yeesheen magaalada Tasmania ee waddanka Ustaraaliya (Australia) waxay aqoonsadeen doorka sharikaadka yar-yar, waxayna isku raaceen in sharikaadka yaryar loo sameeyo wax alaale wixii tas-hiilaad ay u bahanyihiin si ay u noqdaan kuwo caan ku ah hal-abuur iyo ikhtiraac[5].

Dhinaca dunida saddexaad, sharikaadka yar-yari waxay door weyn ka geystaan dhinacyada dhaqaalaha, mujtamaca iyo siyaasadda intaba. Dhinaca dhaqaalaha, sharikaadka yaryari waxay abuuraan shaqooyin, waxay sare u qaadaan hantida dadka iyo waxsoosaarka waddanka, waxayna si fudud u gudbiyaan tiknoolojiyada cusub. Dhinaca mujtamaca, sharikaadka yar-yari waxay la dagaalammaan faqriga, waxay gundhig u yihiin horummar isu dheellitiran (balanced development), waxay badeecooyin iyo adeegyo gaarsiiyaan meelo aan cid kale gaarsiin karin. Dhinaca siyaasadda, sharikaadka yaryari waxay isu soo dhoweeyaan mujtamacyada, waxay door libaax ka qaataan qaybinta hantida (distribution of wealth), waxayna abuuraan shaqaale xirfad leh.

Dhinaca Soomaaliya, sharikaadka yar-yari waxay shaqaaleeyaan wax ka badan 97% dadka ka shaqeeya waddanka guddihiisa; waxay masuul ka yihiin wax ka badan 60% dhaqaalaha soo gala waddanka; waxay mas'uul ka yihiin horummarka tiknoolojiyada; waxay gacanta ku hayaan dhammaan adeegyada bulshadda sida caafimaadka, waxbarashada iwm.

Iyagoo ka duulaya ahmiyadda ganacsiga yaryar iyo doorka ay ka ciyaaraan horummarka, ayaa hay'ad loogu yeero 'Global entrepreneurial Monitor', waxay bilowday 1997 in ay ururiso xog sanadle ah oo cabbira heerka antrabranoornimo ee qaar ka mid ah waddammada adduunka. Xogtaas oo sanadkii 2007-dii laga soo ururiyey 42 waddan oo isugu jira waddamo dakhligoodu sareeyo iyo waddamo dakhligoodu dhexdhexaad yahay ama hooseeyo, waxay muujisay in waddammada dakhligoodu hooseeyo ama dhex-dhexaadka yahay ay sharikaadka yaryari kaga badan yihiin waddammada dakhligoodu sareeyo. Qaar ka mid ah waddammadaas sida Thailand wax ku dhow 50% dadka da'doodu u dhexayso 18-64 waxay ama ku dhex jiraan ama waddadii ay ku bilaabi lahaayeen hayaan ganacsi yar. Dhinca waddammmada dakhligoodu sareeyo Iceland (12.4%) iyo Maraykunka (9.6%) ayaa ugu horeeya samaysanka sharikaadka yar-yar, meesha Astria (2.4%) iyo Belgium (3.2%) ay ugu hooseeyaan[6].

---

[5] 14th APEC-OECD SME Ministrial meeting, Tasmania, Australia, 8-9 March 2007
[6] Niels Bosma, Kent Jones, Erkko Autio, and Jonathan Levie (2008), Global Antrabranoorship Monitor, Global Antrabranoorship and Research Consortium (GERA) Babson College, London Business School.

Laga soo bilaabo xilligaas Birch tooshka ku ifiyey doorka ganacsiga yaryari ka ciyaaraan horummarka, waxa maalinba maalinta ka danbaysa sare u sii kacaysay ahmiyadda ganacsiga yar-yar. Ahmiyaddaasi waxay gaartay heer dad badani (fiiri, Holcomber, 1998) ganacsiga yar-yar ugu yeeraan 'matoorka koboca dhaqaalaha'. Waxa maanta la isku waafaqsan yahay in xiriir adagi ka dhexeeyo heerka horummar ee waddan iyo tirada ganacsiga yar-yar ee waddankas. Waxa sidoo kale la isku waafaqsan yahay in sharikaadka yaryari aysan sare u qaadin dakhliga waddan soo gala iyo shaqaalaynta oo kaliiya, ee ay beddelaan muuqaalka iyo qaabdhaqanka mujtamaca oo dhan. Waxa intaas dheer in ganacsiga yar-yari: yahay isha ugu weyn ee ay ka soo burqadaan fikradaha cusub ee hal-abuurka ah; sare u qaadaan waxsoosaarka; joogteeyaan koboca dhaqaalaha; sare u qaadaan heerka iyo awoodda tartan ee waddan; soona nooleeyaan bulshooyin dabargo ku dhowaa (sii dhimanayey).

Si haddaba loola jaanqaado geedigaan cusub, ayaa waddamo badani u guntadeen sidii ay sare ugu qaadi lahaayeen tirada iyo tayada ganacsiga yar-yar. Si marwalba loo helo tiro ganacsi oo cusub ayaa waddammadaasi bilaabeen sidii ay u abuuri lahaayeen dhaqan weelayn kara ganacsiga yar-yar. Hayaankaan cusub oo loogu yeero 'dhaqan ganacsi' (enterprise culture) ujeeddadiisa ugu weyn waa sidii ganacsigu uga mid noqon lahaa dhaqan maalmeedka bulshadda. Waxa sidoo kale ka mid ah ahdaafta hayaankan cusub in jiilka yar-yar, dhalinyaradu, yeeshaan dareen iyo aqoon ganacsi, si ganacsigu uga mid noqdo waddooyinka macquulka ah ee ay qaadi karaan mustaqbalka.

Soo noolaanshaha ganacsiga yar-yar

Sidaan sare ku soo xusnay, magaca iyo maamuuska sharikaadka yar-yari wuxuu si aad ah sare ugu kacay wixii ka danbeeyey dhamaadkii todobaatanaadkii. Laga soo bilaabo xilligaas, sharikaadka yar-yari waxay noqdeen kuwo ay si aad ah u hadal hayaan aqoonyahannada, siyaasiyiinta iyo shuruuc dejiyayaashu intuba. Inkastoo, sharraxaado kala duwan laga bixiyo soo noolaanshaha sharikaadka yar-yar, sadex walxood ayaan ka magacaabaynaa:

Aragtida suuqa xorta (free-market): Aragtidaas, oo ay saldhig u ahaayeen isbedelo siyaasadeed oo ka dhacay Maraykanka iyo Ingiriiska, waxay ganacsiyada yar-yar ka dhigeen 'astaantii siyaasadeed ee xiligaas'. In kastoo, Reagan iyo Thatcher, madaxweynihii iyo Ra'iisal wasaarihii Maraykanka iyo Ingiriiskana ee xiligaas, labaduba ku andacoodeen in ganacsiga yar-yari yahay 'aasaaska xoriyadda', haddana, waxa la og yahay in shaqola'aantii iyo bur-burkii dhaqaale ee ka dhashay kacdoomadii siyaasadeed ee Barigga Dhexe ay qayb weyn ka ahaayeen soo noolaynta sharikaadka yar-yar.

Aragtida Marxis: Dadka aamminsan aragtida Marxis, waxay kor-u-kaca magaca iyo maamuuska sharikaadka yar-yar ku sharraxaan nooc cusub oo saydarayn ah. Waxay yiraahdaan; sharikaadka waaweyni marka xaaladda dhaqaale ku xumaato, waxay waaxyaha ama qaybaha aan faa'iidada fiican samaynayn ku wareejiyaan sharikaadka yar-yar, maaddaama sharikaadka asi aysan lahayn ururo shaqaale oo u dooda xuquuqda shaqaalaha, kharashkooduna aad u hooseeyaa. Hoosaynta kharashka iyo dulminta shaqaalaha ayay ku doodaan in sharikaadka waaweyni jaanisyada u siiyaan sharikaadka yar-yar.

Aragtida isbedelka dhaqanka: Aragtidaan oo soo shaac baxday dhamaadkii todobaatanaadkii waxa gundhig u ah aragti tiraahda 'markasta oo koboca sharikaadka waaweyni aad sare ugu koco, waxa ka dhasha dhibaatooyin, sida kaliya ee dhibaatooyinkaas lagu xallin karaana waa in dib loogu noqdo asalkii'. Waxay yiraahdaan sharikaadka yar-yari waxay u fiican yihiin bay'adda, mujtamaca iyo dhaqaalaha intaba. Marka kooxdani, xiisahan cirka isku shareeray ee loo hayo sharikaadka yar-yar waxay ku sharaxeen isbedel loo baahnaa oo salka ku haya isbedelada ku imaanaya dhaqanka mujtamaca.

Sidii la rabo ha loo sharaxee, dhowr asbaabood ayaa saldhig u ah koboca tirada iyo tayada sharikaadka yar-yar ee Galbeedka:

1. **Sare u kaca adeega bulshada**: wixii ka danbeeyey dhamaadkii todobaatanaadkii waxa hoos u dhacay sharikaadka wax soo saarka, waxana sare u kacay sharikaadka ku hawlan adeegyada (service). Sare u kacaasi wuxuu salka ku hayaa dhowr arrimood oo la xiriira: awooda tartanka ee sharikaadka adeegyada; rabitaanka macaamiisha; iyo isbedelada ku yimid dhaqanka.
2. **Soo if-baxa ganacsiyo cusub** sida kombuyuutarada iyo intarnetka: ganacsiyadaas oo xoogoodu bilaabmeen 20-kii sano ee u danbaysay waxa badidooda bilaabay sharikaad cusub.
3. **Isbedel ku yimid qaabdhaqanka** sharikaadka waaweyn. Qaabdhaqankaasi waa mid door-bida in meeshii wax kasta shirkadda weyni soo saari lahayd ay isticmaasho sharikaadka yar-yar (out-sourcing).
4. **Isbedelo ku yimid hay'adaha dawliga ah**. Laga soo bilaabo sideetanaadkii, hay'ado badan oo dawli ahaa ayaa la shacabeeyey. Shacabayntaasina waxay dhalisay in ay samaysmaan sharikaad fara badan.
5. **Sare u kaca shaqo la'aanta**. Shaqala'aantii ka dhacday Galbeedka todobaatanaadkii ayaa iyana loo tiiriyaa in ay qayb weyn ka gaysatay kacaankan cusub.

Soomaalida iyo ganacsiga

"Some people are soo good at learning the tricks of the trade that they never get to learn the trade"
Sam Levenson

Su'aalo badan ayaa ka taagan xilligii ganacsiga Soomaalidu bilowday, meelihii uu ka bilowday, ciddii bilowday, ciddii ay la ganacsan jireen iyo waxyaabihii ay ka ganacsan jireen intaba. Inkastoo raadad dhowr ah laga sharqamiyo, sida xiriirkii ganacsi ee Faraaciinta iyo Dhulkii Uduga, haddana lama hayo wax xaqiijinaya waqtigii, meelihii, heerka iyo baaxadda ganacsigaas.

Si aragti kooban looga qaato taariikhda ganacsiga Soomaalida, saddex seben (era) ayaan u qaybinay. Sebenka 1aad, oo ka bilaabma xilligaas la tibaaxo in Soomaalidu ganacsi la lahaayeen Faraaciinta, wuxuu ku dhammaadaa shirkii Baarliin ee lagu qaybsaday Qaarada Afrika. Sebenka 2aad, oo ka bilaabma markii Soomaaliya gacanta u gashay gumaysiga ilaa laga soo gaaro dhicitaankii dawladii dhexe ee Soomaaliya (1991). Sebenka saddexaadna, waa sebenka hadda aan ku jirno oo loogu yeero 'sebenka jahliga iyo jaah-wareerka'.

Sebenka 1aad, inkastoo uu waqti ahaan dheer yahay, haddana lama hayo taariikh qoran oo muuqaal buuxa ka bixinaysa ganacsiga iyo ganacsatada Soomaalida, marka laga reebo qoraalo kooban oo ka hadla magaalooyin gaar ah ama gobolo gaar ah. Buuggaagta laga qoray meelo gooni ah waxa ka mid ah buugga uu qoray, Eebe ha u naxariistee, Axmed ibn Yaxya ibn Fadlilaah al-Cumari. Buuggaas oo dhowr mug (volume) ka kooban, hal mug ayaa ka hadlaya ganacsigii Imaaradihii la oran jiray 'Imaaraatu sabca' ee ku yaalay Badda Cas. Sebenkaas, ganacsiga Soomaalidu wuxuu u badnaa gedisle, waxyaabaha ugu waaweyn ee laga ganacsadana waxay ahaayeen xoolaha nool, haragga, subagga iyo xabagta. Waxaa meelaha qaarkood soo raacay raashinka, dharka iyo maacuunta.

Sebenka 2aad, waxa waddanka soo maray saddex nidaam: (1) nidaamkii gumaysiga; (2) nidaamkii shibilka; iyo (3) nidaamkii askarta. Inkastoo saddexdaas nidaam kala duwanayeen marka laga fiiriyo hadafkooda ganacsiga iyo aalaadka (tools) ay isticmaali jireen si ay u kobciyaan ganacsiga, haddana waxay ka midaysnaayeen hal shay: waxa jiray nidaam dawli ah. Meesha labada nidaam ee hore aad isugu dhowaayeen marka laga fiiriyo ujeeddada ay ka lahaayeen ganacsiga, noocyada ganacsiga iyo tirada ganacsiga intaba, mar-marna laba oran karo nidaamka danbe wuxuu sii xoojiyey ahdaaftii nidaamka hore, wax weyn ilaa hadda lagama fahansana ujeeddooyinkii nidaamka danbe. Isbeddelo fara badan oo ku yimid nidaamka siyaasadeed, tabardaro dhanka maammulka iyo maaraynta ah iyo qaangaar la'aan dhanka siyaasadda ah ayaa adkeeyey in wax laga fahmo nidaamkaas.

Sebenka saddexaad oo bilowday Janaayo 1991-dii wuxuu soo maray saddex marxaladood. Marxaladii 1aad (1991-1993), 'marxalad colaadeed'. Marxaladdaan ganacsi qumani ma jirin, hadduu jirana wuxuu ku ekaa xudduudaha qabiilka. Marxaladii 2aad (1994-1997), 'marxaladii baraarugga. Marxaladdaan oo libinteedda inta badan la siiyo Axmed Nuur Jimcaale, gudoomiyihii Al-Barakaat, waxa samaysmay sharikaad tiro ahaan iyo tayo ahaanba ka fiican kuwii hore oo ka gudbay xudduudii qabiilka, xudduudahaasi ha noqdeen kuwo maskaxiyan ah ama kuwo dhul ah. Waxa kale oo marxaladdaas bilaabmay sharikaad ay ku wada jiraan dad ka kala yimid gobollada kala duwan ee dalka.

Marxaladda saddexaad (1998 – maanta), 'marxalad horummar'. Waa marxalad ganacsiga Soomaalidu gaaray meeshii ugu fiicnayd, marka laga fiiriyo dhinaca tirada iyo tayada labadaba. Marxaladdaan waxa samaysmay sharikaad dhexe iyo kuwo waaweyn oo leh nidaam maammul oo casri ah. Sidoo kale, xilligan, ganacsiga Soomaalidu wuxuu noqday mid ka dhex muuqda oo laga dhex aqoonsado dhammaan waddammada Soomaaliya deriska la ah iyo meelo kale oo ka mid ah adduunka.

Tirada iyo baaxadda ganacsiga Soomaalida

"He who knows only his side of the case, knows little of that"
John Stuart

Maaddaama aysan jirin cid diiwaan gelisa tirada iyo baaxadda ganacsiga Soomaalida, way adagtahay in la helo tiro go'an. Hawshaas waxa sii fogeeyey dhowr arrimood oo ay ka mid yihiin: waddammada kala duwan ee ganacsiyada Soomaalidu ku yaalaan; sharciyada ay ku furtaan ganacsiga; iyo qaabka ganacsiga Soomaalidu u samaysan yahay. Tusaale ahaan, dhinaca waddammada kala duwan ee Soomaalidu ka ganacsadaan, waxan mudadii aan wadnay daraasaddaan diiwaan gelinay wax ka badan 45 waddan oo Soomalidu ganacsi ku leeyihiin; dhinaca sharciyada, maaddaama Soomaalidu qaateen jinsiyado kala duwan, waxay ganacsiga ku furtaan jinsiyadahaas faraha badan; dhinaca qaabka, ganacsiga Soomaalidu badanaa ma raacaan waddooyinka la yaqaanno siiba dhinca diwaangelinta, xisaabaadka iyo maammulka.

Daraasaddan, oo ah tii u horaysay ee nooceedda oo kale ah marka la fiiriyo baaxadda xogta ay soo ururisay, meelaha ay ka soo ururiyey xogtaas iyo waqtiga ay qaadatay, waxay qiyaastay in tirada ganacsiga Soomaalidu waxoogaa ka sareeyo 10,000 oo ganacsi. 98% ganacsiyadaasi yihiin kuwo aad u yar-yar; 1.5% yihiin kuwo dhexe; 0.5% yihiin kuwo waaweyn[7].

Ganacsiyada nooca hore (9,800), oo badidoodu ku yaalaan waddanka guddihiisa, waxa ka mid ah: dukaamada, dabakaayooyinka, makhaayadaha, baararka shaaha, gaadiidka, iwm. Inta soo hartay waxay badi ku yaalaan meelo ka baxsan Soomaaliya, siiba magaalooyinka yar-yar ee dunida saddexaad. Ganacsiyada dhexe (150), badidoodu waxay ku yaalaan magaalooyinka waaweyn (Muqdisho, Hargaysa, Boosaaso,

---

[7] Fiiri qeexida ganacsiga yar-yar

Kismaayo, Burco, iyo Gaalkacyo) iyo waddammada deriska la ah Soomaaliya (Kenya, Yugaandha, Mozambiig, Zaambiya, Koonfur Afrika iyo Isutaga Imaaraadka Carabta). Ganacsiyada nooca waaweyn oo tiro ahaan aan ka badnayn 50 waxa ka mid ah: xawaaladaha; sharikaadka isgaarsiinta (telecommunications); sharikaadka qalabka dhismaha; sharikaadka soo dejiya cuntooyinka; sharikaadka ka shaqeeya bagaashka; iwm. Waxa dhowaan sharikaadkaas ku soo biiray laba nooc oo cusub oo kala ah: warshadaha iyo sharikaad dhismayaal ka fuliya waddammada Imaaraadka, Kenya, Koonfur Afrika iyo meelo kale.

Baaxad ahaan, waxa la qiyaasaa in sharikaadka Soomaalidu gacanta ku hayaan hanti sare u dhaafaysa 6 bilyan oo Doolarka Maraykanka ah ($6 bilyan). Hantidaas, oo 60% ka diiwaan gashan tahay waddanka didediisa. Meelaha xoogeedu ka diwaangashan tahay waxa ka mid ah: Isutaga Imaaraadka Carabta, Keenya, Jabuuti, Sacuudi Carabiya, Zambiya, Koonfur Afrika, Cumaan, Tanzania, Mosombiig iyo meelo kale. Dhinaca gudaha, daraasaddu waxay qiyaastay in 75% hantida taala gudaha Soomaaliya ka diiwan gashan yihiin saddex magaalo: Muqdisho, Hargeysa iyo Boosaaso.

Dhibaatooyinka hortaagan ganacsiga Soomaalida

"You must learn from the mistakes of others. You can't live long enough to make them all yourself"

Sam Levenson

In kastoo guud ahaan, dhibaatooyin isku mid ah, ama isku dhow-dhow ay hortaagan yihiin ganacsiyada Soomaalidu, haddana, farqi weyn ayaa u dhexeeya ganacsiyada ka furan waddanka guddihiisa iyo kuwa ka furan waddanka dibeddiisa. Sidoo kale, waxa jira dhibaatooyin gaar ku ah ganacsiyada qaarkood iyo gobollada qaarkood. In kastoo dhibaatooyinka dadku tibaaxeen aad u fara badnaayeen, haddana waxan ku soo ururinaynaa dhowr dhibaato:

Dawlad la'aanta: Dhibaatooyinka ganacsatada ka hawl gala waddanka guddihiisu xuseen waxa ugu weyn dhibaatooyin ka dhashay bur-burkii dawladii dhexe ee Soomaaliya. Bur-burka dawladii dhexe ma ahayn mid ku kooban haykalkii sare ee dawladda oo kaliya, ee wuxuu ahaa mid saameeyey dhammaan heerarka nolosha oo dhan. Tusaale ahaan, dalkii wuxuu u qaybsamay tuulooyin; dadkii wuxuu u kala soocmay beelo; waxa lumay kalsoonidii iyo aamminaaddii ganacsiga aasaaska u ahayd; meelaha qaarkood waxa ka samaysmay nidaamyo aan u naxariisan ganacsiga iyo ganacsatada, meelaha qaarkoodna waxaba ka dillaacay dooxato aan wax nidaam ah aqoon; waxa bur-buray hay'adihii iyo nidaamyadii ganacsiga taari jiray oo dhan sida: bangiyadii LC-ga laga furan jiray, macaahidii soo saari jiray xirfadlayaasha iyo maxkamadihii madaniga ahaa.

Dawla'd la'aantu waxay sidoo kale keentay in la lumiyo xuquuq badan oo ganacsatadu lahaayeen, siiba marka laga hadlayo waddammada deriska ah, sida Imaaraadka Carabta iyo Keenya. Qofka Soomaaliga ah, naftiisa iyo xoolihiisuba, waxa kor ka ilaashada oo mas'uul ka ah qof kale. Mid ka mid ah ganacsatada ayaa ii sheegey in 'welwelka ugu weyn uu ka qabo waxa ku dhacaya naftiisa iyo xoolihiisa hadday iska hor yimaadaan qofka kafiilka ka ah'. Dhibaatooyinkaas waxa ka mid ah kuwo la xiriira safarka, soo dejinta, dhoofinta, furashadda shatiyada ganacsiga iwm. In kastoo la isku dayay in xal loo raadiyo dhibaatooyinkaas, hadana midnimo la'aan iyo tafaraaruq ku salaysan beel iyo nin jeclaysi, oo ka dhex taagan ganacsata Soomaaliyeed, ayaa sii fogeeyey xal u helista arrintaas.

Helitaanka nidaam maammul (management system): In kastoo sharikaadka oo dhammi ka dhawaajiyeen baahida ay u qabaan nidaam maammul oo ku habboon duruuftooda ganacsi, haddana baahidaasi waxay ku xoog badan tahay sharikaadka koboca samaynaya. Dhibaatooyinka sharikaadkaasi xuseen waxa ugu weyn in heerka aqoonta maammulka iyo heerka koboca shirkaddu aysan isu dheelli tirnayn. Waxay intaas ku dareen in sida qaalibka ah nidaamka maammul ee Sharikaadku uusan isla beddelin koboca sharikaadka. Mid ka mid ah maammulka sharikaadka waaweyn oo arrintaas sharraxaya ayaa yir, "waxad arkaysaa in nidaamkii maammul ee jiray markii hantida shirkaddu ahaa $20,000 uusan waxba ka duwanayn kan shirkaddu ku dhaqmayso marka hantideedu sare u dhaafto $20 milyan". Aqoonta heerka maammul oo ka hooseysa kan shirkaddu u baahan tahay waxa ka dhasha laba dhibaato. Meesha dhibta hore la xiriirto fursado badan oo shirkaddu heli lahayd oo ka hoos baxa, dhibta labaad waxay sababtaa dhibaato shirkadda gaarsiisan karta fashil ama dhimasho oo ka dhasha khaladaad aan laga fiirsan oo lagu dhaqaaqay.

Dhibaatooyinka maammulka ee sharikaadkaasi ka cabanayaan waxa ka mid ah in aan la kala saarrin milkiilanimda iyo maammulka. Kala saarid la'aantaas waxa ka dhasha in ay adkaato in la sameeyo nidaam xisaabtan iyo nidaam mas'uuliyadeed oo qeexan (accountability). Xisaab la'aantu waxay keentaa in kalsoonidu yaraato. Nin ka mid ah maammulka shirkaadka waaweyn oo arrintaas tusaale ka bixinaya ayaa yiri, "maammul-xumadu waxay gaartey heer la kala saari waayo hantidii shirkadda (hantidaas oo ka dhexaysa dad badan) iyo hantidii labada ama saddexda qof ee maammulka haya". Maammul xumada waxa sidoo kale ka dhashay dhibaatooyin kale oo ay ka mid yihiin anshaxii ganacsiga oo hoos u dhacay.

Dhexgal la'aan: Dhexgal la'aantu waxay keentay, meeshii suuqa la isku balaarrin lahaa, in meel yar oo ciriiri ah, sidii koronkor la isku buurto. Tusaale ahaan, waddammada ganacsiyada Soomaalidu ku yaalaan waxad arkaysaa in 80% ganacsiyada Soomaalidu hal meel ku wada yaalaan; hal wax ka wada ganacsadaan; hal macaamiil ah eryadaan; waxa kaliya ee ay ku tartammaana yahay sicirka (price war). Dhexgal la'antaas waxa saldhig u ah saddex arrimood: (1) Soomaalida oo xaddaarada dhexgalku ku cusub yahay;

24

(2) luqadaha meelahaas lagaga hadlo iyo dhaqanka dadkaas oo aan la baran; iyo (3) cabsi laga qabo dhexgalka.

Dhibaatooyinka kale ee sharikaadkaasi ka dhawaajiyeen waxa ka mid ahaa: helitaan shaqaale aqoon iyo ammaano leh, iyo in la helo la-taliyeyaal (consulting). Hawlaha la isla ishaaray in la-taliyeyaashu qaban karaan waxa ka mid ah: (1) in ay sharikaadka kala taliyaan dhinacyada maammulka, maaraynta, koboca iyo ganacsiga caalamiga ah; (2) in ay soo saaraan cilmi baarisyo iyo qoraalo haga ganacsatada; (3) in ay tababbaro joogto ah siiyaan maammulka sare iyo shaqaalaha sharikaadka; (4) in ay qabtaan khaddamaadka Sharikaadku u baahan yihiin sida: caymiska, shuruucda, xisaabaadka iwm; (5) in ay isku xiraan ganacsiyada Soomalida iyo ganacsatada kale ama nidaamyada maammul ee ka jira meelaha ay ka ganacsadaan.

Isbar-bar dhig aan ku samaynay sharikaadka ku salaysan gudaha iyo kuwa ku salaysan qurbaha, waxa ka soo baxay in labaduba ka siman yihiin dhibaatooyinka: hoosaynta aqoonta maammulka iyo hoggaaminta; nidaam maammul la'aanta; iyo dhexgal xumada.

Inta aynaan dhexgelin dhibaatooyinka goonida ku ah dadka Soomaaliyeed ee ku dhaqan Galbeedka, waxa muhiim ah in la fahansan yahay noocyada ganacsi ee dadkaasi ku jiraan. Guud ahaan waxa la oran karaa ganacsiyada Soomaalida ee waddammada Galbeedku waa kuwo: aad u yar-yar (micro enterprise); ku yaala xaafadaha Soomaalidu aadka ugu badan yihiin; wax isku mid ah ka ganacsada; aan lahayn wax nidaam maammul iyo xisaabaad ah; ay wada leeyihiin celceliska saddex qof; rajo wayna aan ka qabin in ay kobcaan.

In kastoo ganacsiyada Soomaalida ee waddammada Galbeedku guud ahaan aad u liitaan dhinaca tayada iyo tirada labadaba, haddana nooca ganacsi iyo heerka tayadu wuxuu ku xiran yahay meesha ganacsigaasi ka furan yahay. Tusaale ahaan, meesha ganacsiyada ku yaala UK iyo USA badanaa ku yaalaan dhismo tayadiisu aad u hoosayso, aan helin dayactir ku filan, khatarna ku ah caafimaadka iyo nabadgeliyada milkiilaha iyo macaamiisha labadaba, ganacsiyada ka furan Yurubta inteedda kale, ugu yaraan, waxay ku yaalaan dhismayaal tayo fiican leh.

Dhinaca noocyada ganacsiga ee Soomaalidu yagleelaan waxa ugu badan Tagaasida, siiba waddammada UK iyo USA. Waxa soo raaca intarnetyada (internet). Waxyaabaha kale ee ka dhex muuqda magaalooyinka Soomaalidu ku badan yihiin waxa ka mid ah: hilib xalaalka, dukaamada gada dharka dumarka, makhaayadaha iyo baararka shaaha, iyo gaadiidka waaweyn (Maraykanka iyo Kanada ayay ku badan yihiin).

In kastoo ganacsatada ka hawlgala waddammada Galbeedku la wadaagaan dhibaatooyinka haysta kuwa ka ganacada gudaha waddanka, haddana waxa dheeri ku ah dhibaatooyin kale oo ay ka mid yihiin:

- **Kalsooni xumo**. Kalsooni xumadaas waxa loo aaneeyaa waqtiga dheer ee dadkaasi shaqo la'aanta ahaayeen; bay'adda ay ku nool yihiin oo aan u debecsanayn guud ahaan dadka ajnabiga ah, gaar ahaan dadka madow; nidaamka cayrta oo qofka seeto adag geliya; iyo nooca ganacsi ee dadkaasi xushaan. Kalsooni xumada waxay aad uga muuqataa dadka xaasleyda ah, heerkooda waxbarasho hooseeyo, waddamadaasna joogay wax ka yar 8 sano.

- **Cabsi laga qabo khatar**. Khatartaasi waxay noqon kartaa mid la xiriirta ganacsiga. Waxay sidoo kale noqon kartaa mid la xiriirta qofka duruuftiisa. Khatarta nooca danbe waxay gaar ku tahay dadka xaasleyda ah.
- Helitaanka **tusaale fiican** oo lagu dayan karo.
- **Macluumaadka** oo aad ugu yar. Macluumaadkaasi wuxuu noqon karaa mid la xiriira xuquuqda qofkaasi leeyahay ama waajibaadka saaran.
- Helitaan **lacag maalgelin** (xalaal ah).
- Helitaanka dad **la taliya** ganacsiyada oo fahmi kara duruufta dadkaasi ku sugan yihiin.
- Helitaanka **meel ku habboon** ganacsi (business premises)

Dawl'ad la'aan, aqoon yari iyo dhex-gal xumadu markay isku milmeen waxay dhaleen dhaqan ganacsi: oo saldhigiisu yahay 'maxaa la sheegay'; aan lahayn hiraal iyo hadaf; aan kala aqoon faa'iido iyo kasaare; aan lahayn shuruuc iyo qiyam haga; ayna adag tahay in wax laga saxo.

Maxay ku fiican yihiin ganacsata Soomaalidu?

"An inner quality that many entrepreneurs say helps them survive is optimism."
-Jean Chatzky

Markaan fiirinay waxyaabaha ganacsatada Soomaalidu ku fiican yihiin waxa noo soo baxay in farqi u dhexeeye waxyaabaha dadka gudaha jooga iyo kuwa galbeedka jooga ku fiican yihiin. Meesha kuwa guduhu ku andacoodaan in ay yihiin dad hawlkar ah, ku sabri kara dhibta iyo qaharka, dhabarkana u ridan kara khatar; qurbe-joogtu waxay ku andacoodaan in ay ku fiican yihiin qorshaynta iyo maammulka, leeyihiin hal-abuur, lana qabsan karaan bay'add kasta iyo cidkasta.

Marka laga soo tago sheegashooyinka kore, waxa dhab ah, in Soomaalidu ku fiican tahay ka faa'iidaysiga suuqyada kacsan (turbulent markets). Sida daraasado badani muujiyeen, sharikaadka sameeya koboca dheeriga ah waa sharikaadka ugu horgala suuqyada kacsan. Sharikaadkaasi waxay sameeyaan faa'iido ka badan tan ay sameeyaan sharikaadka ku jira suuqyada xasilan (stable market). Faa'iidada iyo koboca sharikaadka Soomaalidu ee 10-kii sano ee la soo dhaafay intiisa badan waxa lagu sharrixi karaa ka faa'iidaysiga suuqyada noocaas oo kale ah. Tusaale ahaan, waxad arkaysaa in suuqyada bagaashka ee Keenya, Mosombiig iyo Koonfur Afrika, dhammaantood ku soo beegmeen xilli xaaladda dhaqaale iyo mujtamac ee waddammadaasi ku jireen kalaguur.

Ka faa'iidaysiga suuqyadaasi uma baahna hal-abuurnimo iyo ikhtiraac dheeri ah, ama aqoon iyo waaya'aragnimo dheeri ah marka laga reebo in awood loo leeyahay in laga faa'iidaysato xilliga xog la'aantu ka jirta suuqaas. Xog la'aantaas ayaa badanaa la xiriirta meesha badeecadda laga keeno, waddada la soo mariyo iyo faa'iidada badeecaddaas ku jirta. Marka xogtaasi suuqa gasho, waxa sare u kaca tirada ganacsatada cusub ee ka faa'iidaysanaysa suuqaas. Marka tiradaasi sare u kacdona, waxa sare u kaca tartanka, waxa sidoo kale hoos u dhaca faa'iidada.

Waxyaabaha kale ee daraasaddani muujisay waxa ka mid ah wada-shaqaysiga iyo wax-isku darsiga. Sidaan sare ku soo xusnay, koboca ganacsiga Soomaalidu galay waxa saldhig u ah samaysanka sharikaad ay wada leeyihiin dad ku kala nool goobo kala duwan. Dadkaasi isuma keenaan maal kaliya ee waxay sidoo kale isu keenaan xoog, aqoon iyo waaya'aragnimo.

Waxa iyana xusid mudan arrin u baahan khalad sax badan, oo la xiriirta in qofka Soomaaliga ahi uusan israacsiin lacagta, i.e. haddii khasaare yimaado in uu ku sabro khasaaraha. In khasaaraha iyo dhibta lagu sabro waa arrin diini ah, laakiin, dhinaca kale waa in khasaaraha dersi laga qaato. Daraasaddu waxay muujisay in wax ka badan 70% khasaaraaha Soomaalida ku dhaca salka ku hayo walxo isku mid ah oo soo noqnoqda.

Qaabka daraasadda loo sameeyey (research methodology)

Daraasaddan oo ahayd mid sahan ah (explorative), ujeeddada ugu weynina ahayd in wax laga ogaado ganacsiga iyo ganacsatada Soomaalida, waxay martay saddex marxaladood. Marxaladda koowaad oo loogu yeero 'literature review' waxan isha soo marinay daraasadaha lagu sameeyey mawaadiicda xiriirka la leh su'aasha aan ka baaraandegayno. Marxaladdaas oo qaadatay lix bilood waxan isha marinay wax ka badan 190 buug iyo 590 daraasadood oo lagu sameeyey ganacsiga iyo ganacsiyada yar-yar.

Marxaladdaas oo gundhig u ahayd qoralka buugga iyo daraasadda labadaba waxa xigay marxaladda 2aad oo socotay mudo aan ka yarayn lix bilood. Marxaladdaas, anagoo adeegsanayna aqoonyahanno jooga waddanka guddihiisa iyo waddammada ganacsiga Soomaalidu xoogga ku leeyahay sida Kenya, Imaaraadka, Mosombiig, Saambia iyo Tansaania ayaan xog caam ah ka soo ururinay 750 qof oo ganacsi ku leh waddamadaas. Maaddaama cilmibaarista noocaan ihi ku cusub tahay Soomaalida, aqoonyahanadu marna uma sheegin ganacsatada in ay ururinayaan xog iyo cidda ay u ururinayaan labadaba.

Marxaladda saddexaad, waxan waraysi fool-ka-fool ah la yeelanay 100 ka mid ah dadka ganacsiyada dhex-dhexaadka ama waaweyn ku leh waddanka guddihiisa iyo debaddiisa. Xogta danbe waxay u badnayd mid sii bayaaminaysay waxyaabihii xogta hore iftiimisay.

27

Daraasaddan oo toosh ku ifinaysay ganacsiga iyo ganacsatada Soomaaliyeed waxay dhinaca ganacsiga baaritaan ku samaynaysay: noocyada ganacsiga ee Soomalidu yagleelaan (sida ay ku helaan fikradda ganacsiga, sida ay fikradda u horemariyaan iyo sida ay shirkadda u dhisaan) iyo dhibaatooyinka soo wajaha ganacsiyadaas (koboc, tartan, fashil). Dhinaca ganacsatada, waxay wax ka ogaanaysay in farqi la taaban karo u dhexeeya dadka ku nool qurbaha iyo kuwa ku nool waddanka gudahiisa. Waxay sidoo kale fiirinaysay in farqi u dhexeeyo ragga iyo dumarka iyo gobollada kala duwan ee dalka. Ujeedadda wax looga ogaanayo duruufaha gaarka ku ah ganacsiga iyo ganacsatada Soomaalidu waxay la xiriirtaa dadaal loogu jiro sidii xal loogu raadin lahaa duruufaha gaarka ku ah Soomaalida.

Dadka xogta laga soo ururiyey waxay isugu jiraan kuwo ka ganacsada waddanka guddihiisa (70%) iyo kuwo ka ganacsada waddanka debediisa (30%). Si loo arko in farqi u dhexeeyo dadka ku nool waddanka guddihiisa marka ay noqoto asbaabaha ku kalifa bilaabista, kobcinta iyo fashilka ganacsiga waxaan waddanka guddihiisa u qaybinay saddex degaan: degaanka Somaliland (30%); degaanka Puntland (30%); iyo degaanka Koonfurta (40%) (marka laga reebo Gobollada Bay, Bakool, Shabeelada Hoose, Jubada Hoose, iyo Gedo).

Dhinaca baaxadda, sharikaadka aan xogta ka soo ururinay waxay isugu jireen kuwo yar-yar (60%), kuwo dhexe (30%) iyo kuwo waaweyn (10%). Dhinaca nooca, meesha sharikaadka yar-yari ka koobnaayeey tafaariiq (60%), jumladlayaal (10%), makhaayado (10%), gaadiidka iyo dayactirka gaadiidka (10%), waxyaabo kale (10%). Sharikaadka dhexe iyo kuwa waaweyni waxay isugu jireen: xawaalado, isgaarsiin, sharikaadka qalabka dhismaha, sharikaadka bagaashka, sharikaadka cuntada, iyo sharikaadka gaadiidka badda (doomaha) iyo cirka (diyaaradaha).

Si wax looga fahmo xaaladda dhabta ah ee ay ku sugan yihiin ganacsatadaasi, waxan fiirinay in iswaydiinihii aan iswaydiinnay wax ka jiraan iyo inkale (hypothesis). Waxan sidoo kale isticmaalnay nidaam xogta u roga shax (matrix) iyo sawiro (graphical) si aan wax uga fahanno xaaladda sharikaadkaas.

Sidoo kale, si wax looga ogaado: kala duwanaanshaha gudaha iyo debedda; kala duwanaanshaha wadanka gudihiisa; kala duwananaahsha ganacsiyada kala duwan, waxan isticmaalnay nidaamka loo yaqaanno 'T-test' iyo 'chi-square'.

Ugu danbayn si aan wax uga ogaanno in waxyaabaha qaarkood saamayn ku leeyihiin ganacsiga Soomaalida iyo in kale waxan isticmaalay nidaam loo yaqaanno 'logistic regression'[8]. Muuqaalkii moodeelku soo saarayna waxa laga akhrisan karaa shaxda 2.1

---

[8] Modeelka 'regression'-ka ee aan isticmaalnayna wuxuu ahaa:
P(y=1) = 1/(1+e-Z), Meesha:
$z = \beta_0 + \beta_1 x_1 + \beta_2 x_2 + ... + \beta_n x_n$

Cutubka

2aad

Dhalashada ganacsiyada yar-yar

"A man may die, nations may rise and fall, but an idea lives on"
John F. Ken

Cutubkan oo sharraxaad u raadinaya dhalashadda ganacsiyada yar-yar waxa uu ku bilaabmayaa in uu muuqaal guud ka bixiyo aragtiyaha kala duwan ee sharraxa dhalashadda ganacsiyada yar-yar. Qaybta 2aad waxay kormar ku samaynaysaa waxyaabaha dadka ku dhiirri geliya in ay bilaabaan shirkad ganacsi. Ugu danbayn waxan xoogaa ka taaban doonaa waxyaabaha ganacsiga yar-yari ku fiican yahay iyo waxyaabaha uu ku liito.

Markaad akhridid cutubkaan waxaad:

- Wax ka fahmi doontaa dhalashada sharikaadka yar-yar.
- Aragti kooban ka qaadan doontaa waxyaabaha dadka ku dhiiri geliya bilaabista ganacsiga cusub.
- Sawir buuxa ka qaadan doontaa waxyaabaha Soomaalida ku dhiirigeliya bilaabista ganacsiga yar-yar iyo noocyada ganacsiga ay doortaan.
- Wax ka fahmi doontaa farqiga u dhexeeya Soomalida ku nool gudaha Soomaaliya iyo Soomaalida ku nool Galbeedka.

Dhalashadda ganacsiyada yar-yar: Muuqaal guud

Marka laga hadlayo dhalashadda ganacsiyada yar-yar waxa la kala saaraa laba aragtiyood. Halka aragtida hore ka soo jeeddo dhaqaalayahannada warshadaynta (industrial economist), aragtida labaad waxa loo tiiriyaa dhaqaalayahannada suuqa shaqada (labour market economist). Aragtida hore, oo da' weyn (qadiim), waxay salka ku haysaa xikmad ku doodda in muuqaalka guud ee warshaduhu go'aamiyo qaab-dhaqanka sharikaadka. Aragtida labaad oo ay soo bandhigaan dhaqaalayahannada suuqa shaqadu waxay ku doodaa in unkidda sharikaadka yar-yari salka ku hayso dhacdooyinka suuqa shaqada.

Dhaqaalayahanadu badanaa ma isticmaalaan weedha 'dhalasho' marka ay ka hadlayaan unkidda ama bilaabidda sharikaadka yar-yar. Waxay isticmaalaan weedha 'gelid' ama 'ku soo biirid' (entrants). Mueller (1992) waxa uu gelid ku magacaabaa marka shirkad sanadkii hore aan wax-soo-saarkeedu suuqa ku jirin (oolin), ay sanadkaan wax-soo-saar suuqa soo dhigto. Wuxuuna kala saaraa shan nooc oo suuq-soo-gelid ah:

* Shirkad cusub oo hadda la sameeyey
* Shirkad hore u jirtay oo warshad cusub ku soo siyaadisay suuqa
* Shirkad hore u jirtay oo gadatay shirkad hore u shaqaynaysay
* Shirkad hore u jirtay oo wax ka beddeshay qaabkii wax soo saarka ee warshadeedda
* Shirkad ajnabi ah oo mid ka mid ah wajiyada sare suuqa ugu soo biirtay ama wax ugu soo biirisay

Sida ka muuqata abla-ablaynta Mueller, inkastoo sharikaadka cusubi yihiin nooca ugu badan ee gelista, haddana waxa jira habab kale oo Sharikaadku ama suuqa ugu soo biiri karaan ama ugu soo biirin karaan waxsoosaar cusub.

Orr (1974) waxa uu ku doodaa in gelista ama ku soo biirista suuqu (E) ay ku xiran tahay: faa'iidada (π), xannibaadaha gelista suuqa (BE), koboca (GR), iyo ku badnaanta sharikaadka noocaas oo kale ah (C).

$$E = f(\pi, BE, GR, C)$$

Haddii faa'iidooyinka ay helaan nooc ka mid ah Sharikaadku sare u kaco, waxay dhiirri gelisaa in sharikaad kale sayladdaas soo galaan. Sidoo kale haddii koboca saylad (market) ka sareeyo koboca sayladaha kale waxa bata soo gelista sharikaadka ee sayladdaas. Xannibaadyadu hadday badan yihiin way yareeyaan sharikaadka sayladdaas soo gelaya. Waxaa sidoo kale yareeya soo gelista ku badnaanta shirkaddaha noocaas oo kale ahi ku badan yihiin sayladdaas.

Halka dhaqaalayahannada warshaddayntu isticmaalaan 'gelid', dhaqaalayahannada suuqa shaqadu waxay isticmaalaan 'iskiis-u-shaqayste', waxayne raadiyaan dabeecadaha qofkaas iskiis u shaqaystaha ah. Kala duwanaanshaha labada mad-habood (school of thoughts) waxay salka ku haysaa su'aasha jawaabteeda la baadigoobayo. Halka mad-habta hore jawaab u raadiso su'aasha la xiriirta 'noocyada warshadaha ee ku soo biira suuqa iyo daruufaha ama xaaladdaha fudadeeya/horistaaga soo gelistooda'. Mad-habta danbe waxay dabajoogaan oraahdii Knight (1921) ee ku doodaysay in qofku saddex marxaladood miduun noqon karo: shaqo'laan, qof u shaqeeya qof kale iyo iskiis-u-shaqayste. Iyagoo ka anbaqaadaya oraahda Knight ayaa mad-habtani ku doodaa in xulashda iskiis-u-shaqaystenimadu aysan waxba ka duwanayn xulashadda xirfadaha kale.

Mad-habtani waxay ku doodaa in qofku noqdo 'iskiis-u-shaqayste' ay ku xiran tahay saddex arrimood oo ay u bixiyeen: dabeecadda qofka, xirfadda qofka iyo jinsiyadda qofka. Daraasado kale ayaa ku dara jiritaanka tusaale fiican iyo isbeddeladda ku dhaca mujtamaca.

Dabeecadaha qofka: Blanchflower iyo Oswald (1990) iyo Blanchflower iyo Meyer (1991) waxay ku doodaan in hiraalku (vision) yahay waxa ugu weyn ee qofka ku soo duma in uu bilaabo shirkad cusub. Waxay waliba intaas ku sii daraan in dabeecadaha xilliga dhalinyaronimadu qayb weyn ka qaataan in qofkaasi noqdo iskiis-u-shaqayste. Rag kale oo uu ka mid yahay Kets de Vries (1971) waxay sawiraan qof ku soo koray nolol adag oo farxadu ku yar tahay. Veciana (1988) wuxuu aragtidaas ugu yeeraa 'aragtida nolosha adag'. Aragtidaasi waxay tiraahdaa dadka ku jira nolosha adag, sida shaqo la'aanta ama mushahaarka hooseeya, waxay bilaabaan sidii ay uga bixi lahaayeen noloshaas adag. Evans and Leighton (1989) daraasad ballaaran oo ay ku sameeyeen waddanka Maraykanka ayay ku xaqiijiyeen in aragtidaasi sharraxdo inta badan iskiis-u-shaqayste-nimada dadka ajnabiga ah iyo kuwa ka tirsan dabaqada hoose. Daraasado kale oo lagu sameeyey todoba ka mid ah waddammada hore u maray ayaa iyana xaqiijiyey aragtida nolosha adag.

Xirfadda qofka: Pickles iyo O'Farrel (1987) waxay ku doodaan in heerka xirfaddu qayb weyn ka qaato in qofku noqdo iskiis-u-shaqayste iyo in kale. Waxay intaas ku daraan in xantoobada ugu xirfadda fiican bulshadu aysan badanaa noqon iskiis-u-shaqayste. Daraasado lagu sameeyey Maraykanka iyo Ireland ayaa labaduba muujiyeen in xirfaddu ka mid tahay waxyaabaha dadka ku dhiirrigeliya in ay bilaabaan shirkad ganacsi oo cusub. Daraasadahaasi waxa sii xoojiyey kuwii Evans iyo Leighton (1990) iyo Bates (1990) oo labaduba soo bandhigeen in marka heerka xirfaddu sare u kaco ay sidoo kale sare u kacayso jaaniska ah in qof noqdo iskiis-u-shaqayste. Townore iyo Mallalieu (1993) waxay iyana shaaca ka qaadeen in dadka ka bilaaba ganacsiga magaalooyinka waaweyn ka xirfad sareeyaan kuwa ganacsiga ka bilaaba tuulooyinka.

31

Helitaanka shaqo ayaa lagu daraa waddooyinka lagu helo xirfad cusub ama sare loogu qaado heerka xirfadihii hore qofku u lahaa. Daraasado badan oo fiiriyey xiriirka ka dhexeeya heerka waaya'aragnimada iyo bilaabista ganacsi cusub ayaa isku raacay in ay waaya'aragnimadu doorweyn ka ciyaarto bilaabista shirkad cusub. Daraasadaha arrintaas xoojiyana waxay muujinayaan in dadka dhidibada u taaga sharikaadka waxsoosaarka intooda badani horey uga shaqayn jireen shirkado waxsoosaar. Cross (1981) iyo Gudgin et al. (1979) waxay labaduba shaaca ka qaadeen in dadka horey uga shaqayn jiray warshadaha yar-yar ee ay ka shaqeeyaan wax ka yar 10 qof ay aad uga jaanis badan yihiin kuwa ka shaqayn jiray warshadaha waaweyn marka ay noqoto bilaabista shirkad ganacsi oo cusub. Waxa arrintaas mid ka soo horjeedda soo bandhigay Keeble et al (1992a) oo iyagu shaaca ka qaaday in qofka ka shaqayn jiray shirkaddaha waaweyn uu ka jaanis badan yahay kuwa ka shaqayn jiray shirkaddaha yar-yar. Kala duwanaanshaha labadaas baaritaan waxa lagu fasiraa in kuwa hore awoodda saaraan badeecadaha, halka kuwa danbe awoodda saareen adeegyada.

Waaya'aragnimada iyo aqoonta maammulka ayaa iyana lagu daraa waxyaabaha dadka ku dhiirri geliya in ay noqdaan iskiis u shaqayste. Tusaale ahaan, Bates (1990) daraasadiisii wuxuu ku muujiyey in qofka leh khibrad maammul uu ka jaanis wacan yahay bilaabista ganacsi cusub marka loo fiiriyo qofka ama khibradiisa hoosayso ama aan lahayn wax khibrad ah.

Jinsiyadda qofka: Daraasadaha ka hadla doorka jinsiyadda qofku ku leedahay samaysanka shirkaddaha yar-yar waa kuwo curdan ah. Waxa Daraasadahaas badidoodu is barbar dhigaan dadka laga tiro badan yahay ee degan Galbeedka (ethnic minorities) iyo dadka waddammadaas u dhashay. Waxayna Daraasadahaas badidoodu ku andacoodaan in dadka laga tiro badan yahay ee degen Galbeedku bilaabaan shirkado ganacsi oo ka badan kuwa ay bilaabaan kuwa u dhashay waddammadaasi. Tusaale ahaan, daraasad uu sameeyey McEvoy and Barrett (1993) waxay muujisay in 22% dadka ajnabiga ah ee degan Boqortooyada Ingiriisku yihiin kuwo iskood u shaqaysta, halka tirada caddaanka ee iskood u shaqaysta ay xilligaas ahayd 12%.

Iskiis-u-shaqaystenimadu ma aha wax dadka ajaanibtu ka wada siman yihiin. Daraasado badan ayaa muujiyey in jinsiyadaha qaarkood kaga badan yihiin iskiis-u-shaqystenimada marka loo fiiriyo jinsiyadaha kale. Tusaale ahaan, Ram (2001) iyo rag kaleba waxay muujiyeen in dadka u dhashay Hindiya, Pakistaan iyo Bangaladesh ay kaga badan yihiin iskiid-u-shaqaystanimada dadka ka yimaada Jasiiradaha Karibiyanka iyo Qaarada Afrika. Dadkaas ka yimid qaarada Aasiya laftoodu isku mid ma aha oo waxa ugu ganacsi bilaabid badan Hindida ka timaadda Bariga Afrika.

Dhinaca waddanka Maraykanka, daraasado badan ayaa muujiyey muuqaal la mid ah kan Boqortooyada Ingiriiska. Tusaale ahaan, dadka Hisbaniga ah ee ku nool Maraykanka in kastoo nisbo ahaan ay dhan yihiin

13.5% waxay leeyihiin 6.55% sharikaadka waddankas. Dadka madowgu nisbo ahaan waa 11.8% waxayse leeyihiin 5% sharikaadka waddankas. Meesha dadka Aasiaanka ah nisbo ahaan yihiin 4.1% ayse leeyihiin 4.72% sharikaadka waddankas. Arrintaasi waxay si cad u muujinaysaa in jinsiyadaha qaarkood iskiis-u-shaqayste-nimadu kaga badan tahay jinsiyadaha kale.

Tusaale fiican (role model theory): Daraasado badan ayaa xaqiijiyey in meelaha ay ku badan yihiin antrabranoor-o tusaale fiican noqon kara ay ka abuurmaan sharikaad ka badan marka la bar-bar dhigo meelaha ay ku yar yihiin. Sidoo kale waxa la yiraahdaa mujtamaca ama qoyska ay ka soo dhex baxaan antrabranoor tusaale fiican ah, waxa ka soo dhexbaxa antrabranoor-o ka fara badan kuwa ka soo dhex baxa qoysaska la midka ah. Arintaasi kuma koobna mujtamacyada iyo qoysaska oo kaliya, ee waxaa sidoo kale daraasado badani muujiyeen, degaanada ay ku badan yihiin sharikaadku in ay ka abuurmaan sharikaad ka badan degaanada kale. Labada tusaale ee ugu caansan galbeedka waa Silicon Valey (USA) iyo Catalonia (Italy) oo labaduba caan ku yihiin tiro sharikaad ah oo ka badan gobollada kale ee waddammadaas.

Isbeddel ku dhaca mujtamaca (theory of social change): Isbeddellada ku dhaca mujtamaca ayaa marmar sababa in dad badani iskiis-u-shaqayste noqdaan. Midka ugu caansan isbeddelladaas, daraasado fara badan lagu sameeyey ayaa ah waxa loogu yeero guur-guurka (mobility). Guur-guurka oo noqon kara mid muuqda sida in laga guuro meel oo loo guuro meel kale, ama mid aan muuqan sida isbeddellada ku yimaada qaabka mujtamacu u dhaqmo ayaa labaduba qayb weyn ka qaataan iskiis-u-shaqaystenimada.

Bilaabidda ganacsi cusub

"A great pleasure in life is doing what people say you cann't do"
Walter Gagehot
"Come to the edge. We might fall. Come to the edge. It's too high! Come to the edge! And they came, and he pushed...... and they flew."
-- Christopher Logue

Waxyaabo kala duwan ayaa dadka ku dhiirri geliya in ay bilaabaan ganacsi cusub. Dadka qaar waxa u muuqda hillaac lacageed, qaar kale waxay jecel yihiin in ay helaan xorriyad, qaarbaa duruuftu ku kaliftaa marka albaab kale u furmi waayo. Maaddaama asbaabuhu fara badan yihii, laba aragtiyood ayaan ku gaabsanaynaa. Aragtida kowaad waxay ka haddaashaa waxyaabaha qofka ganacsiga 'ku tuura' (push theory), aragtida labaadna waxay ka haddashaa waxyaabo qofka ganacsiga 'ku soo jiida' (pull theory).

Haddaan ku hormarno waxyaabaha qofka ku soo jiida ganacsiga (pull factors), waa waxyaabo fiican oo ay ka mid yihiin: hilow ama jacayl qofku u qabo in uu kaligii shaqaysto (xor noqdo); hilow ama jacayl qofku u qabo in uu ka miro-dhaliyo fikrad ganacsi; iyo in ay u muuqato hillaac dhaqaale.

Daraasado badan ayaa muujiyey in xiisaha loo qabo in qofku kaligiis shaqaysto oo uu xor u noqdo masiirkiisa ka mid tahay waxyaabaha waaweyn ee dadka ku dhiirri geliya bilowga ganacsi cusub. Baaritaano lagu sameeyey waddammada warshadaha leh ayaa xaqiijiyey arrintaas.

Ka miro dhalinta fikrad ganacsi, sida , qofku in uu arko fursado aan hore u jirin ayaa iyana lagu daraa waxyaabaha dadka ku dhiirrigeliya in ay bilaabaan ganacsi cusub. Daraasad lagu sameeyey Ingiriiska ayaa bidhaamisay in 60% dadka ganacsiga cusub bilaaba arkeen fursad ganacsi, fursaddaasina ay ahayd waxa ugu weyn ee ku dhiirri gelisay ganacsiga.

Dhinaca kale, haddaan fiirinno waxyaabaha ku tuura (push factors) qofka ganacsiga waxa ka mid ah: shaqo la'aanta; in qofka shaqada laga eryo; in uu ka biyo diidsan yahay nooca shaqo ama mushahaarka, iyo in khilaaf soo kala dhexgalo qofka iyo shirkadda uu u shaqeeyo.

Rag uu ka mid yahay Baumol (1990) ayaa ku doodda in waxa ugu weyn ee dadka ku dhiirrigeliya bilaabista ganacsi cusub salka ku hayso in faa'iidada uu filayo inuu ka helo ganacsigu ka badan tahay tan uu heli karo haddii uu cid kale u shaqeeyo. Praag and Cramer (2001) oo iyana baaritaan la mid ah kan hore sameeyey ayaa soo bandhigay in dadku bilaabaan ganacsi haddii abaalgudka laga filayo ganacsigu ka badan yahay kan laga filayo shaqadda. Dhinaca kale, Shaver and Scott (1991), ayaa ku doodda in badanaa dadku aysan tirada ku darsan abaalgudka ee ay ganacsiga u galaan si ku talo-gal ah (deliberate choice).

Daraasado lagu sameeyey dadka laga tiro badan yahay (minorities) ee ku dhaqan galbeedka ayaa badanaa kala qaada jiilka koowaad iyo jiilalka danbe. Halka jiilka koowaad ganacsiga ay ku kalifaan arrimo aan fiicnayn, sida cunsuriyad, shaqola'aan iwm, jiilka danbe waxa badanaa ku kalifa arrimo wanaagsan. Meesha jiilka hore, ajnabinimada ay u arkaan culays, jiilalka danbe waxay u arkaan awood dheeri ah. Awooddaas ayaana ka dhigta kuwo ka fiican sharikaadka asaagood ah. Awoodahaas waxa ka mid ah: aqoonta luqad labaad ama saddexaad, aqoonta dhaqan kale iyo aqoonta waddan kale.

In kastoo ay adag tahay, mararka qaarkoodna aysan macquul ahayn, in la kala saaro waxa qofka ku dhiirri geliyey ganacsiga, haddana waxa daraasado badani muujiyeen in waxa qofka ku dhiirri geliyey in uu bilaabo ganacsigu qayb weyn ka qaato horummarka ganacsigaasi samayn doonno mustaqbalka.

Xiriirka ka dhexeeya fikaradda iyo wax qabadka

"Whenever you see a successful business someone once made a courageous decision"
- - ***Peter F Drucker.***

Sida la wada ogsoon yahay, dad badan ayaa dareen ama fikir ganacsi maskaxdooda ku soo dhacaa har iyo habeen, laakiin dadkaas intooda badani kuma dhiiradaan in fikradda ay u beddelan wax qabad. Tusaale ahaan, daraasad Shire (2005) ku sameeyey Soomaalida ku nool Boqortooyada Ingiriiska ayaa muujisay in sanadkii 2005 ta 45% ragga iyo 37% dumarku ku fekerayeen in ay bilaabaan ganacsi, laakiin aysan waxba bilaabin. In kastoo fikirka iyo hammiga ganacsiga laga wada siman yahay, haddana waxa riyadu si gooni ah ugu badan tahay ragga da'doodu u dhexayso (35-55). Laba arrimood oo gooni ku ah kooxdaas oo daraasaddaasi iftiimisay ayaa kala ahaa in: ragga da'daas ihi ganacsiga kaga badan yihiin da'aha kale. Kaga badnaanshahaasina waxay keentaa in nin kasta hammi ganacsi ku dhasho si uu ula sinmo raggaas asaagiis ah. Dhinaca kale xilligaas waa xilli ragga da'daas ihi u badan yihiin xaasley caruur yar-yar leh. Cabsi ay ka qabaan mustaqbalka caruurta iyo dayaca ku imaan kara ayaa ka hor istaaga in hammigaas loo beddelo waxqabad. Arinta danbe waxay gooni ku tahay ragga ku nool waddammada galbeedka.

Sida ka muuqata sawirka hoose, fikradda iyo waxqabadka waxa u dhexeeya derbi. Derbigaas u dhexeeye fikradda iyo ficilka, kana hortaagan qofka in uu fikradiisa meel mariyo waxa uu ka kooban yahay dabaqyo. Dabaqyadaas waxa ka mid ah: in qofku baahi weyn u qabo dakhli joogto ah; in ay haysato raasummaal la'aan, amaba uu ka shakisan yahay awooddiisa.

Falanqayn lagu sameeyey xogtii laga soo ururiyey Soomalida ku dhaqan Galbeedka ayaa muujisay in waxyaabaha ka hortaagan in ay riyadooda u rogaan ficil isugu soo biyo shubtaan saddex arrimood:

1. **Kalsoonida oo yar** (insufficient self-confidence). Kalsoonidaasi waxay noqon kartaa mid la xiriirta naftiisa, bay'adda uu rabo in uu ka ganacsado, ama waxa uu rabo in uu ka ganacsado.
2. **Cabsi laga qabo khatar** (risk). Khatartaasi waxay la xiriirtaa dhibta ku imaan karta haddii ganacsigu fashilmo ama la ogaado in uu ganacsi aan sharciyaysnayn ku lug leeyahay.
3. **Raasummaal la'aan**. Arrinta raasummaal la'aanta waxa loo aaneeyaa dadka oon hayn macluumaad ku filan oo la xiriira meeshii ay ka heli lahaayeen maalgelin. Macluumaad xumadu waxay sidoo kale keentaa in aan aqoon loo lahayn baaxadda maalgelinta ee loo baahan yahay si loo bilaabo ganacsi.

Waqtiga ay qaadato in fikradda loo beddelo waxqabad (action) waxay ku xiran tahay nooca fikradda iyo waxa qofka kiciyey. Haddii qofka ay kiciyeen waxyaabaha qofka ku tuura, waxay badanaa qaadataa waqti gaaban marka loo fiiriyo dadka ay kiciyeen waxyaabaha qofka ku soo jiida. Meesha dadka danbe daraasad buuxda ku sameeyaan baaxadda fursadda iyo kharashka ay gelayaan ama dakhliga ay luminayaan haddii fursaddu dhaafto am ay galaan (opportunity cost), kooxda hore madax madax ayay isugu tuuraan iyaga oo aan ka fiirsan.

Qofku si uu fikradda uhoremariyo wuxuu u baahan yihiin wax kiciya (trigger). Waxyaabahaas qofka kiciya waxay noqon karaan sidaan sare ku soo xusnay, kuwo qofka ku tuura (push) ama kuwo qofka ku soo jiida (pull). Waxa daraasado badani muujiyeen in heerka horummar ee ganacsi gaaro intiisa badani ku xiran yahay hadba labadaas arrimood tii kicisay qofka. Qofka ay kiciyaan waxyaabaha dadka ku tuura, ganacsigoodu wuxuu u badan yahay kuwo aad u yar-yar oo aan badanaa koboc samayn. Hadday koboc sameeyaana kobocu ma noqdo mid joogto ah. Kooxda labaad oo waxyaabaha kiciya u badan yihiin waxyaabo wanaagsan waxay badanaa sameeyaan ganacsi koboc sameeya.

Sawirka 2.1 *Fikradda iyo waxyaabaha kiciya*

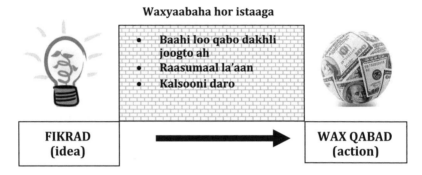

Waxyaabaha hor istaaga

- **Baahi loo qabo dakhli joogto ah**
- **Raasumaal la'aan**
- **Kalsooni daro**

FIKRAD (idea) ➡ **WAX QABAD (action)**

Waxyaabaha kiciya (trigger)

Waxyaabaha qofka ku tuura (push theory)	Waxyaabaha qofka ku soo jiida (pull theory)
Shaqo la'aan	Xiise ama hilow loo qabo xorriyad
Khilaaf soo dhexgala qofka iyo shaqadda	Hilow loo qabo in meel sare la gaaro ama aqoonsi
Qofka oo aan ku haboonayn shirkadda	Hilow loo qabo in qofku naftiisa horummariyo
Wax kale oo la qabto oo la waayo	Xiise loo qabo in hanti la yeesho

---

Waxa dhaca in marmar qofka ay kiciyaan arimaha qofka ku tuura ganacsiga, laakiin markuu ganacsiga dhex galo uu dareemo jihada uu u socdo in aysan fiicnayn ka dibna uu ka weecdo jihada khaldan oo uu u weecdo jihada toosan. Dadka awoodda in ay jihada beddelaan waxay u badan yihiin dad heerkooda waxbarasho iyo waaya'aragnimo labaduba aad u sareeyaan.

Cooper (1981) oo isna soo bandhigay qaabdhismeed lagu sharrixi karo waxyaabaha dadka ku dhiirri geliya in ay bilaabaan ganacsi ayaa kala saaray waxyaabo qofka ku gooni ah; waxyaabo dillaaciya fikradda; iyo waxyaabo la xiriira bay'adda. Waxyaabaha qofka ku goonida ah waxa uu ku daray: unugyada qofku ka samaysan yahay (genetic factors); qoyska uu ka soo jeedo; waxbarashadiisa, iyo waaya'aragnimadiisa shaqo. Dhinaca waxyaabaha dillaaciya waxa ka mid ah: degaanka qofku degan yahay; xiriirka uu la leeyahay dadka isaga oo kale ah; khibradda uu u leeyahay ganacsi yar; iyo waxa ku dhiirri geliya in uu ka tago goobtiisa shaqo. Dhinaca waxyaabaha bay'adda la xiriira qofkuna uusan awood ku lahayn waxa ka mid ah: xaaladda dhaqaale; helitaanka maalgelin; jiritaanka ganacsato tusaale fiican ah oo lagu dayan karo; fursadda la talin (business advice); helitaanka shaqaale iyo caawimo dheeraad ah; iyo ugu danbayn helitaanka macaamiil.

Dumarka iyo ganacsiga

Daraasado badan ayaa muujiyey in tirada iyo tayada ganacsiga ee dumarku ka hooseyso kan ragga. Tusaale ahaan, Midowga Yurub (EU) 20-25% sharikaadka waddammadaas waxa leh dumar. Dhinaca waddanka Maraykanka (USA) waxa la qiyaasaa in 35% ganacsiga waddankas dumarku leeyihiin. Marka laga hadlayo kala duwanaanshahaas laba waji ayaa laga fiiriyaa. Wajiga hore wuxuu ka fiiriyaa asbaabaha dumarka ku dhiirrigeliya in ay noqdaan kuwo iskood u shaqaysta (self employed). Daraasadahaasi waxay si gooni ah uga hadlaan xaaladdaha dumarka ee suuqa shaqada. Daraasadaha danbe waxay badanaa ka hadlaan waxyaabaha dumarka ku goonida ah ee ka horistaaga inay samaystaan ganacsi tayo fiican leh oo kobci kara.

Daraasadaha lagu sameeyey arrinta hore waxay soo bandhigaan in suuqa shaqadu sharraxaad buuxda ka bixin karo kala duwnanaashaha ragga iyo dumarka. Daraasadahaasi waxay bidhaamiyaan in dumarka intooda badani ka shaqeeyaan shaqooyin dakhligoodu hooseeyo, aan u baahnayn wax xirfad ah, una badan adeegyada (service). Daraasadahaasi waxay ku doodaan in waxa ugu weyn ee dumarka ku dhiirrigeliya in ay bilaabaan ganacsi yahay 'ka gilgilasho midab takoorka suuqa shaqada'.

In kastoo aysan badnayn, haddana waxa jira daraasado kale oo loogu yeero 'saqafkii baa soo celiyey' (glass ceiling). Daraasadahaas oo salka ku haya dalacaad la'aanta dumarka ee dhanka maammulka sharikaadka waaweyn, waxay ku doodaan in sharikaadka waaweyni yihiin bay'add aan u naxariisan dumarka (hostile environment). Daraasadahaasi waxay sheegaan niyad jab la xiriira dalacaad la'aanta iyo aqoonsi la'aanta waxqabadkoodu in uu dumarka ku dhiirrigeliyo in ay bilaabaan ganacsi. Daraasado kale ayaa muujiya in asbaabta ugu weyni la xiriirto sidii ay isugu dheelli tiri lahaayeen mas'uuliyadda ka saaran guriga ama qoyska iyo tan shaqada.

Daraasdaha danbe waxay taxaan waxyaabo badan oo dumarka ku gooni ah, keenana in dumarku aysan bilaabin ganacsi la tayo ah kan ragga. Waxyaabahaasi waxa ka mid ah: iyagoon helin maalgelin ku filan ha noqoto middii lagu bilaabi lahaa ganacsiga, lagu wadi lahaa hawl maalmeedka ama lagu kobcin lahaa; garowshiiyo la'aan kaga yimaada dhinaca qaraabada iyo saaxiibada; iyagoo aan ka tirsanayn shabakado ganacsi ama xirfadlayaal; iyo iyagoo aan badanaa lahayn waaya'aragnimo iyo xirfad maammul.

Wanaagyada iyo ceebaha bilaabista ganacsiga

"The future belongs to those who believe in the beauty of their dreams"
Eleanor Roosevelt
"The greatest reward in becoming a millionaire is not the amount of money that you earn. It is the kind of person that you have to become to become a millionaire in the first place"
- Jim Rohn

Hillaacyo badan ayaa qofka u muuqda marka uu bilaabayo shirkad cusub. Hillaacyadaas waxa lagu soo ururin karaa saddex: Faa'iido, xorriyad iyo nolol fiican:

- **Faa'iido**: wali lama maqal lamana arag qof maalqabeen ku noqday mushahaar. Maaddaama shaqaalenimadu aysan dadka gaarsiin maalqabeenimo, waxa dad badani arkaan in bilaabidda shirkadd cusubi gaarsiin karto maalqabeenimo.

- **Xorriyad**: Qofku in uu xor u noqdo go'aankiisa iyo waqtigiisa ayaa iyana ah faa'iido dad badani ku hammiyaan in ay gaarayaan markay bilaabaan ganacsi cusub. Baaritaan 1991 lagu sameeyey dadka shaqooyinka fiican (top jobs) ka taga waddanka Maraykanka ayaa 39% sababeeyeen in waxa ugu weyni yahay in ay xor u noqdaan masiirkooda. Daraasad taas la mid ah oo lagu sameeyey waddanka Boqortooyada Ingiriiska (UK) ayaa iyana muujisay in wax ka badan 87% dadka bilaaba Sharikaadku u bilaabaan si ay xor ugu noqdaan masiirkooda.

- **Nolol fiican**: Bilaabida shirkad cusub waxa ku lamaan magac iyo maamuus lagu yeesho mujtamaca dhexdiisa. Dadka sharikaadka cusub bilaaba badanaa waxay si faan leh uga hadlaan shirkaddooda cusub iyagoo shaqada ay hayaan ku tilmaama mid muhiin ah, ay ku raaxaysanayaan, gaarsiinaysana nolol fiican.

Faa'iido kale oo badanaa la soo xigto ayaa tiraahda 'in qofku uu noqdo qof wax tar ah (naftiisa iyo mujtamaca ku xeeranba), lagana dhex aqoonsanyahay mujtamaca dhexdiisa.

Ugu danbayn waxa la oran karnaa ganacsiga waxa wanaag iyo ammaan ugu filan in Rasuulkeenii Suubanaa (SCW) iyo xaaskiisii Khadiija (RC) labaduba ku jireen ganacsiga. Waxa sidoo kale ganacsigu ahaa shaqada kuwa badan oo ka mid ah Saxaabadii, Taabiciintii iyo dadkii suubanaa intaba.

Sida ay u jiraan waxyaabo badan oo wanaag ah, ayaa waxa jira iimo farabadan oo loo tiiriyi bilaabidda shirkade cusub. Midda ugu weyn iimahaas ayaa la sheegaa in ay la xiriirto khatarta ka dhalan karta haddii shirkaddu kacdo (suuqa ka baxdo). Khatartaasi kuma ekaato in wixii lagu soo tiir iyo tacab beelay dabaysha raacaan, ee waxa marmar la socda culays maaliyadeed iyo magac xumo. Culayskaas maaliyadeed waxa uu marmar sababaa in qofku lumiyo hanti wixii u harsaa sida guri iwm.

Shaqada iyo saacadaha shaqada oo badan ayaa iyana waxay qofka ka dhigaan mid gooni daaq ah oo aan xiriir badan la lahayn qoyskiisa iyo qaraabadiisa, marmarna khatar gelisa xiriirka uu la leeyahay dadka ay sida aadka ah isugu dhow yihiin sida qoyskiisa iyo qaraabadiisa.

Soomaalida iyo bilaabista ganacsiga

Cunsurrada sharraxa bilaabista ganacsiga

Sidaan cutubkii hore ku soo sheegnay, si aan wax uga ogaanno cunsurda (factors) sharrixi kara heerka antrabranoornimo ee Soomaalida waxan isticmaalnay nidaamka loo yaqaanno 'Logic regression'. Waxan sidoo kale kala saarnay dadka ganacsiga ka bilaaba gudaha Soomaaliya iyo waddammada deriska la ah iyo kuw ka bilaaba Galbeedka. Waxan sidoo kale bar-bar dhig kula samaynay daraasado kale oo lagu sameeyey Maraykanka, Ingiriiska iyo Ustaraaliya.

Sida ka muuqata shaxda hoose, farqi wayn ayaa u dhexeeya dadka ganacsiga ka bilaaba gudaha waddanka iyo kuwa ka bilaaba waddammada Galbeedka. Waxa sidoo kale muuqata in dadka ganacsiga dhexe iyo kuwa waaweyn ka bilaaba gudaha Soomaalia ay wax badan la wadaagaan dadka Maraykanka marka loo fiiriyo waxyaabaha ay la wadaagaan Soomalida ku nool galbeedka, tusaale ahaan Maraykanka.

Sida ka muuqata shaxda hoose, waxyaabaha ka qayb qaata antraboornimada Soomalida ganacsiga ka bilawda Soomaaliya waxaa ka mid ah: xaasnimada, garoobnimda, waxbarashada, lab iyo dhedig, dhaxalka iyo ganacsiga qoyska. Tusaale ahaan, meesha xaasnimadu ka mid tahay waxyaabaha qofka ganacsiga ku dhiirri geliya gudaha Soomaaliya, dhinaca waddammada Galbeedka, xaasnimadu waxay ka mid tahay waxyaabaha qofka ka horistaaga ganacsiga.

Garoobnimadu (divorce) saamayn kala duwan ayay ku yeelataa ragga iyo dumarka. Dhinaca dumarka bilaabidda ganacsiga cusubi wuxuu ku xiran yahay: tirada caruurta, da'da caruurta, da'da gabadha la furay, baaxadda masruufka loo qoray, iyo degaanka. Waxa daraasaddu muujisay in gabdhaha la furo iyagoo da'doodu ka wayn tahay 30 sano, cunuga ugu yari ka wayn yahay labo sano, masruufka loo qoro yar yahay, kuna nool degaan ka fog degaanka qoyskooda ay badanaa ganacsi bilaabaan. Meesha saamaynta raggu ku xiran tahay: in xaas kale jiro iyo hawsha uu hayay furiinka hortiis.

Dhinaca waxbarashada waxa muuqata in xiriir adagi ka dhexeeye heerka aqoonta iyo nooca ganacsiga ee dadka ku nool gudaha Soomaaliya, meesha heerka aqoontu uusan wax xiriir ah la lahayn dadka ku nool qurbaha. Gudaha Soomaaliya, waxa xogtu cadaysay, in asaasayaasha sharikaadka yar-yar, ee aan wax koboc ah samayn, 90% aysan lahayn wax waxbarasho ah, meesha sharikaadka dhexe iyo kuwa waaweyn ee koboca sameeya, 35% dadka aasaasa waxbarashadoodu tahay dugsi sare iyo wixii ka sareeya. Mar aan fiirinay in xiriir la taaban karo ka dhexeeyo waaya'aragnimada aasaasaha iyo nooca shirkadda ay bilaabaan, waxa soo baxday in xiriir fiicani ka dhexeeye heerka waaya'aragnimo, nooca waaya'aragnimo iyo nooca sharikaadka dadkaasi bilaabaan. Tusaale ahaan, dadka waaya'aragnimada gaamurtay ku leh dhanka hoggaaminta iyo qorshaynyta badanaa waxay bilaabaan sharikaad kobocoodu sareeyo marka loo fiiriyo kuwa kale.

Arimaha kale oo shaxda hoose muujisay waxa ka mid ah in ganacsiga Soomaalida xoogiisa rag gacanta ku hayaan gudo iyo debedba. In kastoo dumarka ganacsiga ku dhex jira gudaha Soomaaliya iyo waddammada deriska la ah badan yihiin, dhinaca Galbeedka dumarka ganacsiga ku jira aad ayay u yar yihiin.

Shaxda 2.1 *Cunsurrada sharraxa bilaabanka sharikaadka yar-yar*

Cunsurrada	Evans and Leighton (USA)	Dolton and Makepeace (UK)	Mazzarol Et al.. (Australia)	S. Shire (Soomaalida gudaha)	S. Shire (Somalida Galbeedka)
Xaas (married)	+	x	0	+	-
Garoob (divorced)	+	0	0	+	x
Waxbarasho	+	x	x	+	x
Caruur leeyahay	x	x	x	0	0
Shaqo la'aan	+	x	+	+	x
Mushaharkii hore	-	x	0	0	0
Waayo aragnimada	x	0	0	+	+
Da'da	x	+	x	x	x
Gobolka	x	x	x	x	x
Lab iyo dhedig	x	+	x	+	+
Dabaqadda	o	+	0	0	0
Nooca waxbarasho	0	+	0	x	+
Magaalo/tuulo	x	0	x	x	+
Dhaxlay	+	x	+	+	x
Dabeecadda	0	0	+	x	x
Ganacsi Qoys	0	0	+	+	+
Furaha: (+) saamayn fiican ayuu ku leeyahay; (-) saamayn xun ayuu ku leeyahay; (x) saamayn kuma leh; (0) baaritaanka kuma jirin					

Source: *Saddexda daraasadood ee lagu sameeyey USA, UK iyo Australia waxa laga soo qaatay Storey (1994), labada kalena qoraha ayaa sameeyey*

Arimaha kale oo sharrixi kara antrabranoornimada Soomalida waxa ka mid ah in qofku ka yimid magaalo weyn iyo in uu ka yimid tuulo; in uu ganacsi shaqaynaya dhaxlay iyo in uu ka soo jeedo qoys ganacsi.

Waxyaabaha ganacsiga ku dhiirri geliya Soomaalida

Sidaan sare ku soo sheegnay horummarka ganacsi wuxuu ku xiran yahay asbaabta qofka ku dhiirrigelisa bilaabista ganacsiga. Asbaabahaas waxan u kala saarnay kuwo qofka ku tuura iyo kuwo qofka ku soo jiida. Meesha

40

asbaabta hore salka ku hayso baahi dhaqaale oo ka dhalatay shaqo la'aan (necessity), midda danbe waxay salka ku haysaa fursad (opportunity).

Markaan isha marinay xogta aan ka soo ururinay Soomaalida, waxa muuqatay in asbaabaha ku kalifa ganacsiga dadka ku nool waddanka guddihiisu iyo kuwa ku nool waddanka dibediisu kala duwan yihiin. Sida ka muuqata shaxda hoose, meesha dadka ku nool waddanka guddihiisa asbaabuhu u badan yihiin kuwa dadka ku tuura ganacsiga (push). Kuwa ku nool waddanka dibediisa asbaabuhu waa isku dhaf, waxayse u badan yihiin kuwa ku soo jiida.

Dadka ku nool qurbaha siiba waddammada kaalmada dhaqaalaha siiya dadka shaqo la'aanta ah ama aan wax haysan (cayrta) waxa muuqata in asbaabuhu ka duwan yihiin kuwa ku nool waddanka guddihiisa. Maaddaama dadka ku nool waddammadaasi aysan cabsi weyn ka qabin nolol maalmeedka, waxay ganacsiga u bilaabaan si ay u helaan dakhli ka badan kan 'cayrta' ama si looga dhex aqoonsado mujtamaca ay ku dhex nool yihiin.

Shaxda 2.2. *Maxaa dadka ku dhiirri geliya ganacsi*

Dadka ku nool waddanka guddihiisa	Dadka ku nool waddanka dibediisa
• Sida kaliya ee lagu heli karo dakhli	• In ay helaan dakhli dheeri ah
• In dakhligoodu uusan hoos u dhicin	• In laga dhex aqoonsado mujtamaca
• In ay helaan dakhli dheeri ah	• In ay xor u noqdaan masiirkooda

Dadka ku nool waddammada Galabeedka ee bilaaba ganacsiyada yar-yar badanaa waxay mudada hore isku dhex wadaan ganacsiga iyo shaqo ama cayrta. Asbaabta ugu weynina waa in ay kalsooni buuxda helaan - ogaadaan in ganacsigu ka dakhli badan yahay, kana hawl yar-yahay shaqada ama cayrta. Qaar ka mid ah dadkaasi waxay maalgelin ku sameeyaan waddan ka baxsan waddanka ay degan yihiin. Marka ay arkaan in ganacsigii cago-dhigtay, heerkooda kalsooniduna sare u koco ayay u banbaxaan ganacsigaas.

Marka laga soo tago degaanka, waxa muuqata in xiriir adag ka dhexeeyo heerka aqoonta, heerka waaya'aragnimo iyo waxa qofka ku dhiirri geliya ganacsiga. Dadka waxbarashada sare leh iyo kuwa waayo aranimada gaamurtay leh, waxa muuqata in ganacsiga ay ku soo jiidaan asbaabo wanaagsan, marka loo fiiriyo kuwa waxbarashadoodu hooseyso iyo kuwa aan waaya'aragnimada lahayn.

Arrintaas kore waa arrin gaar ku ah waddanka guddihiisa iyo waddammada deriska la ah oo kaliya. Dhinaca waddammada horummaray, marka laga soo tago niyada wanaagsan iyo dublamaasiyada, wax xiriir ah kama dhexeeye heerka waxbarasho, heerka waaya'aragnimo iyo nooca ganacsi ee ay bilaabaan. Waxaba badanaa muuqata, in marka heerka aqooneed ee qofka Soomaaligu sare u koco, tayada ganacsi ee uu bilaabi

41

karo hoos u dhacdo. Xiriirkaas, oo daraasadni aysan waqti u helin in ay sii bayaamiso, kuma eka ganacsiga oo kaliya, ee waxaa sidoo kale laga daawan karaa tirakoobaha suuqa shaqada.

Aqoonta hoose iyo waaya'aragnimo xumidu ma aha wax gaar ku ah Soomaalida. Tusaale ahaan waxa la ogysoon yahay in qaar ka mid ah antrabranoor-ada ugu magaca dheer adduunka sida Bil Gates (Microsof), Michael Dell (dell Computers) iyo Richard Branson (Virgin Group) aysan lahayn waxbarasho sare iyo waaya'aragnimo dhanka ganacsiga midna. Waxa intaas sii weheliya in midkoodna uusan aqoon hore u lahayn nooca ganacsiga ee uu bilaabay. Waxyaabaha raggaasi dadka intiisa kale kaga duwanaayeen waxa ka mid ah: in ay lahaayeen awood ay xayaabada kaga qaadan wax aan qeexnayn iyo in ay isla beddeli kareen waqtida iyo duruufta.

Waxyaabaha kale, ee xogtu soo bandhigtay waxa ka mid ah in:
- Farqi weyni uusan u dhexayn dhalinyarada (18-35); da'da dhexe (36-50); iyo dadka waaweyn (wixii ka weyn 50) markay noqoto asbaabaha dhiirri geliya.
- Farqi sidaas u buurani uusan u dhexayn ragga iyo dumarka.
- Farqi uusan u dhexayn dadka ku nool gobollada kala duwan ee Soomaaliya.
- Farqi weyni u dhexeeyo dadka xirfadda leh iyo kuwa aan lahayn. Meesha dadka xirfadaha lehi ganacsiga u galaan si dakhligoodu uusan hoos ugu dhicin ama ay u helaan dakhli dheeri ah, kuwa aan xirfadda lahayn hammigoodu kama wayna sidii ay dakhli ku heli lahaayeen.
- Farqi weyni u dhexeeyo dadkii ku noolaa magaalo ka hor 1988 iyo kuwii soo galay magaalo wixii ka danbeeyey xilligaas.
- Farqi weyni u dhexeeyo dadka ku xiran masaajida iyo kuwa aan ku xirnayn. Meesha dadka ku xiran masaajidu ganacsiga u galaan si ay u helaan dakhli dheeri ah, kuwa aan ku xirnayn waxay u badan yihiin kuwo ganacsiga u gala si ay u helaan nolol maalmeedkooda.
- Farqi u dhexeeyo da'da ugu fiican ee ganacsiga lagu bilaabo marka la isu fiiriyo dadka ku nool qurbuhu iyo kuwa ku nool gudaha. Meesha kooxda hore, waqtiga ugu fiicani yahay: marka da'doodu tahay 36-50; ay helaan waaya'aragnim; ururiyaan lacag kuus ah; ilmuhuna kala koraan. Kooxda danbe asbaabahaasi agtooda muhiim ka ahayn.

Dhinaca dumarka, inkastoo dumarka u badan yihiin sharikaadka aadka u yar-yar (99.9%), haddana kama marna diiwaannada sharikaadka dhexe iyo kuwa waaweyn labadaba. In kastoo dumarka hawaysta sharikaadka dhexe ay ku jiraan kuwo heerkooda waxbarasho sareeyo, leh waaya'aragnimo gaamurtay, caana ku ah ikhtiraac iyo hal-abuur, haddana waxa laga dhex helaa qaar aan lahayn wax waxbarasho ah iyo waaya'aragnimo ka horaysay ganacsiga labadaba.

Marka laga soo tago kooxda yar oo hawaysata sharikaadka dhexe iyo kuwa sare, guud ahaan dumarku: waa kuwo xirfadooda ganacsi aad u hoosayso, aan aqoon antrabranooro kale, ay ku adagtahay in ay helaan fikrad ganacsi, cabsi siyaado ahna ka qaba in ay fashilmaan. Xantoobada ku dhiirata ganacsigu dhexe iyo kuwa waaweyn, in kastoo ay ka muuqato hufnaan dhanka muuqaalka iyo maskaxda ah labadaba, haddana waxay aad uga cawdaan ragga Soomaalida oo meeshii ay garab iyo garowsiiyo ka heli lahaayeen ugu beddela guul-guul iyo gardaro.

Waxa dhiirrigeliyey dumarku waxa uu ku xiran yahay nooca ganacsiga ay ku jiraan iyo baaxadda ganacsigaas. Tusaale ahaan dumarka ku jira ganacsiga aadka u yar-yar waxay u badan yihiin kuwo dantu ku tuurtay ganacsiga. Halka dumarka gala ganacsiga dhexe, kuwa waaweyn, iyo kuwa yar-yar ee u baahan xirfaddu taxaan asbaabo fiican oo ay ka mid yihiin: in ay ka dhex muuqdaan mujtamaca; in ay sare u qaadaan dakhligooda; iyo in ay xor u noqdaan masiirkooda.

Inkastoo Soomaalidu tiraahdo *'been fakatay runi ma gaarto'*, haddana inta aanan ka bixin mawduuca dumarka, aan ka daba tago been fakatay. Waxa dad badani ku andacoodaan in dumarku aysan xisaabtamin, kalana ogayn khasaare iyo faa'iido. Inkastoo arrintaasi wax ka jiraan, haddana waxa daraasaddu muujisay in ragga iyo dumarku arrintaas isaga mid yihiin. Tusaale ahaan wax ka badan 40% ragga iyo 55% dumarku waxay u badan tahay iyagoo khasaare ku jira in ay faa'iido xisaabsadaan.

In kastoo, asbaabo la xiriira kala duwanaanshaha dhaqanka, ay adkaysay in xog laga soo ururiyo dadka asalka u leh ganacsiga ee dega magaalooyinka xeebaha siiba Muqdisho, haddana inta yar ee aan helnay waxy muujisay in farqi weyn u dhexeeyo dadkaas iyo Soomaalida inteedda kale. Dadkaas oo asal ahaan reer-magaal ah, waxyaabo badan ayay kaga duwan yihiin mujtamaca intiisa kale:

1. Asbaabaha ku dhiiri geliya ganacsigu badanaa waa asbaabo wanaagsan.
2. Nooca ganacsi ee ay galaan iyo habka ay u galaan labaduba wuu ka duwan yahay Soomaalida inteedda kale.
3. Celcelis ahaan ganacsiyada dadkaasi bilaabaan waa ka iib iyo faa'iido fiican yihiin ganacsiyada noocooda ah ee Soomaalida kale bilaabaan.
4. Dhinaca kicitaanka iyo khasaaraha aad ayay uga yar yihiin Soomaalida kale.
5. In kastoo dhinaca maammulka aysan wax wayn ka duwanayn Soomaalida inteedda kale, haddana waxa muuqata, in ay aad ugu fiican yihiin dhinaca dhexgalka iyo la shaqaysiga umadaha kale.

Cutubka

3aad

Antrabranoor (Entrepreneur)

"The entrepreneur in us sees opportunities everywhere we look, but many people see only problems everywhere they look. The entrepreneur in us is more concerned with discriminating between opportunities than he or she is with failing to see the opportunities"
- Michael Gerber

Daraasado badan ayaa xaqiijiyey in heerka horummar ee ganacsi ku xiran yahay arrimo dhowr ah oo qofka bilaaba ganacsigu ugu horeeyo. Qofka bilaaba ganacsi meel sare gaara waxa loogu yeeraa magacyo dhowr ah oo ay ka mid yihiin: 'antrabranoor', 'iskiis-u-shaqayste' iyo milkiile-maammule. Cutubkan oo qaadaa dhigayaa qofkaas loogu yeero 'antrabaranoor-ka', ugu horayn wuxuu muuqaal ka bixinayaa aragtiyihii hore ee antrabranoorka. Qaybta labaad waxay sawir ka bixinaysaa dabeecadaha qofkaasi dadka intiisa kale kaga duwan yahay. Qaybta saddexaad waxay kala saaraysaa antrabranoor-ka iyo milkiile maammulaha. Waxay sidoo kale waxoogaa ka taaban doontaa antrabranoor-ka akadeemiga ah, kooxaha antrabranoor-ada ah iyo antrabranoor-ka sharikaadka waaweyn. Ugu danbayn waxan dul istaagi doonaa muuqaalka uu leeyahay antrabranoor-ka lagu dayan karo iyo qiimayn qof walba isku samayn karo si uu u ogaado in uu yahay antrabranoor iyo inkale.

Markaad akhridid cutubkaan waxaad:

- Muuqaal fiican ka qaadan doontaa antrabranoornimada.
- Fahmi doontaa waxa antrabranoorka iyo milkiile maamuluhu ku kala duwan yihiin.
- Waxad sidoo kale waxoogaa ka bidhaansan doontaa: kooxaha antrabranoorada ah; antrabranoorada akadeemiga ah; iyo antrabranoorada dadka laga tiro badan yahay (minorities).
- Sawir fiican ka qaadan doontaa muuqaalka iyo dabeecadaha antrabranoorada lagu dayan karo.
- Baranaysaa sidaad ku ogaan lahayd in aad tahay antrabranoor iyo in kale.

Antrabranoor waa maxay?

"An entrepreneur tends to bite off a little more than he can chew hoping he'll quickly learn how to chew it"
- Roy Ash

Weedha 'antrabranoor' waxay leedahay qeexido fara badan. Marka dhinac laga fiiriyo waa weedh xanbaarsan macne qoto dheer, asal ahaana ay qaataan dad tiro yar oo leh dabeecado gaar ah. Marka dhinaca kale laga fiiriyona qof kasta oo bilaaba shirkad cusub waxa loogu yeeri karaa antrabranoor.

Asal ahaan, weedhu waxay ka soo jeeddaa luuqada Fransiiska. Markii u horaysay oo la isticmaalo, oo la qiyaaso in ay ku aadanayd qarnigii 13aad, antrabranoor-ku wuxuu ahaa qof mashaariic dhisme fuliya. Qarnigii 16 ayaa micnihii weedhu wuxuu isu rogay 'qof u kala gudbiya' ama 'u kala qaada'. Qaamuuska Webster, wuxuu qofkaas ku sifeeyaa 'qof leh awood abaabulid, maammulid iyo dulqaad khatareed, khaas ahaan marka uu bilaabayo shirkad cusub'. Qaamuuska Oxford English Dictionary, isna wuxuu ku tilmaamaa 'qof isku daya in uu gaaro faa'iido isagoo dhabarka u ridanaya khatar'.

Qoraallada ka hadla antrabranoorku saddex kooxood ayaa loo tiiriyaa: kooxda ugu horaysa uguna da'da weyn waxa lagu tilmaamaa dhaqaalayahannada. Dhaqaalayahannadu waxay antrabranoorka ka fiiriyaan doorka uu ka ciyaaro dhaqaalaha. Kooxda labaad waxay fiiriyaan dabeecadaha antrabranoor-ku kaga duwan yahay dadka intiisa kale. Meesha kooxda saddexaad fiiriso bay'adda iyo raadka ay ku leedahay antrabranoor-nimada. Marka fikradaha saddexdaas kooxood hal weel lagu shubo, waxa soo boxa humaag leh muuqaal iyo sifooyin la dersi karo, waxna laga baran karo.

Aragtiyada dhaqaalayahannada

Sida ka muuqata shaxda hoose, Cantillon (1755) ayaa loo tiiriyaa in uu ahaa dhaqaalayahankii ugu horreeyey ee isticmaala weedha antrabranoor. Casrigii Cantillon Antrabranoor-ku wuxuu ahaa saddexdii dabaqadood ee xilligaas jiray tan ugu muhiimsan. Labada kale waxay ahaayeen dadka dhulka leh iyo shaqaalaha. Cantillon oo ka tirsanaa mad-hab Fransiis ah oo la oran jiray 'physiocrats', wuxuu soo bandhigay aragti loogu magac daray 'risk theory of profit'. Aragtidaasi waxay oranaysay 'qof kasta oo ku xisaabtama dakhli aan la hubin waxa uu noqon karaa antrabranoor'. In kastoo Antrabranoor-ka Cantilon xilligaas ka hadlayey uusan ahayn qof wax ikhtiraaca, haddana waxa uu ahaa qof muhiim ah, caqli badan, diyaarna u ah in uu khatar dhabarka u rito.

Madd-habtii Austria (Austria school of thought) ayaa la sheegaa in ay dhidibada u taagtay horummarisayna fikradii Cantilon. Krizner (1979) oo lagu tiriyo odayaasha ugu waaweynaa madd-habtaas ayaa ku qeexa antrabranoor-ka 'qof *digtoon* oo aysan dhaafin fursad faa'iido leh'. Qofkaasi wuxuu awoodda a in uu arko ilaha faa'iido-dhalka ah. Wuxuu sidoo kale mar-mar isu keenaa 'dadka wax u baahan' iyo 'dadka wax haysta', dabadeedna wuu ka dhex faa'iidaa. Krizner iyo madd-habtiisu waxa ay ku doodaa in fursaddaas faa'iido ay keentay sababo la xiriira aqoonta oo yar. Antrabranooradu waxay leeyihiin *aqoon dheeraad* ah oo aysan lahayn dadka intiisa kale, aqoontaas dheeraadka ah ayaana u ogolaata in ay ka faa'iidaystaan fursadaha miro dhalka ah.

Shaxda 3.1 *Qorayaasha iyo fikradahooda*

Waqti	Qoraaga	Fikraddiisa
1755	Cantillon	Waxa uu soo bandhigay markii u horaysay kalmada antrabranoor. Waxa markii hore kalmadu ahayd 'entreprendre' oo micneheedu yahay 'awood wax lagu beddelo'.
1803, 1817	Jean Baptists Say	Waxa uu ishaaray in 'antrabranoor-ku leeyahay awood uu ku maammulo hanti si uu u daboolo baahi jirta'.
1871	Carl Menger	Waxa uu 'toosh ku ifiyey' awoodda antrabranoor-ka ee la xiriirta in uu kala saaro waxa leh suuq iyo waxa aan lahayn suuq.
1893	Ely and Hess	Waxay tilmaameen in antrabranoor-ku leeyahay awood uu isugu keeno dabadeedna ku maammulo maal (capital), shaqaale, iyo shirkad.
1911, 1928	Schumpeter	Wuxuu soo bandhigay in antrabranoor-du abuuraan fursado (opportunity) iyagoo isu keenaya ikhtiraacyo.
1921	Knight	Waxa uu muujiyey in antrabranoor-ku ka faa'iidaysto xaaladdaha dhaqaale ee jira, isagoo yaraynaya beerdaradda (waste), sare u qaadaya kaydka (savings), dabadeedna abuuraya wax qiime lah (value). Marka uu arimahaas samaynayo antrabranoor-ku waxa uu fahansanyahay xiriirka ka dhexeeya khatarta iyo abaal marinta.
1948	Hayek	Waxa uu sii horummariyey Aragtidii Mad-habta Austrai isagoo antrabranoor-ada ku sifeeyey in ay leeyihii awood helitaan (discovery) iyo ficil (action). Waxa uu intaas ku daray in antrabranoor-du fahmaan kana faa'iidaystaan macluumaadka aan isu dheelli tirnayn (information asymmetry).
1975	Shapero	Waxa uu muujiuyey in antrabranoor-du leeyihiin awood 'qiimayn' oo ay ku aqoonsadaan fursadaha caqli galka ah. Wuxuu sidoo kale bidhaamiyey in fursadahaas ay saldhig u yihiin laba arrimood oo uu ugu yeeray 'damac' iyo 'suurtogal'.
1974	Drucker	Waxa uu u aqoonsaday antrabranoor-du in ay leeyihii dareen ay ku arkaan halka uu suuqu u socdo (market trends).
1973	Kirzner	Waxa uu ku tilmaamay in ay yihiin dad digtoon, arki kara fursadaha isla markaasna ka faa'iidaysan kara.

Halka Kirzner uu qabay in qof kasta noqon karo antrabranoor, Schumpeter (1934) waxa uu ku doodaa in dad yar oo leh tilmaamo *hal-abuurnimadu* ugu horayso noqon karaan antrabranoor. Schumpeter waxa uu arkay in antrabranoor-ku yahay qof ikhtiraaca qaab cusub oo wax soo

47

saar iyo badeeco cusub; qof shaaca ka qaada suuqyo cusub iyo waddooyin cusub; qof abuura shirkado cusub. Waxa uu ku sifeeyey in uu yahay qof higsanaya sidii uu u abuuri lahaa wax uu ugu yeeray 'boqortooyo shakhsiyeed'. Schumpeter waxa uu arkay in ikhtiraacnimada antrabranoor-ku wax buruburiso. Isaga oo sharraxaya arrintaasna waxa uu yiri: marka ikhtiraacyo cusubi suuqa soo galaan, waxay meesha ka saaraan badeecadii iyo adeegyadii hore suuqa u yaalay, taasina waxay keentaa in marwalba suuqu uu ku jiro isbeddel aan saldhiganayn.

Frank Knight (1921) waxa lagu tilmaamaa aqoonyahankii u horreeyey, marka laga soo tago Cantlion, oo ku doodda in antrabranoor-ku dhabarka u rito *kahatar* iyo *nacfi* labadaba. Nacfi waxa antrabranoor-ku gaaraa markii uu dhabarka u rito khatar la saadaalin karo maxsuulkeedda. Haddaad u fiirsatid sawirka Knight ka bixiyo antrabranoor-ka waxaad arkaysaa in uu antrabranoor-ku yahay qof isku daya in uu fahmo saadaaliyona isbeddellada ku dhacaya suuqa ka dibna ka dhex helo waddo lagu faa'iidi karo. Knight waxa uu kala saaray waxa uu ugu yeeray khatart (risk) iyo walaac (uncertainty). Halka khatartu la xiriirto dhacdo la saadaalin karo maxsuulkeeddana caymis la gelin karo, walaacu waa dhacdo ay adag tahay in la saadaaliyo maxsuulkeeddana caymis la geliyo. Knight waxa uu ugu yeeray antrabranoor kuwa danbe oo dhabarka u rita khatarta aan la saadaalin Karin. Khatarta aan la saadaalin karin ee Knight ka hadlayo waxay la xiriiraan isbeddellada joogtada ah ee ku dhacaya tiknoolojiyadda iyo sicirka. Knight marka uu sifaynayo antrabranoorka, waxa uu ku tilmaamaa in uu yahay qof isku kalsoon, kuna dhiiran kara khatar aysan dadka xoogoodu ku dhiiran karin.

Shailar (1994) oo faahfaahinaya fikradda Knight, waxa uu yiri "antrabranoor-ku ma ahayn qofka dhabarka u rita khatarta oo kaliya, ee waxa uu ahaa qof qaata masuuliyada wixii ka dhasha khatartaas". Wuxuu sidoo kale antrabranoor-ka ugu yeeray qof *hal-abuurnimo* iyo *mala'awaal* caan ku ah. Walaaca oo ku badan dadka intiisa kale iyo macluumaadka oo yar awgiis ayaa u horseedda antrabranoor-ka faa'iido. Halka walaacu dadka qaar tuso waddo ay ku mala'awaalaan fursad faa'iido, qaarka kale indhaha ayuu ka xiraa. Mala'awaalku waa diiradda lagu arko fursadaha. In kastoo Shailar bidhaamiyey in hal-abuurnimadu tahay mid ka mid ah sifooyinka ugu muhiimsan antrabranoor-ka, haddana wax weyn kama uusan oran sida hal-abuurnimadu u bilaabmato iyo waxyaabaha ama asbaabaha dadka qaarkood ka dhiga hal-abuur.

Jean-Babtiste Say (1928), oo ka eegay antrabranoor-ka dhinac kale, wuxuu yiri antrabranoor-ku waa qof isu keena isla markaasna maareeya cunsuradda waxsoosaarka (factors of production). *Go'aanqaadashadda, dhabar adayga iyo dulqaad* ayuu ku tilmaamay in ay yihiin sifooyinka ugu mihiimsan antrabranoor-da.

Casson (1982) wuxuu arkaa in antrabranoor-ku leeyahay *xirfad* dheeri ah, xirfaddaasina tahay waxa antrabranoor-ka u sahla in uu qaadaadhigo, isku duwo, go'aana ka gaaro sidii uu u meelayn lahaa hantida aadka u yar. Cassan waxa uu ku doodaa in hantidu tahay tiir weyn oo la'aanteed antrabranoor-ku uusan meel gaari karin, maaraynta hantidaasina tahay mid ka mid ah xirfadaha uu kaga duwan yahay dadka intiisa kale. Isagoo arrintaas ka gungaaraya ayaa Casson daraasad ku sameeyey waxa gobollada ama mujtamacyada qaarkood antrabranoor-adu ugu badan yihiin, halka ay gobollada qaarkood ama mujtamacyada qaarkood ku yar yihiin. Casson, wuxuu daraasaddaas ku iftiimiyey in helitaanka hanti (resources) tahay waxa kala sooca in gobol ama mujtamac antrabranoor-ku ku badan yahay iyo in uu ku yar yahay.

Dabeecadaha antrabranoor-ka

"The link between my experience as an entrepreneur and that of a politician is
all in one word: freedom"
Silvio Berlusconi

Aqoonyahanada wax ka qora dabeecadaha antrabranoor-adu waxay soo guuriyaan dabeecado aad u fara badan oo gooni u ah antrabranoor-da. In kastoo ay jiraan cilmibaarisyo aad u fara badan, haddana waxa gundhig u ah labada aragtiyood ee McClelland (1961) iyo Rotter (1966). McClelland wuxuu ku sifayaa antrabranoor-ka, *qof raba in uu gaaro himilo* (theory of need to achieve). Aragtidaasi waxay tiraahdaa 'dadka raba in ay meekhaan gaaraan badanaa dhibtooda iyaga ayaa xalista, himilo samaysta, dabadeedna isku daya in ay himiladooda gaaraan'.

Rotter wuxuu ku sifaysaa antrabranoor-ka *qof masiirka noloshiisu gacantiisa ku jiro*. Aragtidaan oo loogu yeero 'locus of control' waxay ku doodaa in halka dadka qaar naftooda ku kalsoon yihiin wixii ku dhacana, faaiido iyo khasaare, dhib iyo dheef, iyagu dusha u ritaan (internal locus of control), qaarka kale eedeeyaan dadka kale, waqtiga ama bay'adda (external locus of control). Kooxda hore ayuu Rotter ku tilmaamaa antrabranooro. Rotter wuxuu intaas ku daraa in kooxdaasi la yimaadaan dadaal si ay nolosha meel fiican uga gaaraan.

Meridith (1982) isna waxa uu ku soo koobay dabeecadaha ama astaamaha lagu garto antrabranoor-ada in ay yihiin: kuwo naftooda ku kalsoon; kuwo khatar dhabarka u ridan kara; kuwo isla beddeli kara bay'adda; kuwo higsanaya in ay gaaraan meel fog; iyo kuwo aad ugu jidbaysan in ay noqdaan dad naftooda u shaqaysta oo aan dad kale u shaqyn.

Caird (1988) waxa uu dabeecadaha dadkaas ku soo ururiyey in ay leeyiiin: fahan ganacsi, awood ay ku arkaan meesha fursaddu ku jirto, iyo awood ay ku saxaan khaladka. Kazumi (1995) waxa isna ku doodaa in laba arrimood ay bud-dhig u yihiin antrabranoor-nimada. Halka tan hore la xiriirto dabeecadda qofka, tan kale waxay la xiriirtaa awoodda qofka. Noocyada awooddaha ee Kazumi u jeedo waxay la xiriiraan: awoodda hoggaaminta, awoodda go'aan gaarista, awoodda qorshe samaynta iyo awoodda maammul ama maarayn.

Timmons iyo Spinneli (2003), waxay dabeecadaha antrabranoor-ka u kala saaraan kuwo la'aantood qofku uusan noqon karin antrabranoor (core) iyo kuwo loo baahan yahay (desirable) oo la'aantood qofku noqon karo antrabranoor. Kuwa hore waxa ka mid ah: go'aan adayg, hoggaamin, fursad raadin, dulqaad khatareed, iyo dhiirrigelin. Meesha kuwa danbe ay ka mid yihiin caqli badni, qiyam iyo sharaf, awood saa'id ah, fayoobid iyo deganaan

Tilmaamaha antrabranoor-ada ee qoraallada kale badanaa qaadaa dhigaan waxa kaloo ka mid ah:

1. **Waa qof u hamuuman in uu gaaro himilooyin sare:** Gaarista himilo sare waa mid ay ku kala duwn yihiin antrabranoor-adu. Halka qaar himiladoodu tahay in ay noqdaan bilyan-neer, qaar kale waxa laga yaabaa in himiladoodu tahay in la aqoonsado.

2. **Waa qof aan ahayn 'jar-iska-xoor' oo dhabarka u rita khatar maxsuulkeedda la saadaalin karo (calculated risk):** inkastoo dadka bilaaba sharikaadka yar-yar dhammaantood dhabarka u ritaan khatar, haddana antrabranoor-du waxay dhabarka u ritaan khatar siyaado ka ah kan milkiile –maammulayaasha.

3. **Waa qof hal-abuur leh (creative)**

4. **Waa qof ikhtiraaca fikrado cusub (innovative):** Ikhtiraaca waxa lagu tilmaamaa tuulka kaliya ee antrabranoor-du isticmaalaan si ay u abuuraan fursad ka duwan fursadaha kale oo dhan. Sidoo kale waa waxa ugu weyn ee ay kaga duwan yihiin milkiile-maammulayaasha. Waxana arrintas si aad ah u iftiimyey Porter (1990) markuu buugiisa ku soo guuriyey in 'ikhtiraaca iyo antrabranooradu yihiin wadnaha horummar ee waddan'. Mintzberg (1983) ikhtiraaca wuxuu ku qeexay 'habka looga go'o nidaam gaamuray'. Haddii si kale loo yiraahdo in wax loo sameeyo sidii loo samayn jiray si aan ahayn. Porter (1998a) ikhtiraaca waxa uu ku sifeeyey in uu yahay wax qunyar-qunyar loo sameeyo (incremental).

5. **Waa qof isu taagay siduu mustaqbalkiisa xor ugu noqon lahaa.**

6. **Waa qof dhibaatooyinka iyo buuqyada u dhabar adaygi kara:** Antrabranoor-ku waa qof kalsooni buuxda ku qaba fikradiisa. Kalsoonidaas buuxda ee ay ku qabaan naftooda ayaana keenta in ay dadka kale ka gadaan ama ka dhaadhiciyaan fikraddaas. Waa dad hawlkar ah, shaqayna kara wax ka badan 18 saac maalintii.

7. **Waa qof leh hiraal iyo karti dabiici ah (vision and flair):** si antrabranoors-ku meel u gaaraan, waa in ay leeyihiin hiraal aan xayaabo lahayn oo ku saabsan waxa ay rabaan in ay gaaraan. Hibada dabiiciga ah waxa lagu sharraxaa nasiibka in uu joogo antrabranoor-ku meesha saxda ah waqtiga saxda ah.

8. **Waa qof ka faa'iidaysta fursadaha:** Antrabranoor-ku waa qof fursad ka arka meel dadka kale aysan waxba ka arkin. Antrabranoor-da intooda badan dhib kuma aha in ay arkaan fursado fara badan, ee waxa

badanaa dhib ku ah in ay mid ama laba fursadood awoodda isugu geeyaan. Antrabranoora-da qaarkood waxay si is dabajoog ah u curiyaan fikrado ganacsi dabadeedna way sii gadaan.

9. **Waa qof naftiisa kicin kara:** Dabeecaddan oo takhaatiirta Cilmi Nafsigu ugu yeeraan dabeecadda 'A' ayaa ah mid khaas ku ah antrabranoora-da. Inkastoo ay kiciyaan waxyaabo kale oo lacagta iyo magaca ama sumcaduba ka mid yihiin, haddana waxa ugu muhiimsan ee kiciya ayaa ah in ay meel sare gaaraan. Dadka ku caan baxa dabeecaddaas 'A' waa kuwo aan yoolka isha ka qaadin, jecelna in ay shaqooyinkooda si dhaqso ah u fuliyaan. Waxa kale oo dadkaasi awoodda saaraan mustaqbalka iyagoo ay dhici karto in aysan hawl maalmeedkooda hanan karin.

Waxyaabaha kale oo doorka wayn ka ciyaara antrabranoornimada, cilmibaarisyaduna shaaca ka qaadeen, waxa ka mid ah aqoonta iyo khibradda. Sida, Evans and Leighton (1990) muujiyeen xiriir xooggan baa ka dhexeeya waxbarashada iyo bilaabista ganacsiga. Daraasad ay ku sameeyeen waddanka Maraykanka, waxa u soo baxday in marka heerka waxbarasho sare u kacaba jaaniska qofku in uu bilaabo ganacsi sare u kacayo. Storey (1994) wuxuu isna ku soo ururiye in antrabranoorada aqoonta sare lihi ay badanaa unkaan sharikaad kobci kara. Sidoo kale GEM (2006) waxay shaaca ka qaaday in dadka dakhligooda shaqo iyo waxbarashadoodu sareeyaan ay badanaa noqdaan antrabranoor-o meekhaan fiican gaara.

Xiriirka ka dhexeeya waxbarashada iyo antrabranoor-nimada waxa lagu sharraxaa in ay salka ku hayaan laba arrimood: arrinta hore waxay tiraahdaa waxbarashada sare waxay saldhig u noqota waxbarasho joogto ah (life long learning), waxbarashada joogtada ah ayaa antrabranoor-ka u fududaysa in uu si fiican u fahmi karo una maammuli karo ganacsiga. Arrinta labaad waxay tiraahdaa rajada qofku ka qabo in uu sare u qaado dakhliga soo gelaya ayaa keenta in uu kobciyo ganacsigiisa, si uu u kobciyona waxa lama huraan ah in uu leeyahay aqoon sare.

Bay'adda iyo doorka ay ku leedahay antrabranoorada

"A real entrepreneur is somebody who has no safety net underneath them"
Henry Kravis

Aragtiyaha ku doodda in xiriir ka dhexeeyo bay'adda iyo antrabranoor-nimada waa kuwo curdan ah. Aragtiyahaasi waxay ku doodaan in samaysanka shirkad cusub ku xiran yahay arrimo qofka awooddiisa bannaanka ka ah, bay'adduna ugu horayso. Specht (1993) waxay ku doodaa in heerka antrabranoor-nimo ku xiran yahay shan walxood: mujtamac (social), dhaqaalaha (economical), siyaasadda (political), heerka horummar, iyo suuqyada cusub (emerging markets).

Markay ka hadlaysay dhinaca mujtamaca, waxay taabatay qiimaha shabakadaha ijtimaaciga ah (social networks). Dhinaca dhaqaalaha, waxay tilmaantay helitaanka lacag wax lagu bilaabo, xaaladda dhaqaale ee waddanku ku sugan yahay, heerka shaqo'laanta iwm. Dhinaca siyaasadda, waxay tilmaantay saamaynta hay'adaha dawliga ah iyo kuwa aan dawliga ahayn ka qaataan kalkaalinta ganacsiga. Dhinaca horummarka, waxa hoos imaanaya waxyaabo badan oo ay ka mid yihiin; nidaamka waxbarasho, suuqa shaqada, helitaanka meelo gacasiga lagu kobciyo (incubation), helitaanka macluumaad iyo helitaanka goobo lagu ganacsdo. Dhinaca suuqyada cusub, waxay tilmaantay helitaanka suuq dihin oo aan wali shaaca laga qaadin (niche market).

Aragtida bay'addu, waxay ku doodaa in samaysanka shirkad cusub aysan ku xirnayn antrabranoorka ee ay ku xiran tahay waxyaabaha aan sare ku soo xusnay. Waxyaabahaas ayaa ama dedejin kara ama horistaagi kara samaysanka sharikaad cusub. Aragtidaani waxay mas'uuliyadda samaysanka ganacsiyada cusub korka ka saartaa hay'adaha dawliga ah iyo kuwa aan dawliga ahayn ee saamaynta ku yeelan kara bay'adda.

In kastoo sidaan sare ku soo xusnay, dabeecadaha qofka iyo bay'addu labaduba door ballaaran leeyihiin, haddana midna goonidiisa uma sharrixi karto samaysanka sharikaadka cusub. Tusaale ahaan, waxad arkaysaa in Gartner (1985) uu soo jeediyo moodeel sharraxa samaysanka sharikaadka cusub isagoo ka duulaya: bay'adda iyo antrabranoorka. Waxa moodeelkaas mid la mid ah iyana soo bandhigay Greenberger and Sexton (1988) iyo Bird (1988). Mazzarol, et al. (1999) ayaa iyagoo ka duulaya moodeelkii Bird soo bandhigay moodeel sharraxaad ballaaran ka bixiya samaysanka sharikaadka cusub. Sida ka muuqata sawirka 3.1. moodeelkaasi waxa uu g'aanka bilaabida ganacsi cusub saldhig uga dhigaa niyadda antrabranoorka. Niyadaasina waxay ku xiran tahay labada arrimood ee kala ah bay'adda iyo qofka.

Moodeelkaan oo salka ku hayo daraasado badan ayaa soo koobay waxyaabaha bay'adda ka midka ah ee saamaynta wanaagsan ku leh goa'aanka bilaabidda ganacsiga cusub. Tusaale ahaan waxad arkaysaa in tirada iyo noocyada shabakadaha, helitaanka maalgelin, helitaanka hay'ado taageera, nidaamka waxbarasho, helitaanka macluumaad iyo helitaanka goob ganacsi dhammaantood saamayn wanaagsan ku leeyihiin.

Dhinaca qofka waxad arkaysaa in dabeecadaha iyo aasaaska qofku labaduba qayb ka qaataan niyada iyo goa'aanka bilaabista shirkad cusub. Meesha dabeecadaha wanaagsan ay ka mid yihiin: u dhabar adaygida khataraha, rabitaanka in qofku meekhaan fiican gaaro, masiirkiisa xor u noqdo, iyo hal-abuurnimadu. Waxad arkaysaa in aasaaska wanaagsan ay ka mid yihiin: waxbarashada, shaqooyinkii hore ee uu ka soo shaqeeyey, taageerada qoyska iyo in uu yahay qaxooti iyo inkale.

Sawirka 3.1. *Saamaynta bay'adda iyo qofku ku leeyihiin niyeysiga iyo go'aanka*

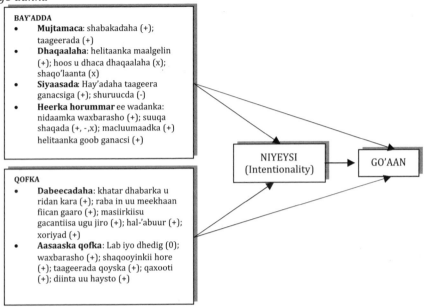

BAY'ADDA
- **Mujtamaca**: shabakadaha (+); taageerada (+)
- **Dhaqaalaha**: helitaanka maalgelin (+); hoos u dhaca dhaqaalaha (x); shaqo'laanta (x)
- **Siyaasada**: Hay'adaha taageera ganacsiga (+); shuruucda (-)
- **Heerka horummar** ee wadanka: nidaamka waxbarasho (+); suuqa shaqada (+, -,x); macluumaadka (+) helitaanka goob ganacsi (+)

QOFKA
- **Dabeecadaha**: khatar dhabarka u ridan kara (+); raba in uu meekhaan fiican gaaro (+); masiirkiisu gacantiisa ugu jiro (+); hal-'abuur (+); xoriyad (+)
- **Aasaaska qofka**: Lab iyo dhedig (0); waxbarasho (+); shaqooyinkii hore (+); taageerada qoyska (+); qaxooti (+); diinta uu haysto (+)

NIYEYSI (Intentionality)

GO'AAN

Source: Mazzarol et al. *(1999) 'Factors influencing small business start-ups',* International Journal of Entrepreneurial Behaviour and Research, Vol. 5, No. 2, pp. 48-63

Maxay ku kala duwan yihiin antrabranoor iyo milkiile-maammule(owner-manager)

In kastoo dad badani si isku mid ah u isticmaalaan labadaas weerood, wax badan ayay ku kala duwan yihiin. Waxyaabaha daraasadduhu bidhaamiyeen waxa ka mid ah: baaxadda dhaqaalaha ay abuuraan; dhaqsaha ay ku abuuraan; khatarta ay u bareeraan; iyo ikhtiraaca. Meesha antrabranoor-ku si dhaqso ah ugu abuuro dhaqaale baaxadiisu ballaaran tahay isagoo wax cusub abuuraya khatarna dhabarka u ridanaya, milkiile-maammuluhu wuxuu bilaabaa ganacsi ku habboon duruuftiisa. Haddii si kale loo qoro, meesha ujeeddada ugu weyn ee antrabranoor-ku tahay si uu u sameeyo faa'iido iyo koboc, ujeeddada ugu weyn ee milkiile-maammuluhu waa in uu helo dakhli daboola baahidiisa.

Inkastoo ilaa hadda aan la isla meel dhigin, haddana waxa la aamminsanyahay in milkiile-maammulha iyo antrabranoor-ku wadaagaan wax badan oo dabeecado ah. Waxa kaliya oo dad badani tibaaxaan in halka dabeecadaha milkiile-maammulhu salka ku hayaan cimri-dherer (survival),

53

kuwa antrabranoor-ku salka ku hayaan koboc (growth). Sida ku cad sawirka kore (3.2), halka mulkiile-maammuluhu leeyahay sifooyin kooban, antrabranoor-ku waxa uu leeyahay sifooyinka mulkiile-maammulha iyo kuwo kale oo dheeri ah.

Sifooyinka ay wadaagan mulkiile-maammulha aiyo antrabranoor-ku, inkastoo ay muuqaalka guud isaga ekaan karaan, haddana waxay u badan tahay in ay hoos ahaan kala duwan yihiin. Waxa sidoo kale dhici karta in sifooyinkaas ay ku kala duwanaan karaan isla milkiile-maammulayaashu ama antrabranoora-du.

Sawirka 3.2 *Milkiile-maammule iyo antrabranoor*

Milkiile-Maammule (owner manager)	Antrabranoor
Waa qof raba in uu iskiis u shaqaysto (independence)	Waa qof fursaddaha ka faa'iidaysta (opportunistc)
Waa qof raba in uu guul-gaaro	Waa qof wax cusub ikhtiraaca (innovative)
Waa qof la noolaan kara walaac	Waa qof isku kalsoon (self-confident)
Waa qof dhabarka u ritan khatar qiyaasan	Waa qof naftiisa kicin kara (self-motivated)
	Waa qof hiraal iyo karti dabiici ah leh (vision and flair)
	Waa qof diyaar u ah in uu dhabarka u rito khatar weyn

Wickham (2001) isagu saddex arrimood ayuu ku soo ururiyaa in ay milkiile-maammule iyo antrabranoor ku kala duwan yihiin. Saddexdaas arrimood waxa uu ugu yeeraa: ikhtiraaca, koboca iyo hadafka istaraateejiga ah. Dhinaca ikhtiraaca, Wickham waxa uu bidhaamiyaa in halka ganacsiga antrabranoor-adu badanaa salka ku hayo ikhtiraac (wax cusub), kan milkiile-maammuluhu salka ku hayo wax la yaqaan oo hore u jiray (qadiim). Maaddaama ganacsiga antrabranoor-ku salka ku hayo ikhtiraac, waxa uu leeyahay fursad koboc marka loo fiiriyo kan milkiile-maammulaha. Ugu danbayn Wickham waxa uu taxaa hadafyada istraateejiga ah ee antrabranoor-ka oo uu ku soo ururiyo: in uu kobco; in uu saami fiican ka helo suuqa (market share); iyo in uu ka dhexmuuqdo tartanka.

Sidee u samysmaan koox antrabranoor-o ahi?

"We were young, but we had good advice and good ideas and lots of enthusiasm."
- Bill Gates

Daraasado badan oo dhowaan la sameeyey ayaa shaaca ka qaaday in isu imaanshaha koox antrabranoor-o ahi ka horummar fiican yihiin hal antrabranoor. Waxay daraasadahaasi muujiyeen in sharikaadka cusub ee teknoolojiyada ah ay badanaa bilaabaan koox antrabranoor-o ah oo isu tegay. Tusaale ahaan, Brockaw (1993) waxa uu soo bandhigaa wax ka badan 58% shirkaddaha koboca sare muujiya waddanka Maraykanka (USA) in ay yihiin sharikaad ay bilaabeen wax ka badan laba antrabranoor. Rag kale oo ay ka mid yihiin Kamm et al.. (1990) ayaa iyana muujiyey sharikaadka ay bilaabaan koox antrabranoor-o ahi in ay ka faa'iido soo saar badan yihiin, ka cimri dheer yihiin, kana koboc fiican yihiin sharikaadka uu bilaabo hal antrabranoor.

Sida qaalibka ah kooxda antrabranoor-da ahi waa dad macrifo ka dhexayso. Macrifadaasi ha noqoto mid dhalasho (qaraabo) ama saaxiibtinimo. Vyakarnam et al. (1999) waxay ku doodaan in samaynta kooxda antrabranoor-ka ahi marto laba marxaladood. Halka marxaladda hore ay ugu yeeraan hordhac, tan labaad waxay u bixiyeen isu-imaansho. Marxaladda hordhaca ah waxay badanaa ka bilaabataa kulan ay yeeshaan dad wadaaga aragtiyo ama hadafyo. Kulankaas waxa bud-dhig u ah dhowr arrimood oo ay ka mid yihiin: in ay isla fahmaan hadafka; in qof walba loo cayimo door; iyo xiriir kalsooni.

Bird (1989) mar uu ka hadlayey sida kooxaha antrabranoor-da ihi isugu yimaadaan waxay magacawday shan tallaabo oo ay ugu yeertay: isi soo jiidasho (attraction), isku xirmid (bonding), isla-saadaalin (projection), isku-dhac (conflict) iyo horummar (development). Waxyaabaha ay tilmaantay in ay kooxda isu soo dhoweeyaan waxa ka mid ah: in ay yihiin dad wada socon kara, isku fikir dhow, midba midka kale booskiisa buuxin karo.

In kastoo aysan badnayn, haddana Daraasadaha aan ku samaynay ganacsiga iyo ganacsatada Soomaalida ayaa iftiimiyey in ay jiraan kooxo antrabranooro ah. Tusaalooyinkaas waxa ka mid ah: xawaaladaha, sharikaadka isgaarsiinta, sharikaadka dhismaha, warshadaha, sharikaadka bagaashka iyo sharikaadka gaadiidka. Laba hab ayaa sharikaadka noocaas ihi u samaysmaan: (1) in ay maraan mid la mid ah waddada Vyakarnam; (2) in marka hore hal entreprenuer dhidibada u taago shirkadda, dabadeedna uu ku soo casumo entrepreur-o kale. Labada habba Soomalida dhexdeedda waa laga helaa, waxase badanaa la arkaa in habka danbe ku badan yahay ganacsiyada u baahan xirfadda iyo aqoonta sare.

In kastoo daraasaddani ahayd mid sahan ah (explorative), aysana aad u sii qodqodin faa'iidada dhabta ah ee ay sameeyaan sharikaadka noocaas ihi, haddana xogta aan hayno waxay muujinaysaa sharikaadka ay bilaabaan koox antrabranooro ahi ka faa'iido iyo koboc fiican yihiin sharikaadka kale. Tusaale ahaan, sharikaadkaas faa'iidadoodu waxay u dhexaysaa 75%-100%; kobocoodu waa ka sareeyaa 25% sanadkiiba; wayna ka cimri dheer yihiin sharikaadka kale.

Waxa kale oo daraasaddaasi muujisay in waxyaabaha meesha fiican gaarsiiya sharikaadka Soomaalida ay ugu horayso kooxaha antrabranoora-da ah. Waxyaabahaas waxa ka mid ah: tiradooda, kala duwanaanshahooda, isu-dheellitirnaantooda, fahankooda hiraalka (vision) la higsanayo iyo sida ay u xalliyaan haddii xurgufi timaaddo. Tusaale ahaan, dhinaca kala duwanaanshaha iyo isu dheellitirnaanta, waxa muuqata in antrabranoorada Soomaalidu hal koobi u badan yihiin xirfadaha qaarkood ciriiri ku yihiin; dhinaca hiraalka, sharikaadkaas intooda badani ma laha himilo qoran, hadduu jirona qofkii qoray ayaa laga yaabaa in uu hilmaamay; dhinaca xallinta khilaafaadka, badanaa ma laha xeer iyo guddi gooni u ah xallinta dhibaatooyinka, hadday jiraana ma aha mid la wada fahansan yahay ama lagu wada kalsoon yahay.

Antrabranoorada akadeemiga

"Sow a thought, reap an action; sow an action, reap a habit; sow a habit, reap a character; sow a character, reap a destiny"

- Chinese Proverb

Waxa sanadihii la soo dhaafay si aad ah sare ugu kacayey antrabranoorada akadeemiga ah (academic entrepreneurs). In kastoo aan la garanayn asbaabta ay sare ugu keceen 20-kii sano ee la soo dhaafay, haddana marka la sifaynayo dadka noocaan ah waxa la yiraahdaa: waa dad ku mashquulsan sare u qaadista aqoonta; waxbarashadooda hore la xiriirto saynis ama teknoolojiyo; ka soo shaqeeyey xarumaha waxbarashada sare (jaamicadaha) ama xarumaha cilmi barista. Marmar waxa dhacda in qofka akadeemiga ah xor looga dhigo in uu horummariyo fursad salka ku haysa cilmibaarisyada uu sameeyey. Marmar kalana Jaamicadaha ama xarumaha cilmibaarista ee ay ka tirsan yihiin ayaa samaysa waax dedejisa sidii fursadaha dadka akadeemikada ahi shaaca ka qaadaan loogu beddeli lahaa wax la taaban karo, waxaasi ha noqdeen adeeg ama badeecad cusub.

Birley (2002) mar uu ka hadlayey sharikaadka ka soo jeedda xarumaha cilmiga ama waxa loogu yeero 'spin-outs' waxa uu u kala saaray saddex nooc. Nooca hore waxa sameeya dad akadeemig ah oo xarumaha akadeemiga sida jaamicadaha uga taga si ay u bilaabaan shirkad. Nooca labaad waxay badanaa bilaabmaan marka maalgeliye ama shirkad gadato ama ijaarato fikrad diiwaangashan (intellectual property) oo jaamicadi leedahay. Badanaa qofkii ikhtiraacay fikraddaas ama shaygaas wax lug ah kuma laha samaysanka iyo maammulida shirkadda cusub. Nooca saddexaad, ahna nooca ugu xoogga badan waxa uu yimaadaa marka iskaashi dhexmaro akadeemig iyo maalgeliye ama shirkad bannaanka ka ah jaamicada.

Brennan and Wall (2005) mar ay sifaynayeen akadeemiga antrabranoor-ka ah waxay tilmaamihiisa ku dareen in uu yahay qof halyey ah (hero), qof aqoontiisu aysan ku koobnayn laantisa takhasus oo kaliya, iyo qof ku xiran shabakado (network) fara badan.

Haddaan dib ugu noqono Soomaalida, inkastoo aan waqti badan gelinay, la xiriirnay wax ka badan 125 qof oo aqoon yahan Soomaaliyeed ah, haddana nasiib daro, marka laga soo tago, sheekooyin ay adag tahay in la xaqiijiyo, ma jiraan antrabranooro akadeemik ah oo Soomaali ah.

Antrabranoor-nimada dadka laga tiro badan yahay

"The successful person makes a habit of doing what the failing person doesn't do."

Thomas Edison

Sida qaalibka ah dadka ajnabiga ahi waxay bilaabaan: ganacsiyo bilaabistoodu fududahay; tartankoodu aad u yaryahay; macaamiishoodu diyaarsan yihiin; maalgelintiisuna yartahay. Inkastoo sawirkaasi wali muuqdo, haddana waxad moodaa in jiilka labaad iyo kan saddexaad heeryadaas xooreen oo bilaabaan ganacsi aan ka dhicin kuwa dadka ay la nool yihiin. Jiilka labaad wuxuu kaga duwan yahay jiilkii kowaad arrimo dhowr ah oo ay ka mid yihiin: in ay leeyihiin waxbarasho sare; isku kalsoon yihiin; xiriir fiicanna la leeyihiin bulsha weynta ay ku dhex nool yihiin.

Daraasadaha ka hadla dadka laga tiro badan yahay, ee ku dhaqan waddammada galbeedka, waxay awoodda saaraan dhowr arrimood oo ay ka mid yihiin: helitaanka hanti (siiba maalgelin lacageed); helitaanka suuq; iyo waxa dhiirri geliya ama ku kalifa in ay bilaabaan ganacsiga.

Helitaan maalgelin: In kastoo cilmibaarisyo badan lagu sameeyey helitaanka hanti, haddana waxad moodaa in wali aysan dhinac isgu lugo duwan. Meesha Daraasadahaas qaarkood muujiyaan in hantidu, siiba lacagtu, ka mid tahay waxyaabaha ka hortaagan dadka ajanibaga ah in ay bilaabaan ganacsi, daraasado kale waxay ku doodaan xiriirka ka dhexeeya qoyska oo aad u sareeya in uu fududeeyo in qoyska oo dhammi muruq iyo maal isu geeyaan si ay u bilaabaan ganacsi. Daraasadahaasi waxay muujiyaan in dhibta helitaanka lacag maalgelin aysan ka sinayn dadka ajnabiga ah oo dhammi. Tusaale ahaan daraasado lagu sameeyey Boqortooyada Ingiriiska (UK) ayaa muujisay in meesha dadka madowga (ka soo jeedda Afrika iyo Jasiiradaha Karibiyaanka), Bangladheshka iyo Pakistaantu kala kulmaan dhib bangiyada. Dadka kale ee ajnabiga ah, siiba kuwa ka soo jeedda Hindia, aysan la kulmin dhibtaas.

Dhowr arrimood ayaa lagu sharraxaa asbaabta keenta in qaar ka mi ah dadka ajnabigu la kulmaan dhib ka badan tan ay la kulmaan ajaanibta kale: (1) Aqoon aan loo lahayn dadkaas (siiba kuwa ku cusub waddammada galbeedka); (2) ganacsiga waddammada dadkaasi ka soo jeedaan oo aan horummarsanayn; (3) iyagoo aan qorin qorshe-ganacsi oo tayo fiican leh; (4) iyo iyagoo lagu sunto in ay yihiin dad ma shaqaystayaal ah (stereo typing). Aqoon aan loo lahayn dadkaas waxay keentaa in ay adkaato in ay helaan isgarab taag dhanka hay'adaha taageera dadka ganacsiga bilaabaya. Ganacsiga waddammada ay ka yimaadeen oo aan hore marsanayn waxa ka dhasha in waaya'aragnimadooda ganacsigu aad u hoosayso. Dadka qaarkiis, siiba dadka Muslimiinta ah, iyagoo la wadaaga dhibahaas oo dhan dadka ajnabiga ah, haddana waxa intaas u weheliya diintooda xaniifka ah oo aan

57

ogolayn qaadashadda, bixinta iyo ku macaamil-tanka *ribada* nooc kasta oo ay tahayba.

Haddii la fiiriyo Soomaalida ku nool Galbeedka, way adag tahay in la helo sawir dhamaystiran oo muujinaya dhibaatada helitaanka maalgelin la'aantu ku hayso. Haddii dhinac laga fiiriyo Soomaalidu waxay ku jirtaa dadka ay aadka u adag tahay in ay wax maalgelin ah ka helaan maalgeliyayaasha sida bangiyada, asbaabo la xiriira: noocyada ganacsiga ay bilaabaan; waaya'aragnimadooda iyo aqoontooda ganacsiga; iyo xaaladda ay ku sugan yihiin. Haddaad fiiriso noocyada ganacsiga, waxaad arkaysaa in ganacsiyada Soomaalidu yihiin: kuwo aad u yar-yar; ku sii jeedda suuq aad u kooban; faa'iido badan aan samayn; kobocu aad u yar-yahay; tartanku aad u sareeyo; kicitaankuna aad u badan yahay. Haddaad fiiriso dhinaca aqoonta iyo waaya'aragnimada, waxad arkaysaa in Soomaalida ganacsiga ka bilowda Galbeedku aysan lahayn aqoon iyo waaya'aragnimo ganacsi toona. Waxa intaas u weheliya, in ay yihiin dad ay ku adagtahay in ay ka faa'iidaystaan dawrooyinka bilaashka ah ee ay bixiyaan hay'adaha la taliya ganacsiga iyo ganacsatada. Haddaan fiirinno, xaaladda ay ku sugan yihiin: waa dad u badan xaasley, sanooyin badan shaqo la'aan ahaa; aan lahayn hanti ma guurto ah; degana xaafado faqrigu ku badan yahay.

Haddaan ka fiirinno dhinaca kale, waxad arkaysaa in Soomaalidu awood u leeyihiin in ay isu keenaan hanti aad u ballaaran. Baaritaankan iyo kuwo ka horreeyey labaduba waxay shaaca ka qaadeen in wax ka badan 70% sharikaadka dhexe iyo kuwa waaweyn ee ka hawlgala Soomaaliya ay ugu yaraan 50% leeyihiin dad ku nool Galbeedka. Waxa intaas weheliya in dhowrka shirkadood ee ugu faa'iidada badan, uguna koboca badan sharikaadka Soomaalida ay 100% leeyihiin dad Soomaali ah oo ku nool Galbeedka.

Sidee la isu waafajinayaa labadaas sawir oo aadka isaga soo horjeedda. Waxan isu waafajinaynaa sidan: Meesha dadka intiisa badani yihiin dhalinyaro (80%) cimrigoodu ka yaraa 35 sano markay imaanayeen Galbeedkana aan lahayn waaya'aragnimo ganacsi, aana helin la talin iyo hagid fiican. Waxa jira koox kooban oo caan ku ah hal-abuur iyo iktiraac, leh waaya'aragnimo iyo aqoon ganacsi oo gaamurtay. Badanaa dadka nooca danbe ahi waxay awooddaan in ay isu keenaan hanti faro badan, dabadeedna sameeyaan sharikaadka kobocoodu fiican yahiin.

Haddaan soo koobo waxan oran karaa: helitaanka maalgelin kuma xirna in aad tahay ajnabi iyo in kale; meesha aad degan tahay; in aad leedahay hanti ma guurto ah iyo in kale (collateral); da'daada iyo in aad tahay lab ama dhedig. Helitaanka maalgelin wuxuu ku xiran yahay: nooca ganacsiga aad gelayso; aqoonta aad u leedahay ganacsigaas; baaritaanka aad samaysay iyo heerkaaga fahanka; iyo qorshaha ganacsi ee aad hordhigto cidda bixinaysa maalgelita.

Helitaan suuq: Dhinaca suuqa, waxa muuqata in ajnabigu badanaa bilaabaan ganacsi ku tiirsan dadka kale ee ajnabiga ah. In kastoo arrintaasi noqon karto xulasho istaraatiiji ah, haddana waxay qofka ku xabistaa suuq kooban oo aan lahayn jaanis koboc asbaabo la xiriira dakhliga dadka macaamiisha u ah iyo meesha uu ku yaalo aawadeed. Daraasado badan ayaa muujiya in koboca sharikaadka ajanabigu ku xiran yahay in ay ka baxaan suuqaas kooban oo isku dayaan in ay wax ka gadaan dadka intiisa kale (break-out).

Si sharikaadka ajanabiga ahi uga baxaan xabsigaas, waxa muhiim ah: in sharikaadka ajnabigu is balaariyaan degaan ahaan iyo badeecad/adeeg ahaanba (meesha wax isku mid ah iyo meelo isku mid ay ku mashquulsan yihiin in ay waxyaabo kala duwan iyo meelo kala duwan ka ganacsadaan), waxa sidoo kale muhiim ah in ay ka mid noqdaan shabakadaha ganacsiga sida 'chamber of commerce' si ay u samaystaan xiriir ka ballaaran kan ay hadda haystaan.

Haddaad fiiriso ganacsiyada Soomaalida waxad arkaysaa in: (1) badanaa ay ku yaalaan xaafaha ugu faqrisan, ugu nabadgeliyo xun, ugu dakhli hooseeya, uguna liita dhinaca adeegyada bulshadda; (2) badanaa wax isku mid ah ka ganacsadaan, iyagu dhexdooda isla tartammaan, waxa kaliya ee ay ku tartammaana yahay sicirka; (3) aysan isku xirnayn, wax iskaashi ahna samayn; (4) aysan wax qorshe ah oo ay kaga baxaan dhibtaasna lahayn.

In kastoo dhammaan meelaha Soomaalidu ka ganacsadaan arrintaas ka siman yihiin, haddana meelaha qaarkood (sida Kenya, Koonfur Afrika, Dubai) waxay sameeyaan faa'iidooyin. Faa'iidooyinka ay sameeyaana waxa uu ku xiran yahay: meelaha ay alaabta u gudbiyaan; heerka dhaqaale iyo nololeed ee meelahaas; iyo helitaanka wax lagu beddelan karo waxyaabahaas ay ka ganacsadaan. Waxaase la hubaa, haddii ay is balaarrin lahaayeen dhinaca degaanka iyo ganacsiga labadaba in faa'iidada ay sameeyaan intaas ka badan lahayd.

Waxyaabaha dhiirrigeliya: Waxa daraasado badani muujiyeen in asbaabta ugu weyn ee dhiirrigelisa la xiriirto midab-kala-sooc ay kala kulmaan suuqa shaqada. Daraasado danbe ayaa muujiyey in dadka ajanabiga ah oo dhammi aysan cunsuriyad kala kulmin suuqa shaqada. Tusaale ahaan, Curren iyo Blackburn (2002) daraasad ay ku sameeyeen dad ka soo kala jeedda waddammada Bangladhesh, Giriiga iyo Karibiyaanka ee ku dhaqan Boqortooyada Ingiriiska waxay muujiyeen in cunsuriyadu aysan ahayn waxa ugu weyn ee ku kalifay in ay bilaabaan ganacsi. Dadkaasi waxay muujiyeen in himilo fog iyo hilow ay u qabaan xorriyad ay ahaayeen waxayaabaha ugu waaweyn ee ku kalifay in ay bilaaban ganacsiga yar-yar.

Daraasad dhowaan Shire (2005) ku sameeyey ganacsatada Soomaalida ee ku nool Boqortooyada Ingiriiska (UK), ayaa cadaysay: in antrabranoor-ada Soomaalidu ka da' yar yihiin kuwa kale ee ajnabiga ah; u badan yihiin jiilkii 1aad; waxbarashadoodu ka sarayso kuwa ka yimid Bangaladhesh iyo Karibiyaanka. Waxa kale oo daraasaddaasi cadaysay in asbaabta ku dhiirrigelisa in ay galaan ganacsiga ka mid yihiin: fursad u

59

muuqatay (opportunity window) iyo albaabadii kale oo dhan oo iska soo xiray. Kooxda danbe, waxay u badan yihiin kuwo markay imaanayeen waddankan aamminsanaa in ay nimco dabaalan doonaan. Daraasaddaasi waxay kaloo muujisay in: dadkaasi aysan wax caawimo ah ka helin hay'adaha dawliga ah iyo kuwa aan dawliga ahayn ee caawiya ganacsiga iyo ganacsatada; aysan badanaa lahayn qorshe fogg, hadday leeyihiina uu yahay mid madaxooda ku jira; in saacadaha ay shaqeeyaan aad u dheer yahay; in ganacsiyo kala duwan ay hal mar madaxa la galaan (octopus phenomenon) iyo gadaal ka gaarnimo (late-mover disadvantage).

Muuqaalka antrabranoor-ka lagu dayan karo

"Who can be an entrepreneur you ask? Anyone who wants to experience the deep, dark canyons of encertainty and ambiguity; and who wants to walk the breathtaking of success. But caution, do not plan to walk the latter until you have experienced the former"
An entrepreneur

Inkastoo aan muuqaal fiican ka bixinay dabeecadaha iyo qaab-dhaqanka antrabranoorada, haddana, way adagtahay in wax laga faa'iido hadii aan la helin sawir hortaada suran oo muujinaya antrabranoor-da lagu dayan karo. Sida ka muuqata sawirka hoose, afar ayaa lagu soo ururiyaa muuqaalada antrabranoorada lagu dayan karo: xirfad farsamo, xirfad maammul, qaabdhaqan antrabranoornimo iyo dabeecado qofeed.

Xirfad farsamo: Antrabranoorada lagu dayan karo waxay aqoon u leeyihiin badeecadda ama adeegyada ay ka ganacsadaan. Aqoonta micneheedu ma aha in qofku ku takhasusay ama ku xeeldheeraaday badeecadda ama adeegyada uu ka ganacsanayo, waxa la rabaa in qofku fahansanyahay waxa uu ka ganacsanayo, suuqa uu ka ganacsanayo, cidda gadata iyo ujeeddada ay u gataan. Tusaale ahaan, haddaad ka ganacsato TV-yada iyo Sawirqaadayaasha muhiim ma aha in aad tahay khabiir ku takhasusay badeecaddaas, waxa loo baahan yahay oo kaliya waa in aad fahansantahay qalabkaasi waxa uu yahay, sida uu u shaqeeyo, waxa loo iticmaalo, suuqiisa, cidda gadata, sababta ay u gadato iwm.

Xirfad maammul: Waxaa cilmibaarisyo badani muujiyeen in dhibaatooyinka badanaa sharikaadka yaryari la kulmaan, waliba xilliga ay fadhi baradka yihiin, ay la xiriiraan maammulida hawl-maal-meedyada shirkadda sida: suuqgeynta, xisaabaadka iyo maaliyadda iyo shaqaalaynta. Antrabranoor-ada mudan in lagu daydo waxay fahansanyihiin dhammaan baahida maammul ee shirkadda.

Dabeecada qofka: Antrabranoora-da lagu dayan karo waxay sidoo kale leeyihiin dabeecado ay ka mid yihiin *hal-abuurnimo, go'aan adayg, garwadeenimo iyo il-dheeri*. Antrabranoor-ka rabba in uu bilaabo ganacsi ka

60

duwan kuwa ka jira suuqa, kana wax-soo-saar badan waxa lama huraan ah in uu leeyahay sifadda hal-abuurnimada. Tusaale ahaan, waxyaabaha hal-abuurnimadu fududayn karto waxa ka mid ah in antrabranoor-ku arki karo meel kasta oo fursadi ku jirto.

Sawirka 3.3. *Muuqaalka antrabranoor-ka lagu dayan karo*

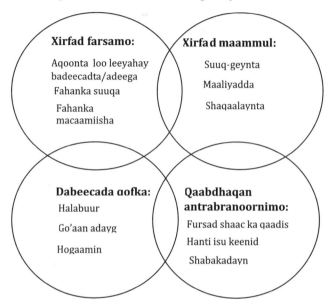

Xirfad farsamo:

Aqoonta loo leeyahay badeecadta/adeega

Fahanka suuqa

Fahanka macaamiisha

Xirfad maammul:

Suuq-geynta

Maaliyadda

Shaqaalaynta

Dabeecada qofka:

Halabuur

Go'aan adayg

Hogaamin

Qaabdhaqan antrabranoornimo:

Fursad shaac ka qaadis

Hanti isu keenid

Shabakadayn

Qaabdhaqan antrabranoornimo: Sidaan sare ku soo sheegnay, antrabranoornimadu waa hilin shaaca looga qaado fursad, lagu qiimeeyo, loogana faa'iidaysto. Si looga faa'iidaysto hilinkaas waxa loo baahan yahay qaabdhaqan antrabranoornimo oo ay ka mid yihiin: fursad shaac ka qaadis, hanti isu keenid iyo shabakadayn.

Wanaagyada iyo ceebaha antrabranoornimada

"Change is the law of life. And those who look only to the past or the present are certain to miss the future."
– John F. Kennedy

Sidaan cutubkii hore ku soo sheegnay, qofku isagoo leh sifooyinka antrabranoor-nimada ayuusan bilaabi karin shirkad ganacsi. Qoku inuu bilaabo ganacsi waa xulasho. Maaddaama antrabranoor-nimadu ka mid tahay waxyaabaha qofku xulan karo, waxyaabo ay ku fiican tahayna iyo waxyaabo aysan ku fiicnayn labaduba waa jiraan.

61

Haddaan ku hor marno waxyaabaha antrabranoor-nimadu ku fiican tahay. Waxan oran karnaa antrabranoor-nimada waxa ka buuxa fursado aan laga heli karin meel kale. Fursadahaas waxa ka mid ah:

- In aad xor u noqotid masiirka noloshaada. sidaan sare ku soo sheegnay, antrabranoor-adu waa dad masiirka noloshoodu uu gacantooda ku jiro oo aan marti ugu ahayn qof kale.
- In aad isbeddel ku samaysid mujtamaca aad ku dhexnooshahay. Isbeddellada ugu waaweyn ee qarnigaan, ha noqdeen kuwo tiknoolojiyo la xiriira iyo kuwa aan la xiriirin, waxa intooda badan loo tiiriyaa antrabranoor-ada.
- In aad hesho faa'iido maaliyadeed. Marka laga reebo inta yar oo waalidkood ka dhaxla dhaqaalaha iyo xoogaa tuugnimo dhaqaaluhu ku soo galo, dadka maalqabeenada ah intooda kale oo dhammi waxay maalka ku heleen antrabranoor-nimo.
- In aad mujtamaca dhexdiisa magac iyo maamuus ku yeelato. Antrabranoor-adu: waa dad mujtamaca dhexdiisa halyeeyo ka ah; waa tusaale fiican oo lagu daydo; waa dad la aammino, lala tashado, taladoodana la raaco.
- Antrabranoor-nimadu waxay qofka ka dhigtaa mid wax tar ah, cimrigiisa ka faa'iidaysta, ummaddana uga faa'iideeya. Waxay sidoo kale qofka ka dhigtaa mid nolosha ku faraxsan kuna raaxaysanaya daqiiqad kasta oo ka mid ah.

In kastoo antrabranoor-nimadu leedahay waxyaabaha wanaaga ah ee aan sare ku soo sheegnay iyo waxyaabo kale oo badan, haddana waxa muhiim ah in dhinaca kalena laga fiiriyo. Dadka antrabranoor-da ihi:

- Waxay wajahaan cabsi dhinaca dakhliga ah. Meesha qofku hadduu shaqo tago ku xisaabtamo mushahaar, bilaabidda ganacsi cusub waxa ku dheehan cabsi laga qabo in aadan sanadka hore dakhli fiican samayn amaba aad khasaartid. Marmarka qaarkoodna aadba lumisid waxaad ku soo tiir iyo tacab beeshay.
- Waa nolol adag oo u baahan saacado badan oo shaqo, iyo hawlkarnimo ka culus tan haddii aad mushahaari tahay. Waxa arrintaas ku hoos jira nolol adag ilaa inta ganacsigu ka caga dhiganayo.
- Qofka antrabranoor-ka ah waxa saaran mas'uuliyad ballaaran. Masuuliyadaasi waxay ka saaran tahay shaqaalaha, macaamiisha, maalgeliyayaasha iyo cid kasta oo shirkaddaasi ay saamayn ku yeelan karto (stake-holders).

Sidee ku ogaan kartaa in aad tahay antrabranoor iyo in kale

"Failure defeats losers, failure inspires winners"
– Robert T. Kiyosaki
"Business opportunities are like buses, there's always another one coming."
- Richard Branson

Maaddaama aan isla aragnay dabeecadaha antrabranoor-yada, su'aasha muhiimka ahi waxay tahay ma la ogaan karaa in qof yahay antrabranoor iyo inkale? Dhowr waddo ayaa lagu ogaan karaa in aad tahay antrabranoor iyo in kale: Waxaad waydiin kartaa saaxiibadaa ama qof aad wada shaqaysaan; waxad sidoo kale geli kartaa imtixaanada loo yaqaan 'psychometric'.

Inkastood waxyaabaha sare ku xusan iyo kuwa kaleba aad samayn kartid, haddana waxa muhiim ah in aad adigu naftaada qiimayn kartid. Si aad isu qiimaysid waxaan kuu soo guuriyey su'aalo aad isku qiimayn kartid. Inta aadan isqiimayn waxa muhiim ah in aad ogtahay laba arrimood. Arrinta hore waxay la xiriirtaa waxa aad doonaysid, arrinta labaadna waxa ku dhiirrigeliya. Waxa kaa maqan ama aad raadinaysaa waxay noqon karaan: lacag, magac, xorriyad, awood, xiriir.

Haddii jumladu aysan badanaa run ahayn waxad siisaa '1'; hadday marmar run tahay waxad siisaa '2'; hadday markasta runtahayse waxad siisaa '3'.

Su'aasha		Dhibcaha
1.	Waan aqaanaa hadfkayga qof ahaaneed iyo kan ganacsi labadaba.	
2.	Haddii hawl igu soo aado waxan u fuliyaa si degdeg ah.	
3.	Haddii duruufahu isbeddelaan, isla markiiba jihada ma beddeli karo.	
4.	Waan ku farxaa markaan hawl dhamaystiro.	
5.	Waxan jeclahay in aan gooni u shaqeeyo, go'aanadayduna gooni ii yihiin.	
6.	Xaaladdaha khatarta ahi igama nixiyaan.	
7.	Waxan walaaca u wajihi karaa si fudud.	
8.	Waan suuqgeyn karaa fikraddayda iyo ganacsigayga labadaba.	
9.	Si fudud ama ciyaar ciyaar shaqada ugama qaato fasax caafimaad.	
10.	Waxan samaysan karaa himilooyin iyo hadafyo ii gooni ah, dabadeedna waxaan isu taagi karaa sidii aan ku gaari lahaa himilooyinkaas iyo hadafyadaas.	
11.	Qoyskaygu waa igu taageersan yihiin hawshaas ganacsiga ee aan gelayo, wayna ogyihiin in ay la socoto saacado shaqo oo badan.	
12.	Waan jeclahay in haddii fikraddaydu khalad tahay la iga horyimaado. In la iga horyimaadona waxan ka bartaa cashar.	
13.	Waan xulan karaa dadka saxda ah ee ila shaqaynaya.	
14.	Waxaan ahay qof firfircoon.	
15.	Waqtigu agtayda waa ka muhiim kumana ciyaaro.	
Wadarta		

Haddii dhibcahaagu noqdaan 30 iyo wixii ka badan aad baad u fiican tahay; hadday u dhexeeyaan 20-30 waad fiican tahay; hadday ka yar yihiin 20 ma fiicnid.

In aad dhibco sare keento micneheedu ma aha in aad noqonaysid qof meekhaan fiican ka gaara ganacsiga. Sidoo kale haddii dhibcahaagu hooseeyaan micneheedu maaha in aadan isku dayi karin ganacsi. Xikmadda ka danbaysa dhibcuhu waa in aad mar labaad ka fikirto inta aadan hawsha bilaabin in aad leedahay tayooyinka gogoldhiga u ah guusha iyo in kale.

Khuraafaadka iyo xaqaa'iqa Antrabranoora-da

Inkastoo 30-kii sano ee la soo dhaafay wax badan laga ogaaday antrabranoora-da, haddan waxa jira waxyaabo badan oo ku-tiri-ku-teen ah oo dadku ku sheekaystaan. Inkastoo waxyaabahaasi fara badan yihiin, waxan ka magacaabi karnaa:

1. **Antrabranoor-nimada waa loo dhashaa?** Inkastoo ilaahay dadka qaar hibo u siiyey tayooyinka antrabranoor-nimada, haddana sidaan sare ku soo sheegnay, antrabranoor-nimada waxa asal u ah: khibrad ururtay, aqoon iyo xirfad. In la arko fikrad loo rogi karo fursad ma aha wax loo dhasho ee waa wax ku xiran khibrad ururtay iyo aqoon.
2. **Qof kasta waa bilaabi karaa shirkad ganacsi?** Antrabranoor-ka aqoonsada fahmana farqiga u dhexeeya fikrad iyo fursad, una fikira si weyn, ayaa bilaaba ganacsi meel fog gaari kara. Waxa la yiraahdaa qaybta ugu fudud, waa in la bilaabo shirkad ganacsi. Qaybta ugu adagina waa sidii loo wajihi lahaa suuqa loona samayn lahaa istiraatiijiyo shirkadda badbaadisa, si qofka aasaasay mireheedda u gurto goortay bislaadaan.
3. **Antrabranoor-nimadu waa khamaar?** Antrabranoor-adu dhabarka uma ritaan khatar aan maxsuulkeedda la saadaalin karin. Hadday u bareerayaan khatar waxay isku dayaan in ay khatarta baahiyaan (spread) ama jejebiyaan (slice-up) si ay u noqoto mid waxyeeladeedu yartahay lana maarayn karo.
4. **Antrabranoor-adu wax kasta iyaga ayaa isku kooba?** Maya, antrabranoor-ada meesha fiican gaara waxay isku dayaan in ay dhisaan koox la shaqaysa oo ay dhibta iyo dheefta labadaba la wadaagaan. Haddaad aragtid qof waxkasta isagu isku koobaya waa qof aan rabin in uu meel fog gaaro, mardhowna saqafka ayaa soo celin doona.
5. **Antrabranoor-adu waa dad haysta xornimo taam ah?** Maya, antrabranoor-adu waa dad mas'uul ah, waajib saaran yahay, xuquuq badana lagu leeyahay. Waxa xuquuq ku leh oo ay har iyo habeen qanciyaan talooyinkoodana madaxa saartaan iyagoo aan wax hadal ah ka keenin: macaamiisha, maalgeliyayaasha, shaqaalaha, iwm.
6. **Antrabranoor-adu waxay ku nool yihiin nolol ciriiri ah?** Antrabranoor-nimadu ma aha shaqo fudud oo cid kasta u bareeri karto.

64

Laakiin dhinaca kale ma jiraan wax muujinaya in ay yihiin dad noloshoodu ciriiri ku jirto oo aan waqti u helin naftooda iyo ehelkooda. Haddaan ka fiirinno dhinaca kale waxan arkaynaa in noloshoodu tahay mid qurux badan asbaabo la xiriira dadka ku hareeraysan, meekhaanka ay ka gaareen nolosha iyo sumcada ay ku leeyhiin bulshadda dhexdeedda.

7. **Lacagtu waa furaha, la'aanteedna ganacsi lama bilaabi karo?** Haddii waxyaabaha kale oo dhan aad isu keento lacagtuna iyadaa ku soo raadsanaysa. Waxan anigu iraahdaa, lacagtu waa waxa ugu danbeeya dhinaca ahmiyadda, waana waxa ugu fudud ee la heli karo.

8. **Antrabranoor-ada waxa dhiirri geliya lacagta?** Maya, antrabranoor-adu waa dad raba in ay dhisaan boqortooyo magac iyo maamuus ka tagta. Waxyaabaha ugu muhiimsan ee dhiirrigeliyana lacagtu kuma jirto.

9. **Antrabranoor-adu kuma fiicna wadashaqaynta?** Maya, antrabranoor-adu waa hogaamiyayaal. Qofna hoggaamiye fiican ma noqon karo hadduusan si fiican ula shaqayn karin dadka dantu kala dhexayso oo dhan.

Soomaalida iyo antrabranoornimada

Haddaan ka duulno micnahii antrabranoor-ka loo yaqaanay qarnigii 16aad, 'qof wax u kala gudbiya', waxan oran karnaa qof kasta oo Soomaali ahi waa antrabranoor. Haddiise aan ka duulno micnaha casriga ah, 'qof ujeeddada uu ganacsiga u galo tahay: koboc iyo faa'iido', waxan oran karnaa dad yar ayaa ah antrabranooro. Qofka ganacsiga u gala koboc iyo faa'iido:

- Waa qof har iyo habeen suuqa isha marinaya si uu u arko meesha fursadaha dihini ku jiraan;
- Waa qof marka uu fursadda arko, qiimeeya khatarta iyo faa'iidada fursaddaas;
- Waa qof marka uu gelayo fursaddaas u gala qaab hal-abuurnimo ku salaysan;
- Waa qof fahmi kara jihada uu u socdo, lehna mastarad uu ku cabbiro hadba inta uu u jiro himiladiisii;
- Waa mid isla beddeli kara duruufaha iyo waqtiga;
- Waa mid fahansan waxa uu awoodo, waxa uusan awoodina soo gata/shaqaalaysta;

Inkastoo Soomaalidu ganacsiga u galaan si ay koboc iyo faa'iido u gaaraan, haddana, nooca ganacsi ee ay xushaan iyo qaabkooda hoggaamin ayaa ka dhiga mid heerka koboc iyo faa'iidada ee uu samayn karo labaduba xaddidan yihiin.

Daraasaddan oo soo ururisay xog aad u fara badan oo lagu cabbiri karo heerka antaraboornimo ee Soomaalida waxay muujisay in: wax ka yar 2% ganacsatada yar-yari leeyihiin hal tilmaan oo ka mid ah tilmaamaha antarabranoorada lagu dayan karo; meesha 8% ganacsatada dhexe iyo kuwa waaweyni leeyihiin ugu yaraan labo ka mid ah tilmaamaha antrabranoorada lagu dayan karo. Daraasaddaasi waxay muujisay in ganacsatada Soomaalida inteedda badan - 98% ganacsatada yar-yar iyo 92% ganacsatada dhexe ama waaweyn – aysan u dhaqmin qaab antarabranoornimo ah. In kastoo qaar ka mid ah ganacsiyadaasi ama gaareen ama higsanayaan meel fiican dhinaca iibka ama faa'iidada haddana qaabdhaqankoodu waa mid Milkiile-Maammule (owner-manager).

Daraasaddu waxay kaloo muujiysay in Soomaalidu ku liitaan dhammaan sifooyinka antrabranoorada lagu dayan karo. Dhinaca aqoonta loo leeyahay suuqa, Soomalidu badanaa waxay galaan: suuq aysan wax daraasad ah ku samayn, daraasado kale oo lagu samaysayna aysan akhrin; ma doortaan macaamiil la sifayn karo; aqoon sii ridana uma laha badeecadaha/adeegyada ay badanaa ka ganacsadaan.

Dhinaca xirfadda, ganacsiga Soomaalidu heer kasta oo uu gaaro: ma laha nidaam maammul oo qeexan; ma kala saarna lahaanshaha iyo maammulku; mana laha qorshe suuqgeyn, maaliyadeed iyo shaqaalayn. Dhinaca dabeecadaha, in kastoo ay jiraan waxyaabo Eebe hibo u siiyey, haddana kama faa'iidaystaan. Tusaale ahaan waxad arkaysaa in: go'aanka ay qaataan yanay mid aan laga baaraandegin oo jar iska xoor ah; qaabkooda hoggaamin yahay mid taqliidi ah oo ad-adag ; hal abuurnimaduna ku yartahay.

In kastoo aysan badnayn haddana way jiraan antarabranoor-o Soomaali ah oo leh sifooyinka sare badidooda. Antrabranoor-adaasi waa kuwo had iyo goor diyaar u ah isbeddel. Isbeddelakaasi ha noqdo mid bay'addu keentay ama mid isagu bilaabay. Waa kuwo dareenkoodu kacsan yahay , gaadaya fursad, har iyo habeen u heelan sidii ay ku heli lahaayeen fursad cusub (new opportunity). Antarabranooradaas waxa lagu gartaa nooca ganacsi ee ay badanaa bilaabaan iyo qaabka ay u bilaabaan.

Sifo kale ee muhiimka ah oo aan ku jirin sifooyinka sare Soomaaliduna aad ugu liidato ayaa ah sifada loogu yeero **anshaxa** (ethics). Ganacsadow ogow, antrabranoor-da lagu dayan karo waa kuwo leh akhlaaq wanaagsan oo runsheeg, ammaano iyo daacadnimo ugu horeeyaan. Inkastoo dad badan ay ku adagtahay in ay aqbalaan sifadaas, haddana daraasado badan ayaa muujiyey in qofba qofka uu uga dhow yahay sifooyinkaas, ganacsigiisu ka mustaqbal fiican yahay gaar ahaan marka laga eego dhanka koboca.

Sifooyinka wanaagsan waxa kale oo ka mid ah in himilo laga dhigto in la caawiyo macaamiisha meeshii himilo laga dhigan lahaa in la bur-buriyo tartamayaasha. Marmar waxa dhacda, sida aan ku arki doonno tartanka, in tartan xiniinyo taabad ah dhexmaro tartamayaasha, xataa markaas waxa fiican in la ilaaliyo anshaxa

Cutubka

Hal-abuurnimada iyo ikhtiraaca

The things we fear most in organizations -- fluctuations, disturbances, imbalances -- are the primary sources of creativity.
Margaret J. Wheatley
"Without change there is no innovation, creativity, or incentive for improvement. Those who initiate change will have a better opportunity to manage the change that is inevitable."
-William Pollard quotes

Casrigan oo ah: casri aqoon, casri tiknoolojiyo, casri adduunku isu fur-furmay (globalisation), casri tartan, waxa muhiim ah in Sharikaadku ku socdaan xawaare la mid ah xawaaraha wax isku beddelayaan. Sida kaliya ee Sharikaadku xawaarahaas ugu socon karaana waa in ay meeleeyaan hal-abuurnimo iyo ikhtiraac. Warran Bennis (1997) isagoo ka hadlaya ahmiyadda hal-abuurnimada iyo ikhtiraaca ee casrigan ayuu yiri 'Dhimashada iyo jiritaanka Sharikaadku, wuxuu casrigan, ku xiran yahay heerkooda hal-abuurnimo iyo ikhtiraac'.

Cutubkan oo qaadaadhigaya hal-abuurnimadaa iyo ikhtiraaca wuxuu marka hore sawir ka bixinayaa hal-abuurnimada iyo sida loo noqon karo hal-abuur. Qaybta labaad waxay dulmar kooban ku samaynaysaa ikhtiraaca.

> **Markaad cutubkaan akhridid waxaad:**
> - Si fiican u fahmi doontaa hal-abuurnimada iyo ikhtiraaca.
> - Kala sooci doontaa waxyaabaha hor istaaga iyo waxyaabaha sare u qaada hal-abuurnimada iyo ikhtiraaca.
> - Weelayn doontaa qaacidooyin ku tusaysa sida sare loogu qaado hal-abuurnimada iyo ikhtiraaca.
> - Wax ka bidhaansan doontaa hal-abuurnimada iyo ikhtiraaca ganacsiga Soomaalida.

Hal-abuurnimadda: guudmar

"Creativity is the ability to see relationships where none exist."

-- Thomas Disch

Hal-abuurnimadu, waa lafdhabarta antrabranoor-ka dhabta ah. Sidoo kale, waa waddada loo maro ikhtiraaca. Ikhtiraacu waa mid ka mid ah waxyaabaha antrabranoor-adu bulshadda inteedda kale kaga duwan yihiin. Parkhurst (1999) wuxuu hal-abuurnimada ku qeexaa 'awoodda soo shaac baxda marka la xallinayo dhibaato aan horey loo xallin, ama la horummarinayo xal cusub oo aan horey u jirin'. Zimmerer iyo Scarborough (2005) iyagu waxay hal-abuurnimada ku micneeyaan 'awoodda lagu curiyo fikrado cusub, shaacana looga qaado qaab cusub oo loo fiiriyo dhibaha iyo fursadaha'. Annagoo ka duulayna labada qeexidood oo kore, ayaan hal-abuurnimada ku qeexaynaa "hilin sharikaadka gaarsiiya natiijo cusub, oo loo baahan yahay, lana fahmi karo".

Hal-abuurnimadu ma aha wax iska yimaada, waa wax mara hilin. Marka aan rabno in aan fahanno hilinka hal-abuurnimada (creative process), waxa lama huraan ah in aan dib u fiirinno maskaxda aadamaha. Maskaxdu waxay ka kooban tahay laba qaybood oo qaybiba si gooni ah u shaqayso. Dhinaca bidix, waxay badanaa qabataa waxyaabo u baahan mandaq (rational) iyo caqli (logic). Dhinacani waa dhinac lafagurid (analyse), una shaqeeya qaab isku xiran oo toos ah (linear). Dhinaca midig, waa dhinac ku shaqeeya dareen (intuitive) iyo qaabab aan mandaq ahayn (non-rational). Dhinacani wuxuu isku geeyaa sawiro si uu u helo sawir guud. In kastoo qofkasta isticmaalo labada dhinac, haddana waxa la ogaaday in dadka hal-abuurnimada caanka ku ahi si dheeri ah u isticmaalaan dhinaca midig.

Dadka sida aadka ah u istcmaala dhinaca bidix, waxa ay isticmaalaan hab caqli ah oo toosan markay wax xallinayaan, halka kuwa isticmaala dhinaca midigtu isticmaalaan dareen iyo hab aan mandaq ku salaysnayn. Dadka isticmaala dhinaca bidixdu waxay badanaa jecel yihiin in ay gooni u shaqeeyaan, fahmaan shayga intii ay khabiir ku noqon lahaayeen. Dadka isticmaala dhinaca midigtu waxay jecel yihiin in ay koox-koox u shaqeeyaan, khabiir ku noqdaan waxa hortooda yaal, ayna soo bandhigaan ikhtiyaaraad (options) fara badan.

Inkastoo labada dhinac midba midka kale gacan siiyo, haddana waxyaabo badan oo waxbarashadu ka mid tahay ayaa dhiirrigeliya kobcinta qaybta bidixda. Kirby (2003), isagoo arrintaas ka duulaya, ayuu ku doodaa in asbaabta qaar badan oo antrabranoorada ka mid ahi waxbarashada uga saaqidaan la xiriirto nidaamka waxbarasho. Meesha nidaamka waxbarasho badanaa bilo dadka isticmaala dhinaca bidix, kuwa isticmaala dhinaca midig wuxuu ku noqotaa wax qalalan oo aan cunaha u mari karin.

Edward de Bono (1971) isagoo is barbar dhigaya dhinaca midig iyo dhinaca bidix ayuu soo bandhigay sawirka hoose oo muujinaya waxa labada dhinac ku kala duwan yihiin. Sida ka muuqata sawirka hoose, meesha qofka isticmaala dhinaca bidixdu su'aalo is waydiiyo, qofka isticmaala dhinaca midgtu wuxuu raadiyaa jawaabo.

Sawirka 4.1 *Kala duwanaanshaha dhinaca bidix iyo dhinaca midig*

Halabuur		Mandaq
Su'aalo iswaydiisaa	⬌	Jawaabo raadisaa
Wax bay kala leexisaa	⬌	Waxbay isu keentaa
Waxay is bar-bar dhigtaa aragtiyo	⬌	Waxay ku dhegtaa hal aragti
Dib bay wax u dhistaa	⬌	Waxay isticmaashaa wixii dhisnaa
Sidee fikradi u shaqaysaa	⬌	Goormee fikradi aanay shaqaynayn
Wax aan isku xir-xirnayn	⬌	Wax isku xir-xiran
Jecelyahay jaaniska	⬌	Maxaa macquul ah
Open-ended	⬌	Closed

Sources: *Edward de Bono (1971), Lateral thinking for management*

Xiriirka ka dhexeeya ashyaada, asbaabaha iyo natiijooyinka ayaa lagu daraa muuqaalada muhiimka ah ee hal-abuurnimada. Xiriiradaasi oo intooda badan dadka kale aysan arkin waxay gaarsiin karaan qofka hal-abuurka ah fikrad cusub ama badeecad/adeeg cusub.

Hal-abuurnimada Sharikaadku maxay ku xiran yihiin?

Sida ka muuqata sawirka hoose (4.2), heerka hal-abuurnimo ee Sharikaadku wuxuu ku xiran yahay shan walxood: bay'adda, dhaqanka shirkadda (organisational culture), nidaamka hoggaaminta (leadership style), hantida iyo xirfadda (resources and skills), iyo qaabka maammul ee shirkadda.

Bay'adda shirkadda: Bay'adda aan ka hadlayno waa jawiga shaqo ee shirkadda. Jawi hal-abuur wuxuu yimaadaa marka ay jiraan ka qayb-qaadasho (participation) iyo xorriyad cabbir (freedom of expression). Ka qaybqaadashadu waxay la xiriirtaa ka qaybqaadashadda go'aammada massiiriga ah ee shirkadda. Sidoo kale ka qaybqaadashadu micne ma samayso haddii aysan jirin xorriyad qofku ku cabbiro fikirkiisa. Muhiimmadu ma aha in si xor ah loo hadlo oo kaliya, muhimmadu waa in la abuuro bay'add waxqabad oo shirkadda gaarsiin karta koboc, faa'iido iyo saami weyn. Sida kaliya ee arrintaasi ku imaan kartaana waa in uu jiro miisaan lagu cabbiro heerka waxqabad ee shaqaalaha iyo maammulka shirkadda.

Hoggaanka: Meesha kaligi-talisnimadu curyaamiso hal-abuurnimada, ka qaybgelintu waxay bishaa hal-abuurnimada. Sida ugu habboon ee hoggaanka shirkaddu hal-abuurnimada u horummarin karo waa in uu sameeyo hiraal (vision) hal-abuurnimo ku xardhan tahay. Hiraalka noocaas ihi waa mid shaqaalaha ku dhiirrigeliya in ay ka gudbaan carqaladaha waqtiga, kana fekeraan mustaqbalka. Sidoo kale, hiraalka noocaas ihi waa mid isu dheelli tira xorriyada iyo la xisaabtanka shaqaalaha.

Waxyaabaha hoggaanka Sharikaadku samayn karaan si ay u bacrimiyaan hal-abuurnimo waxa ka mid ah; in ay shaqaaleeyaan dad xirfadoodu kala duwan tahay, wadahadal qotodheer samayn kara, is mucaaradi kara, isna caawin kara. Waxa sidoo kale muhiim ah in ay isu dheellitiraan xorriyada shaqaalaha iyo mas'uuliyadooda.

Sawirka 4.2. *hal-abuurnimada sharikaadka yar-yar*

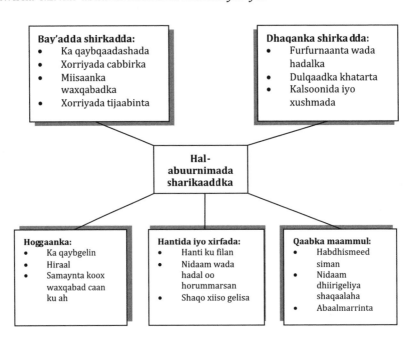

Dhaqanka shirkadda: Dhaqanka oo ka mid ah carqaladaha hor istaaga hal-abuurnimada, waxaa lagu qeexaa: waxyaabaha aasaasiga ah ee dhammaan xubnaha shirkaddu ka siman yihiin. Waxyaabahaas waxa laga arki karaa qaab dhaqanka hoggaanka sare ee shirkadda. Si Sharikaadku u noqdaan kuwo hal-abuur leh waa in ay sameeyaan dhaqan kaalmeeya, sarena u qaada hal-abuurnimada. Dhaqamada wanaagsan ee sharikaadka gaarsiiya hal-abuurnimo waxa ka mid ah: fur-furnaanta hadal-is-waydaarsiga (open flow of communication), dulqaadka khatarta (risk taking) iyo kalsoonida iyo xushmada loo hayo shaqaalaha. Waxa sidoo kale muhiim ah in maammulku noqdo mid ka fiyow canbaaraynta, xakamaynta iyo amarsiinta qalalan una dulqaadan kara khaladaadka shaqaaluhu sameeyaan.

Hantida iyo xirfadda (resources and skills): Sharikaadka raba in ay caan ku noqdaan hal-abuurnimo, waa in ay awood u leeyihiin in ay soo jiitaan, tababbaraan, dabadeedna hantiyaan shaqaale karti leh. Sida kaliya ee ay ku samayn karaana waa in ay hanti u qoondeeyaan. Hantidu waxay shirkadda u fududaysaa in ay xulato shaqaale caan ku ah aqoon, caqli, iyo hal-abuurnimo. Amabile (1998) wuxuu ku doodaa in labada hantiyood ee ugu muhiimsan marka laga hadlayo hal-abuurnimadu la xiriiraan waqtiga (time) iyo lacagta (money).

Qaabka iyo nidaamka shirkadda (structure and systems): Hal-abuurnimo dhab ahi waxay imaan kartaa oo kaliya marka dhammaan waaxaha kala duwan ee shirkaddu taageeraan hal-abuurnimada. Sida kaliya ee arrintaas lagu gaari karaana waa in maammulku diyaariyo qaab iyo nidaam weelayn kara, sarena u qaadi kara hal-abuurnimada. Nidaamyada bila hal-abuurnimada waxa ka mid ah: abaal marinta, aqoonsiga iyo dallacsiinta shaqaalaha hal-abuurka ah. Qaab dhismeedyada dedejiya go'aan gaarista sida qaabdhismeedka siman (flat structure) ayaa iyana la xusaa in ay sare u qaadaan heerka hal-abuurnimo ee shirkaddaha.

Waxyaabaha hor istaaga hal-abuurnimada

Sida ay u jiraan waxyaabo bila hal-abuurnimada, ayaa waxyaabo curyaamiyaana u jiraan. Waxyaabaha curyaamiya ama hor istaaga hal-abuurnimada waxa ka mid ah dhibsiga isbeddellada (change). Sida qaalibka ah dadku waxay leeyihiin dhaqan maal-meed, maaddaama hal-abuurnimudu dadka ka saarto waxa ay ku qanacsan yihiin ama 'comfort-zone' dadku ma jecla hal-abuurnimada. Von Oech (1998) ayaa soo bandhigay toban arrimood oo horistaaga hal-abuurnimadda.

1. In la iska dhaadhiciyo in dhibkasta leedahay hal xal oo sax ah oo kaliya.
2. In la aammino in waxa caqli galka ahi (logic) ka muhiimsan yahay hal-abuurnimada.
3. In la noqdo camali (practical).
4. In la raaco waddooyinka la yaqaanno oo kaliya iyadoo aan waxba la iska waydiin in ay jiraan waddooyin kale.
5. In laga fogaado waxyaabaha aan la hubin (ambiguity) marka la fiirinayo xaaladda ha.
6. In la is cambaareeyo marka la gaari waayo yoolka.
7. In loo fekero si ciriiri ah (narrow).
8. In laga fogaado in loo fekero si dhinac marsan dhaqanka (unconventional).
9. In aan tiradaba lagu darsan in aad noqon kartid qof hal-abuur ah.

Dhinaca Soomaalida, in kastoo ay waxyaabaha sare la wadaagaan sharikaadka kale oo dhan, waxa iyaga dheeri ku ah saddex walxood:

- **Jahli**. In kastoo heerka aqooneed ee ganacsatada dhexe iyo kuwa waaweyni uusan aad u hoosayn, haddana aqoontaasi ma aha mid joogtaysan (updated). Waxa intaas weheliya in aqoonta la xiriirta ganacsiga, dhaqaalaha iyo maammulku aad ugu yar-yahay maammulka sharikaadka Soomaalida (wax ka yar 7%). Aqoontooda oo aan joogtaysnayn iyo iyada oo aan la xiriirin ganacsiga ayaa keenta in qofka Soomaaliga ahi jahli weyn kaga jiro hal-abuurnimada.
- **U kuurgelid la'aan** (luck of curiousity). U kuurgelistu waxay keentaa in waxa dhinacyo badan laga eego, su'aalo badan la iska waydiiyo, hadday macquul tahayna gacmaha lala galo si loo fahmo qaabka waxaasi u shaqeeyaan. U kuurgelis la'aantu waxay keentaa in qofku ku ekaado waxyaabaha la tijaabiyey oo kaliya. Arrintaani waxay sharraxaad u tahay isku dayashadda dhinaca ganacsiga ee Soomaalida.
- **Nidaam la'aan**: meesha labada hore aad ugu badan yihiin sharikaadka dhexe, sharikaadka waaweyn waxa ugu weyn ee hortaagan waa nidaam maammul la'aan. Nidaamkaasi ha noqdo kan shaqaalaynta, kan maaliyadda, kan suuq geynta, kan soo gadashada ama kan iibinta. Shirkaddu markay leedahay wuxuun nidaam ah ayaa ama wax lagu dari karaa ama wax laga beddeli karaa. Daraasaddani waxay muujisay in wax ka badan 75% sharikaadka waaweyni ay ka dhiman yihiin wax ka badan 75% nidaamyada maammul ee sharikaadka iyagoo kale ahi leeyihiin.

Sidee sare loogu qaadaa hal-abuurnimada

"The creative person is more primitive and more cultivated, more destructive, a lot madder and a lot saner, than the average person."
- Frank Barron quotes

Hal-abuurnimadu ma aha wax iska yimaada, ee waa wax u baahan in loo galo dadaal dheeraad ah. Tusaale ahaan, waa in la abuuro bay'add u suuban hal-abuurnimada; nidaam hoggaamin oo bila; dhaqan weelayn kara; iyo nidaam maammul oo maarayn kara. Sharikaadka la yimaadaan walxahaas waxay abuuri karaan bay'add bacrimin karta hal-abuurnimada. Geoff Yang (2000) waxa uu taxaa liis dheer oo sare loogu qaadi karo hal-abuurnimada shaqaalaha, waxana ka mid ah:

- In qof kasta laga fisho in uu noqdo hal-abuur.
- In la fisho lana aqbalo guuldaro.
- In la dhiirrigeliyo dhiifoonaanta.
- In la qaato siminaaro la xiriira hal-abuurnimada.
- In la abuuro nidaam weelayn kara fikradaha cusub.
- In la dhiirrigeliyo hal-abuurnimada.

Dhinaca kale, sida Sharikaadku sare ugu qaadi karaan hal-abuurnimada shaqaalaha ayaa qofkuna sare ugu qaadi karaa hal-abuurnimada shaqsiga ah. Waxyaabaha dad badani soo tebiyaan waxa ka mid ah:

- In aad naftaada u sheegtid kana dhaadhicisid in aad noqon kartid qof hal-abuur ah.
- In aad u aragto khaladka kaa dhaca in uu yahay waaya'aragnimo kuu siyaaday.
- In markasta jeebka lagu wato buug lagu qorto fikradaha cusub ee kugu soo dhaca.
- In si fiican loo dhegaysato, loona dhuuxdo hadallada dadka kale.
- In la akhriyo buugta ka haddasha hal-abuurnimada, lagana qaybgalo tababbarada hal-abuurnimada

Sidaan sare ku soo sheegnay, hal-abuurnimadu waxay u baahan tahay in loo galo dadaal dheeraad ah. Sida daraasado badani muujiyeen koox dad ah oo isu tagtay waxay soo bandhigi karaan fikrado badan iyagoo isticmaalaya hal-abuurnimo. In kastoo habab badani jiraan, haddana waxan ku gaabsanaynaa labada nidaamka ee loo kala yaqaanno maskax-maaxis (brainstorming) iyo qiyaas (analogy).

Maskax-maaxis (brainstorming): Maskax-maaxis oo ka mid ah hababka loo dhaliyo hal-abuurnimada kan ugu caansan waxa ka qayb qaata koox dad ah. Ujeeddada ka danbaysa waa in la abuuro bay'add debecsan oo dadku aragtiyohooda si xor ah ugu soo bandhigi karaan. Inta lagu jiro hawsha maskax-maaxinta, waxa reeban in fikrad la canbaareeyo ama laga horyimaado. Ragg uu ka mid yahay Micheal Gordon ayaa soo jeediyey 10 tallaabo oo la qaadi karo si maskax maaxintu u noqoto mid dhalin karta fikrado hal-abuur ah:

1. Qeex ujeeddada
2. Dooro ciddii ka qaybqaadan lahayd maskax-maaxinta
3. Dooro qof xiriirya hawsha maskax-maaxinta
4. Bilow hawsha maskax-maaxinta
5. Qofna yaan laga hor imaanin laguna gacan sayrin fikradiisa
6. Waa in fikradaha oo dhan la qoro
7. Ha joojin fikradaha ka soo burqanaya ka qaybqaatayaasha
8. Iska ilaali in aad ku ekaatid hal fikrad
9. Dib ugu laabo fikradaha oo xulo fikradaha wax ku oolka ah
10. Shaandhee ka dibna sida ay u kala muhiimsan yihiin u kala hormari (prioritize)

In kastoo maskax-maaxinta koox dad ihi sameeyaan, haddana qof kaligiis ihi intuu meel fariisto arrin waa rog-rogi karaa, dhinacyo badan iska tusi karaa, xalal badan soo bandhigi karaa, dabadeedna xalka ugu macquulsan ku dhaqaaqi karaa.

Qiyaas (analogy)[9]: Qiyaastu waxay is bar-bar dhigtaa waxyaabo aan isku xirnayn ama aan xiriir toos ah lahayn laakiin wax iska shabbaha. Ujeeddada la isu bar-bar dhigona, waa in shay looga qiyaas qaato shay kale. Dhinaca ganacsiga, marka xal loo raadinayo dhibaha ka jirta suuqa, waxa la isticmaalaa nidaamka qiyaasta. Marka la isticmaalo nidaamkaas waxa la fiiriyaa in wax xiriir ah ka dhexayn karo fursadaha iyo dhibaha. Sheeko fiican oo arrintan sharrixi karta ayaa warisa in Georges de Mestral uu dareemay in iniinyaha 'burdock[10]' qabsadaan jaakadiisa. Markuu baaray iniinyahaas waxa u soo baxay in iniinyahaas madaxoodu leeyihiin qalooc yar oo sida hangoolka afkiisa oo kale ah. Isaga oo ka duulaya qiyaastaas ayuu waxa uu sameeyey waxa manta loo yaqaanno 'velcro'[11].

Marka la samaynayo qiyaasta waxa badanaa la iswaydiiyaa su'aalo aassaasi ah sida:
- Arrinta hortaada taala ma jirtaa wax ay ku xusuusinayso?
- Ma jirtaa dhinacyo kale oo waaya'aragnimo ah oo aad ku xallin kartid dhibtaan?
- Yaa waxyaabahaas isi soo shabaha is waafajin kara?

Waddada hal-abuurnimada

"You need chaos in your soul to give birth to a dancing star"

Nietzsche

Inkastoo fikradaha hal-abuurnimadu la mid yihiin biriq, oo qofka hal mar ku soo dhacaan, haddana waxa la ogaaday in hal-abuurnimadu marto hilin. Hilinkaasi waxa uu ka kooban yahay afar marxaladood. Wuxuu ka bilaabmaa in la dhaliyo aqoon iyo dareen; waxa ku xiga in la dillaaciyo aqoontii iyo dareenkii; dabadeedna waxa ka dhasha in la dhaliyo fikrado. Waxa ugu danbeeya in la qiimeeyo wixii dhashay dabadeedna la hirgeliyo.

Tallaabada ugu horaysa ee hal-abuurnimada waa in la dhaliyo/abuuro fikrado kala duwan. Xikamadu ma aha in la ogaado in ay jiraan fikrado kala duwan oo kaliya, ee waa in maskaxdu aqbasho in ay jiraan qaabab kala duwan oo loo wajihi karo su'aasha hortaada taal. Si loogu gudbo wajiga labaad waxa lama huraan ah in la helo waqti lagu calaliyo fikradihii faraha badanaa ee la dhaliyey. Badanaa waxa wajigaani si fiican u hirgalaa marka qaybta bidix ee maskaxdu hurudo. Xilligaan waxa soo

---

[9] Dhinaca shariicada, qiyaas waxa la isticmaalaa marka nas (aayad ama xadiith) loo isticmaalo wax aan asal ahaan loo isticmaali jirin.

[10] Burdock waa geed aan ka weynayn yaanyada, ka baxa wadamada qaboobaha ah, lehna miro sida hangoolka afkiisa qalooca.

[11] Velcro waa maro labadeeda dhinac is qabsadaan.

burqada afkaaro fara badan. Waxa badanaa ugu danbeeya in la isu keeno afkaarihii, la isku shaandheeyo, lagalana soo dhexbaxo kuwo miro dhal ah.

Ikhtiraaca (innovation)

"I have not failed. I've just found 10,000 ways that won't work"
Thomas Edison
"I think there is a world market for maybe five computers."
Thomas Watson, chairman of IBM, 1943

Qoraallada ka hadla ikhtiraacu, waxay ikhtiraaca ku soo koobaan afar qaacido (model). Qaaciddada koowaad oo salka ku haysa cilmibaarista iyo horummarinta (research and development) waxay ka duushaa in wax kasta oo cusub oo la soo saaro suuqu diyaar u yahay, uuna aqbali karo. Marka laga duulayo qaaciddadaas, ahmiyadda waxa la saaraa in sare loo qaado cilmibaarista iyo horummarinta (R&D). Mar kasta oo sare loo qaado heerka R&D waxa sare u kaca ikhtiraaca.

Qaaciddada labaad oo loogu yeero 'market-pull model' waxay ka duushaa baahida iyo rabitaanka macaamiisha. Marka laga duulayo qaaciddadaan, waxa awoodda la saaraa in la fahmo rabitaanka iyo baahida macaamiisha, iyada ayaana hagta nooca ikhtiraaca. Qaaciddada saddexaad oo ah mid isku dhafan, waxay ku doodaa in heerka ikhtiraac ku xiran yahay isku xirnaanta shirkadda gudeheedda iyo dibadeedda. Ugu danbayn, qaaciddada afraad waxay isu keentaa saddexda sare oo dhan, waxayna ku doodaa ikhtiraac in uu yimaado marka dhammaan qaybaha kore meel la isugu keeno oo ay isla falgalaan.

Markaad isha marisid qawaaciddaas, waxad arkaysaa in ikhtiraacu ku xiran yahay arrimo dhowr ah oo ay ka mid yihiin: aqoonta loo leeyahay tiknoolojiyada, baahida macaamiisha, heerka iskaashi ee shirkadda gudeheedda, iyo heerka iskaashi ee ka dhexeeya shirkadda gudeheedda iyo dibadeedda.

Waxa laga yaabaa, in dad badani ikhtiraac u yaqaaniin soo bandhigida wax cusub oo aan hore u jirin oo kaliya. In kastoo soo bandhigida wax cusub yahay mid ka mid ah noocyada ikhtiraaca, haddana, ikhtiraacu wuxuu yeelan karaa muuqaallo kala duwan. Tusaale ahaan, waxad arkaysaa in laqabyada Michael Dell, lagu daro ikhtiraace. Waxad sidoo kale arkaysaa in kombuyuutarada Dell aysan waxba ka duwanayn kuwa sharikaadka kale: sida Hewlett-Packard, Compaq, IBM. Waxa Dell laqabka ikhtiraac ku helay waa sida kombuyuutaradiisa loo dhiso, loo gado, loona gaarsiiyo macaamiisha. Dhinaca kale waxad arkaysaa in Steve Jobs, milkiilaha shirkadda kombuyuutarada ee loo yaqaan Aple, yahay ikhtiraace suuqa soo dhiga muuqaal cusub oo kombuyuutaro ah.

Ikhtiraacu waxa uu noqon karaa mid tallaabo-tallaabo ah (incremental) ama mid isbeddel xeeldheer ah (radical). Nooca hore waa mid wax ka beddela qaabka loo isticmaalo badeecad ama adeeg jira. Nooca danbe waa isbeddel dhamaystiran, sida in wax cusub la ikhtiraaco, ama wax hore u jiray si ka duwan sidii hore loo isticmaalo. Sidoo kale wuxuu noqon karaa mid la xiriira badeecad (product) ama sida wax loo soo saaro (process). Ugu danbayn wuxuu noqon karaa mid la xiriira maammul ama tiknoolojiyo.

Ikhtiraaca sababa isbeddel xeeldheer wuxuu noqdaa mid waddadii hore wax ka leexiya oo bidhaamiya waddo cusub. Sidoo kale wuxuu noqdaa mid joojiya qaababkii hore, oo soo bandhiga qaabab cusub. Waa mid kacaan ah, wax cusub iftiimiya, badanaana aad u muuqda. Dhinaca kale, ikhtiraaca tallaabo-tallaabada ahi waa isbeddel yar oo wax looga beddelo badeecad ama adeeg hore u jirtay. Wuxuu isbeddelkaasi sidoo kale noqon karaa mid la xiriira qaabka badeecaddaas loo soo saaro.

Ikhtiraaca la xiriira badeecadda waa ikhtiraac keena badeecad/adeeg gebi ahaanba ka duwan badeecadii/adeegii shirkadda lagu yaqaaney. Dhinaca kale, ikhtiraaca la xiriira in wax laga beddelo qaabka wax loo soo saaro ama wax loo qabto wuxuu la xiriiraa isbeddel muuqan kara oo lagu sameeyo qaabkii hawshaas loo qaban jiray ama loo soo saari jiray.

Ikhtiraaca tiknoolojiyada ahi wuxuu la xiriiraa in la hawlgeliyo tiknoolojiyo cusub oo bedesha gebi ahaanba muuqa badeecadda la soo saarayo. Halka ikhtiraaca maammulku la xiriiro isbeddel lagu sameeyo nidaamka maammul. Isbeddelkaasi wuxuu sababaa in wax iska beddelaan qaabka loo qoondeeyo khayraadka shirkadda.

Ikhtiraaca iyo sharikaadka yar-yar

Daraasado badan ayaa muujiya in xiriir xooggani ka dhexeeyo baaxadda sharikaadka iyo heerka ikhtiraaca. Xiriirkaasi wuxuu sii xoog badan yahay marka laga hadlayo sharikaadka yar-yar. Meesha sharikaadka waaweyn ay ku adagtahay in ay halmar isla beddelaan bay'adda, sharikaadka yar-yari waa kuwo si fudud isula beddela bay'adda. Waxay sidoo kale awooddaan in ay isticmaalaan ikhtiraac markay noqoto dhinaca suuq-geynta iyo gelista suuqyo cusub. Inkastoo, sharikaadka yar-yari aysan haysan hanti ku filan marka loo fiiriyo sharikaadka waaweyn, haddana waa kuwo si fiican uga faa'iidaysta hantida yar ee ay haystaan.

Antrabranoor-ka wax ikhtiraaca

Si loo fahmo antrabranoor-ka wax ikhtiraaca, aan tusaale u soo qaadano farsamo yaqaan. Ka soo qaad in farsamo yaqaankaasi leeyahay xirfad gaarsiin karta in uu isticmaalo walxo cusub, tusaale ahaan tiknoolojiyo loogu talo galay wax kale, si uu u soo saaro badeecad. Ma oran karnaa antrabranoorkaasi wax buu ikhtiraacay. Haa, maaddaama uu teknoolojiyo loogu talo galay farsamo u adeegsadey farsamo kale, waxan oran karnaa wuxuu ikhtiraacay isticmaal cusub.

Sida ka muuqata tusaalahaas sare, antrabranoor-ka wax ikhtiraaca ma aha khabiir cilmiga sayniska oo kaliya. Waxay sidoo kale leeyihiin xirfado dheeri ah oo ay ka mid tahay in ay fahmaan waxyaabaha loo isticmaali karo tiknoolojiyada taala suuqa. Antrabranoorka wax ikhtiraaci kara:

- Waxay u baahan yihiin maalgelin ka duwan maalgelinta ay u baahan yihiin antrabranoor-ada kale. Maaddaama ikhtiraacu badanaa la xiriiro wax aan hore loo aqoon, waqti dheer qaato, khatartuna aad u sarayso, waxay u baahan yihiin maalgelin ku habboon duruuftooda.
- Waxay u baahan yihiin aqoon iyo waaya'aragnimo maammul iyo maarayn. In la maammulo ikhtiraac micneheedu waxa weeye in la maammulo aqoon iyo tiknoolojiyo.
- Waxa soo foodsaara carqalado hor leh marka ay ikhtiraaca suuqa geynayaan.
- Si ay u guulaystaan waxay u baahan yihiin sharikaad iyaga oo kale ah (cluster).

Hal-abuurnimada iyo ikhtiraaca sharikaadka Soomaalida

Markaan falanqaynay xogihii aan ka soo ururinay sharikaadka Soomaalida, waxa soo baxay in:

- Ganacsiga Soomalidu uusan ahayn mid hal-abuur iyo ikhtiraac ku salaysan. Laga soo bilaabo sida lagu curiyo fikradda, lagana soo gaaro sida loo kobciyo, Sharikaadku ma maraan waddo hal-abuurnimo iyo ikhtiraac midna.
- Jawiga shaqo ee sharikaadka Soomaalidu ma aha mid weelayn kara hal-abuurnimo. Asbaabta ugu weynina waa hardan iyo loollan ka dhexeeya hawlwadeenada sare ee shirkadda. Hardankaas ayaa keena in dadka saamileyda ama shaqaalaha ahi hadba qofkay u arkaan in uu masaalaxdooda ka shaqaynayo garab siiyaan.
- Nidaamka hoggaamin ee sharikaadka Soomaalidu waa mid kaligi-talisnimo iyo marooqsi ku salaysan. Maaddaama nidaamku yahay mid qallafsan, shaqaalaynta iyo dallacsiinta midna laguma xusho xirfad, aqoon iyo karti ee waxa lagu xushaa oo kaliya in uu daacad u yahay maammulka markaas gacanta ku haya shirkadda.
- Dhaqanka Sharikaadka Soomaalidu waa mid ku salaysan: amar qallafsan, canaan iyo canbaarayn. Qaab dhaqanka maammulku ma aha mid hufan oo anshax iyo xushmo ka muuqato, waa mid hadal qallafsan, caro iyo madax taag ka muuqdo.
- Sharikaadka Soomaalidu badanaa ma laha nidaam shaqaalayn. Nidaam la'aantaas ayaa keenta marka laga reebo milkiilayaasha in ay adag tahay in lagu dhex arko dad aqoon ama xirfad lagu xushay.

Cabsi laga qabo khasaare iyo guuldaro ayaa badanaa sharikaadka Soomaalida ka dhigta kuwa ka fogaada hal-abuurnimada iyo ikhtiraaca. Cabsidaasi waxay keentaa in qofku ku adkaysto oo ku dul qallalo wixii uu yaqaaney oo kaliya.

Qaybta2aad

Bilaabista, Horumarinta iyo kobcinta ganacsiga

Cutubka 5aad
Sidee loo helaa fikrad ganacsi?

Cutubka 6aad
Sidee loo bilaabaa shirkad cusub?

Cutubka 7aad
Sidee loo sameeyaa qorshe ganacsi?

Cutubka 8aad
Meerta nololeedka ganacsiga

Cutubka 9aad
Fashilka ganacsiga

Cutubka

 **5aad**

Sidee loo helaa fikrad ganacsi?

"Small opportunities are often the beginning of great enterprise"
Demosthenes

"The world is changing very fast. Big will not beat small anymore. It will be the fast beating the slow"
Rupert Murdoch

Fursad waa wax leh muuqaal qurux badan (attractive), jiri kara waqti dheer (durable), si sahal ah loogu beddeli karo badeecad ama adeeg, macaamiisha agtoodana qiimo ka leh. Fursadda waxa saldhig u ah fikrad. Fikraddu waa aalad, la'aanteed fursadi aysan abuurmin. Aaladdaas waxa si fiican u adeegsada antrabranoorada waaya'aragnimada leh.

Sida qaalibka ah, fursaddu ma aha wax diyaarsan ee waa wax u baahan in la dhiso ama la abuuro. Qaybta hore ee cutubkan oo qaadaa dhigaysa sida fikradd loo helo, waxay ku bilaabmaysaa in ay muuqaal ka bixiso sida lagu aqoonsado fursadaha. Qaybta labaad waxay soo bandhigaysaa qaabbab kala duwan oo lagu curin karo fursad. Ugu danbayn waxa dulmar gaaban lagu samayn doonaa qaabka loo qiimeeyo fursadda.

Markaad akhridid cutubkaan waxaad:
- Wax ka fahmi doontaa sida lagu aqoonsado, shaacana looga qaabo fikradaha ganacsiga.
- Wax ka ogaan doontaa sida fikradda loogu bedelo fursad maalgelin.
- Ugu danbayn waxaad aragti ka qaadan doontaa sida loo qiimeeyo fursadda maalgelin ee fikradda.
- Wax ogaan doontaa sida Soomaalidu ku helaan fikradaha ganacsiga, ugu bedelaan fursad, una qiimeeyaan.

Shaac-ka-qaadista iyo aqoonsiga fursadaha?

"I was seldom able to see an opportunity, until it ceased to be one"
Mark Twain

Shaac ka qaadista fursadaha

Marka laga hadlayo sida fursadaha shaaca looga qaado waxa la kala saaraa saddex hab: **Baadigoob** (active search), **nasiib** (fortuitous discovery) iyo **ammaamudid** (creation of opportunity). Kooxda u ololaysa fikradda hore, sida Drucker (1988), waxay ku doodaan in dadku fikradaha ku helaan dadaal ku talogal ah. Shaver and Scott (1991) ayaa iyana ku doodda in fursaddu aysan ahayn wax lagu helo baqtiyaanasiib ee lagu helo oo kaliya awood iyo aqoon dheeri ah oo loo leeyahay sida loo baaro ishana loo mariyo macluumaadka. Ardichvili et. al. (2003) ayaa markay sharraxaad dheer ka bixiyeen in dadku ku kala duwan yihiin unugyada ay ka samaysan yihiin (genetic make-up), meesha ay ka soo jeedaan (background), khibradooda iyo baaxadda macluumaadka ay hayaan, qoraalkooda ku soo ururiyey in awoodda qof shaaca uga qaado fursad ay ku xiran tahay *baaxadda* macluumaadka uu hayo iyo *awoodda* uu macluumaadka ku falanqayn karo.

Dadka baadigoobka ku hela fikradaha ayaa lagu tilmaamaa 'kuwo har iyo habeen isha marinayaan suuqa (scanning)'. Dadkaas waxa ku kalifa baadigoobka arrimo ay ka mid yihiin: in ay xal u raadiyaan dhibaato soo wajahday suuqyada ay ka baayac-mushtaraan; dhibaato soo food saarta badeecaddooda ama adeegyadooda; iyo in ay helaan fursad wali dihin. Fikradda kooxdaani waxay salka ku haysaa aragtida mad-habtta dhaqaala yahanada ee loo yaqaanno 'neoclassical economist'. Mad-habttaasi waxay aamminsan tahay in suuqu isu dheelli tiran yahay (equilibrium)[12]. Waxay yiraahdaan dadka antrabranoors-ka ah ee awoodda u leh in ay dareemaan in suuqu dhinac u dheelliyey, ayaa soo dhexgala suuqa si ay uga faa'iidaystaan fursaddaas qaaliga ah. Sida kaliya ee ay uga faa'iidaysan karaana waa in dareenkoodu markii horeba taagnaa.

Kooxda labaad oo ku doodda in fursadda lagu helo si **nasiib** ah oo uu oday u yahay Kirzner (1979), waxay ku doodaan in fursadda ay shaaca ka qaadaan dadka dhiifoon awooddana u leh in ay dareemaan isbeddellada iyaga oo aan ku tabcin baadigoob. Waxa uu arrintaas ku soo koobay hadalkiisii caanka ah: *'lama baadigoobi karo wax aan la garanayn'*. Koox kale oo lala xiriiriyo isla kooxdaan ayaa ku doodda in dadka si sahlan fursadaha u hela ay labanlaabi karaan jaaniska in ay helaan fursad hadday sare ugu qaadaan heerkooda aqooneed iyo fahan ee bay'adda ku xeeran.

---

[12] Isu-dheelitirnaan (equilibrium) waa marka dalabka (demand) iyo dalab daboolidu (supply) isu dheelitiran yihiin.

Kooxda saddexaad oo ku doodda in fursadda la **ammaamudi** karo, uuna aabbaha u yahay Schumpeter (1934) ayaa ku doodda in dadku iyaga oo isticmaalaya mala'awaal (imagination) ay unki karaan fursad. Waxay ku sii daraan in fursaddu ku abuuran tahay qofka maankiisa, bannaankana lagu soo dhigi karo u hawlgal. Kooxdaani waxay ku doodaan in fursadaha loo abuuri karo shan hab midkood: (1) in la soo bandhigo badeecad cusub; (2) in la soo bandhigo hab cusub oo wax soo saar; (3) in la helo suuq cusub; (4) in lala wareego keenid cusub (conquest of new supply); iyo (5) in sare loo qaado shirkad.

Haddaan dib u milicsano saddexda hab, waxaan arkaynaa in Soomaalidu saddexda hab midna aysan adeegsan. Haddaad durba hilmaantay aan ku xasuusiyo: (1) ammaamudidu waxay u baahan tahay hal-abuur iyo ikhtiraac; (2) baadigoobku wuxuu u baahan yahay xog iyo aqoon lagu falanqeeyo xogta; (3) nasiibkuna wuxuu baahan yahay dhiifoonaan. Haddaad oran lahayd Soomaalidu waxay isticmaalaan baadigoob, waxan oranayaa, haa, Soomaalidu way isticmaalaan baadigoob, laakiin waxay u isticmaalaan si ay u ogaadaan waxa Soomalida kale ka ganacsadaan, ee uma isticmaalaan si ay ku ogaadaan wax ku cusub ama ka hirgeli kara suuqa.

Aqoonsiga fursadaha

Sida ka muuqata sawirka hoose (5.1), aqoonsiga fursaddu wuxuu ku xiran yahay saddex shay: (1) aqoonta loo leeyahay suuqa iyo macaamiisha; (2) dhiifoonaanta; iyo (3) shabakadaha qofku ka tirsan yahay.

Sawirka 5.1. *Aqoonsiga fursadaha*

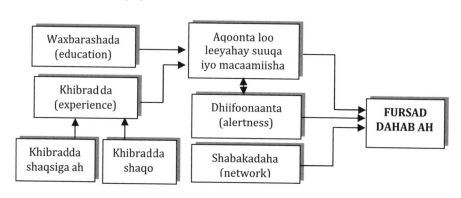

Aqoonta loo leeyahy suuqa iyo macaamiisha:
Koox uu hormood u yahay Shane (2000) ayaa ku doodda in **aqoonta qofku** (prior knowledge) tahay tan kaliya ee daboolka ka qaadi karta fursad. Aqoontaas qofka u gaarka ah, saddex qaybood ayaa ugu waaweyn: aqoonta suuqa (market knowledge); aqoonta qaabka suuqaas lagu haqabtiri karo

(knowledge of ways to serve the market); iyo aqoonta dhibaatooyinka soo wajaha ama haysta macaamiisha (knowledge of customer problems). Shane oo khibradda u arka in ay tahay qayb ka mid ah aqoonta wax uu intaas ku daraa in: waaya'aragnimada guud ee ganacsiga (general business experience); waaya'aragnimada nooca ganacsiga ee qofku ku jiro/gelayo; waaya'aragnimada qofku u leeyahay arimaha suuq-geynta, maammulka iyo ikhtiraacidda ama abyidda badeecad/adeeg cusub; iyo in qofku hore u bilaabay shirkad ganacsi ay dhammaantood sare u qaadaan jaaniska qofku fursad cusub daaha kaga rogi karo.

Halka Shane awoodda saaray heerka aqooneed, Venkataraman (1997) waxa uu ku doodaa in helitaanka fursad ku xiran yahay awoodda qofku ku abla-ablayn karo macluumaad iskudhafan (complex information). Awooddaas wuxuu ugu yeeraa **hanti-shaqsiyeed** (human capital). Waxyaabo badan ayaa la tebiyaa in heerka hanti-shaqsiyeedku ku xiran yahay. Waxyaabahaas waxa ka mid ah: garaaddka qofka; dabeecadaha gaarka ah; meesha uu ka soo jeedo; in uu yahay lab ama dhedig; cimrigiisa; aqoontiisa; iyo waaya'aragnimada ururtay ee qofkaas. Dadka aragtidaan qaba waxay ka siman yihiin in hanti-shaqsiyeedka la horummarin karo.

Bhide (2000) wuxuu ku doodaa in xiriirka ka dhexeeya helitaanka fikrad ganacsi iyo heerka hanti-shaqsiyeed u qaab eg yahay 'U' hoos u jeedda (inverted U-shape). Marka hati-shakhsiyeedku sare u kacdo, waxa sare u kaca jaaniska in qofku heli karo fikrad cusub oo wax-ku-ool ah. Haddiise aqoonta iyo khibraddu aad u sarayso, waxa dhici kara in qofku ama uu helo fikrad khatarteedu aad u sarayso ama uusan iskuba deyin fikrad ganacsi. Sidoo kale haddii hanta-shaqsiyeedku aad u hoosayso waxay u badan tahay in qofkaasi arko fikrado aad u hooseeya (aan kobci karin). Waxa la yiraahdaa dadka ka soo jeedda dabaqada dhexe oo leh aqoon iyo waaya'aragnimo isu dheelitiran ayaa heli kara fikrad ganacsi oo meel fog gaarta.

Doorka dhiifoonaantu ku leedahay helitaanka fursad:

Sida biniaadamku u kala duwan yahay ayaa fursaduhuna u kala duwan yihiin. Marka la darsayo kala duwanaanshaha dadka, waxyaabaha dadku ku kala duwan yihiin aadna loo darrso waxa ka mid ah waxa loogu yeero dhiifoonaanta[13] (alertness). Labada arrimood ee ugu waaweyn ee dhiifoonaanta qofku ku xiran tahay ayaa loo tiiriyaa in ay yihiin aqoonta qofka (possessed knowledge) iyo debaacedaha qofka (personal traits). Nooca aqoonta ee loo danleeyahay waxay badanaa la xiriirta aqoonta suuqa iyo sidii suuqa iyo macaamiisha baahidooda loo dabooli lahaa. Dhinaca dabeecadaha, waxa antrabranoor-da loo tiiriyaa in ay leeyihiin awood iyo baaxad maskaxeed oo ay shaaca uga rogi karaan fursado ganacsi oo qarsoon.

---

13 Dhiifoonaan=feejignaan, baraarugsanaan

Daraasadaha lagu sameeyey dhiifoonaanta ayaa badanaa qofka ka fiiriya laba dhinac. Halka dhinaca hore la xiriiro qaabka qofku akhbaarta uu baadi goobo (information search), dhinaca kale waxa uu la xiriiraa qaabka qofku fursadda shaaca uga qaado (discovering opportunities). Farqi wayn ayaana u dhexeeya in qofku hayo xog ama macluumaad ballaaran iyo in xogtaas ama akhbaartaas uu ka dhex bildhaansado fursad ganacsi. Marka laga hadlayo qaabka fursadaha loo helo ama shaaca looga qaado waxaa iyana muhiimad weyn la siiyaa inta qofku wax ka fahansan yahay qaabka adduunku guud ahaan, gaar ahaana suuqyada ganacsigu u shaqeeyaan iyo sida hadba qofku uga fekero wixii la soo dhaafay una odoroso waxa soo socda.

Marka laga hadlayo dhiifoonaanta, waxa tusaale loo soo qaataa dhalashadii Microsoft. Waxa la weriyaa in December 1974-tii, Paul Allen, soo booqday saaxiibkiis Bil Gates oo xilligaas arday ka ahaa Jaamicada Harvard. Asbaabta Paul u soo booqday waxa ugu weynaa in uu la wadaago xayaysiin uu daabacay warside la oran jiray *Popular Electronics*. Warsidahaas dhabarkiisa waxa ku yaalay xayaysiin kombuyuutar la oran jiray Altair 8080. Paul oo dareenkiisu taagnaa ayaa markiiba fahmay in baahi weyn loo qabo barnaamij kombuyuutaradu ku shaqeeyaan oo isaga iyo Bil qorayeen xilligaas (BASIC). Dhiifoonaantii Paul mirahay dhashay ma aha wax u baahan ka hadal fara badan.

Shabakadaha iyo doorka ay ku leeyihiin helitaanka fursad:

Rag badan ayaa xoojiya aragtida tiraahda in **shabakadda** (network) qofku ka tirsan yahay qayb weyn ka qaadato helitaanka fursad. Raggaasi waxay ku doodaan in jaaniska lagu helo fursad qayb ahaan ku xiran yahay heerka aqooneed ama baaxadda macluumaad ee ay hayaan dadka qaraabadaada ama saaxiibadaada ah ee aad isku xiran tihiin. In kastoo caadooyinka iyo dhaqamadu kala duwan yihiin, haddana raggaasi waxay yiraahdaan waxay u badan tahay in dadka qaraabadaada/saaxibadaada ahi kugu wargelinayaan mar kasta oo ay arkaan fursad. Shane, isagu wuxuu shabakadahaas ku sii daraa shabakadaha aqoonta, xirfadaha iyo waaya'aragnimada la isku waydaarsado sida ururada ganacsiga.

Shabakaduhu qofka kama caawiyaan helitaanka fursadaha ganacsiga oo keliya, ee waxay sidoo kale: u furaan albaabo badan marka qofku bilaabo shirkadda; ka caawiyaan siduu uga gudbi lahaa duruufaha ka hor yimaada; una noqdaan indho iyo dhego marka uu wajaho tartan.

Haddaan soo ururino waxan oran karnaa, fursadaha intooda badan waxa abuura isbeddelo. Isbeddelladaasi waxay noqon karaan kuwo ku dhacaya: siyaasadda, dhaqaalaha, dhaqanka, mujtamaca, tirada dadka (demography), ama tiknoolojiydad. Fursadaha isbeddelladaasi abuuraan waxa arki kara dadka maskaxdoodu fur-furan tahay oo kaliya. Dadkaasi oo ah kuwo aan cabsi ka qabin fashil, waxay mar walba aamminsan yihiin in ay guulaysanayaan - guushaasi waxay noqon kartaa ama mid dhaqaale ah ama mid waaya'aragnimo ah.

Hilinka fursad-shaac-ka qaadista

Fursad-shaac-ka-qaadistu ma aha wax hal mar dhaca ee waa waddo dheer oo leh bar-bilow iyo bar-dhammaad. Daraasado badan ayaa tilmaama in dhabbaha la maro yahay mid toosan (linear), ka bilaabma aqoonsiga fursadda, kuna dhammaada iibka u horeeya ee shirkaddu samayso. Katz and Gartner (1988) waxay hilinka ku soo koobaan afar tallaabo oo ka bilaabma: niyad (intentionality), xudduuda oo la cayimo (boundary definition), hantidii oo gacanta lagu dhigo (resource acquisition) iyo kala beddelasho (exchange). Bhave (1994) wuxuu isna tallaabooyinka lagu bidhaamiyo fursadaha u kala qaadaa; suntid (identification); qiimayn (evaluation); sharraxid (elaboration) iyo wax ka beddelid (modification).

Hill (1996) daraasad uu sameeyey waxa u soo baxday in waddada antrabranoora-du fursadda ku helaan tahay mid tallaabo tallaabo ah, ee aysan ahay wax hal mar uun iska dhaca. Wuxuu intaas ku sii daray in antrabranooradu dareenkooda (gut feeling) kaga kalsoon yihiin daraasad lagu sameeyo suuqa iyo macaamiisha markay qiimaynayaan fursadaha ganacsi.

Aragti aad u qurux badan oo aqoonyahanno badani carrab-baabaan ayaa tibaaxda in antrabranoor-ka horay shirkad ganacsi u bilaabay ay u fududahay in uu arko fursado kale oo fara badan. Aragtidaas oo loogu yeero **"corridor principle'** waxay tiraahdaa marka antrabranoor-adu bilaabaan shirkadda ugu horaysa, waxay qaadaan koridoor. Markay qaadaan koridoorkaas waxa u furma daaqado badan oo ah fursado hor leh. Tirada daaqadaha u furmaya iyo nooca daaqadaha waxay labaduba ku xiran yihiin heerka waaya'aragnimo ee antrabranoor-ka. In kastoo qaabab kala duwan loo sharraxo aragtidaas, sharraxaada ugu fudud waxay tiraahdaa: antrabranooradaasi waa kuwo dareemi og wixii fursad leh iyo wixii aan fursad lahayn, markay dareemaana ku dhiiran kara.

In kastoo sidaan sare ku xusnay, fursad shaac ka qaadistu marto waddo bar-bilow iyo bar-dhammaad leh, haddana way adagtahay in lala kulmo ganacsato martay nidaam tallaabo-tallaabo ah markay fursadda shaaca ka qaadayeen. Mar aan dib u milicsanay qaabka Soomaalidu fursadda shaaca uga qaadaan, waxa noo soo baxay in 2% ka mid ah 750-kii qof ee aan xogta ka soo qaadnay mareen waddo nidaamsan oo tallaabo-tallaabo ah. 15-kaas qofki waxay sameeyeen suuq-baaris dhamaystiran; waxay qoreen qorshe ganacsi; waxayna la tashadeen qareemo iyo dadkale oo khabiiro ku ah hawshaas.

In kastoo laga sharqamiyo asbaabo badan marka laga hadlayo asbaabta Sharikaadku waddo nidaamsan oo tallaabo tallaabo ah u raaci waayaan, daraasadda aan ku samaynay ganacsiga Soomaalidu waxay iftiimisay in asbaabaha ugu waaweyni yihiin: aqoonta loo leeyahay fursadda oo yar, iyo iyadoo aan waqti iyo kharash midna loo hayn. Daraasaddu waxay kaloo iftiimisay in antrabranoor-ada aan marin waddo nidaamsan ay la kulmaan filanwaa fara badan oo dib u dhac ku keena. Qaar badan oo ka mid ah dadkii aan soo waraysanay ayaa noo sheegeen in ay la kulmeen waxyaabo ku kalifay in ay fikraddooda dib u fiiriyaan, halka qaarkale fikradda oo dhan albaabada u laabeen.

Qaabka shirkaduhu shaaca uga qaadaan fursadaha

Drucker (1985) waxa uu soo guuriyaa todoba hab oo Sharikaadku shaaca uga qaadi karaan fursadaha. Wuxuu yiraahdaa afar waxa laga dhex helaa shirkadda dhexdeedda ama suuqa shirkaddu ka shaqayso/ganacsato, halka saddexda kale ka yimaadaan meel ka baxsan shirkadda, ama bay'adda. Waxayna kala yihiin:

1. **Wax aan la fileyn** (unexpected). Waxa aan la fileyn waxay noqon karaan dhacdo aan lagu xisaabtamayn. Dhacdadaasi ha noqoto khasaare ama faa'iido. Fursaddu waxay ku timaaddaa hadba sida looga faa'iidaysto dhacdooyinkaas aan la filayn.
2. **Wax aan lagu xisaabtamayn** (incongruity). Marmar badan waxa dhaca in qorshayaashu dhinicii loo waday maahee dhinac kale aadaan, dabadeedna ay meeshaas ka soo baxaan wax aan lagu xisaabtamayn. Sharikaadka waxaas aan lagu xisaabtamayn markiiba arka waxay u beddeli karaan fursad.
3. **Isbeddel aan la ogayn.** Isbeddelkaani waxa uu yimaadaa marka la ogaado in qaabkii wax loo soo saari jiray wax laga beddeli karo. Haddii wax laga beddelona hoos loo dhigi karo ama kharashka ama caddadda la soo saari karo.
4. **Isbeddel ku yimaada suuqa.** Isbeddelladaan waxay ka imaan karaan isbeddelo ku yimaada teknoologiyadda, sharciga dawliga ah ama kuwo kale oo abuura fursad.
5. **Isbeddel ku yimaada dimograafiyada.** Tiradda dadka, dhalashadda, Dhimashada, guur-guurka, iwm.
6. **Isbeddel ku yimaada fahanka, niyadda iyo micnaha.** Isbeddellada noocaan ah waxa badanaa keena isbeddellada ku imaanaya dhaqaalaha, dhaqanka, iwm.
7. **Cilmi cusub**

Qaab looga faa'iidaysan karo isbeddelladaas ayaa waxa Vyakrnham and Leppard (1999) ku tilmaammaan in la is waydiiyo su'aasha ah: maxaa keenay? Iswaydiinta su'aashaasi waxay fududaynaysaa in la arko asbaabo badan, markii la sii raaco asbaabahaasna waxa la gaari karaa fursado.

Waxaa iyana muhiim ah in la fahmo in waxa fursadaha shaaca ka qaada aysan ahayn sharikaadka ee ay yihiin dadka ka shaqeeya sharikaadka. Sidaas daraaddeed, haddii la rabo in sare loo qaado jaanisyada fursad-shaac-ka-qaadista ee sharikaadka waa in sare loo qaado tirada iyo tayada dadka leh sifooyinka antrabranoor-da ee ka shaqeeya sharikaadka. Waxa intaas wehelisa in dadkaasi dareemaan in shirkaddu tahay mid dhinac taagan soona dhowaynaysa fikradaha cusub. Sida kaliya ee ay ku dareemi karaana waa in maammulka shirkaddu yahay mid dhiirrigeliya soona dhoweeya fikradaha cusub. Sidoo kale waa in shirkaddu leedahay dhaqan ku dhisan iskaashi iyo taageero.

Isha fikradaha ganacsiga (sources of business ideas)

Maaddaama fikraddu tahay bilowga shirkad cusub, su'aasha jawaabta u baahani waxay tahay xaggee ka soo burqadaan fikradaha cusubi. Fikradaha cusubi waxay ka soo burqadaan dhowr ilood:

- **Waay'aragnimada iyo xirfadda:** Sidaan sare ku soo xusnay waaya'aragnimada qofku waxay ka mid tahay ilaha ugu muhiimsan ee fikradaha ganacsiga. Dad badan ayaa iyagoo ka faa'iidaysanaya khibradda iyo waaya'aragnimada ay ka heleen meelihii ay ka soo shaqeeyeen bilaaba ganacsi u muuqaal eg midkii ay ka soo shaqeeyeen. Dadkaasi badanaa waxay awoodda saaraan in ay wax ka beddelaan (modify) badeecadda/adeegga, daboolaan ceebihii iyo dal-daloolladii ay ku ogaayeen, ama ay isla badeecadii/adeegii meel cusub u raraan. Meesha daraasad lagu sameeyey waddanka Maraykanka xaqiijisay in wax ka badan 45% dadka bilaaba sharikaadka cusub ay fikradda ka heleen goobihii ay ka soo shaqeeyeen, dhinaca Soomaalida tiradaasi waa ka yar-tahay 3%. Hooseynta sharikaadka lagu dayan karo ee ka jira waddanka guddihiisa iyo shaqo la'aanta qurbaha ayaa saldhig u ah in aysan jirin cid lagu daydo. Sidoo kale dadka leh xirfado naadir ah, waxay bilaabi karaan waddadii ay xirfadooda ugu rogi lahaayeen ganacsi. Inta aan xirfad loo rogin ganacsi, waxa muhiim ah in la iswaydiiyo in xirfaddaasi leedahay suuq ku filan iyo in kale.
- **Xarumaha cilmiga iyo cilmibaarista:** Jaamicadaha iyo xarumaha cilmibaarista intooda badani waxay curiyaan fursado badan oo ay ama gadaan ama ogolaansho bixiyaan sidii loo isticmaali lahaa fursadahaas.
- **Shabakadaha ganacsiga iyo xarumaha bandhigyada:** Bandhigyada waxsoosaarka sharikaadka waxa laga daawan karaa badeecadooyin iyo adeegyo kala duwan. Waa la is barbardhigi karaa, dabadeedna dhexdooda lagala soo bixi karaa fursad.
- **Diiwaanada sharikaadka iyo jaraa'idada:** Dad badan ayaa isha mariya diiwaanada sharikaadka si ay u helaan badeecad ama adeeg degaan ka jirta oo aan ka jirin degaan kale.
- **Xarumaha tirokoobyada iyo cilmibaarisyada**
- **Sharikaadka la taliya ganacsiyada (consulting)**

Ilaha la isku raacsan yahay in ay ka soo burqadaan fikradaha ganacsiga waxa ugu horeeya khibradda, waxa soo raaca waxa qofku jecel yahay ama

87

hiwaayada u ah. Meelaha ay ugu yartahay in laga helo fikrado ganacsi waxa lagu daraa ganacsiga qoyska. Dennis (1993) daraasad uu ku sameeyey waddanka Maraykanka waxay muujisay in meesha dadka badidoodu ka helaan fikradda ganacsigu tahay shaqooyinkii hore. Daraasaddaasi waxa kale oo ay muujisay in qofku waxa uu xiiseeyo yahay isha labaad ee ay ka soo burqadaan fikradaha cusubi.

Si loo ogaado meelaha Soomaalidu fikradaha ganacsiga ka helaan, ayaan daraasadda ku darnay su'aal arrintaasi la xiriirta. In kastoo 20% dadku ka cudur daarteen in ay ka jawaabaan, 5% kalena bixiyeen jawaab aan sax ahayn, haddana markaan falanqaynay xogtii waxa soo baxay in farqi aan wayni u dhexeeyo Soomaalida ku nool qurbaha iyo Soomaalida ku nool waddanka guddihiisa. Sida ka muuqata shaxda hoose (shaxda 5.1) wax weyn kuma kala duwana dadka gudaha iyo kuwa debadu marka la fiiriyo sida ay ku helaan fikradaha ganacsiga.

Shaxda 5.1 *meelaha Soomaalidu fikradaha ka helaan*

	Ku nool qurbaha	Ku nool Soomaaliya
Ku dayasho	81%	86%
Waaya'aragnimo	3%	2%
Saaxiib/qaraabo	2%	4%
Waxbarasho	1%	1%
Nasiib	2%	2%
Wax kale	11%	5%
Wadar	100%	100%

Sida ka muuqata shaxda sare, waddada ugu badan ee Soomaalidu ke helaan fikradaha ganacsiga waa ku dayasho, waddada labaadna waa waaya'aragnimo. Waaya'aragnimadu mar-mar badan waxay noqotaa ku dayasho. Tusaale ahaan, xawaaladaha intooda badan waxa bilaaba dad waaya'aragnimo ka helay xawaalado kale. In kasta oo bilaabista xawaaladu tahay ku dayasho, haddana waa ku dayasho waaya'aragnimo ku salaysan.

Ishay rabaan ha ka soo burqadeene, fikraduhu saddex mid uun ayay noqon karaan:

1. **Wax cusub:** waxaa cusubi waxay noqon karaan badeeco ama adeeg cusub. Badeecadaha ama adeegyada cusub waxa badanaa saldhig u ah daraasad ballaaran oo lagu sameeyo baahida macaamiisha iyo adeegyada ama badeecadaha suuqa yaala. Dadka qaarkood si sahal ah ayay ku helaan waxaas cusub. Tusaale ahaan, dad baa waxay is waydiiyaan dhibaatooyinka macaamiishu maalin walba la kulmaan. Xalka dhibahaas ayay dabadeedna u beddelaan badeeco cusub ama adeeg.

2. **Wax la koobiyeeyey**: In kastoo qaabka ugu badan ee fikradaha ganacsiga lagu helo yahay ku dayashadda, haddana ku dayshadu waxay leedahay waddooyin la raaco oo ka duwan qaabka Soomaalidu u isticmaalaan. Tusaale ahaan, meesha marka fikrad la koobigaraynayo la isku dayo in wax laga beddelo, la naash-naasho, ceebiha fikraddu lahayd la xalliyo, sida qaalibka ah qofka Soomaaligu iska daa in uu wax ka hagaajiyee waxay u badan tahay in uu sii haleeyaan.

3. **Suuq falanqayn** (market analysis): nidaamkan oo sida qaalibka ah sharikaadka waaweyni isticmalaan, waa mid isagoo falanqaynaya xog laga soo ururiyey suuqa baadigooba in baahi la xiriirta badeecadda/adeegga la suntaday jirto iyo in kale. Qofka raba in uu nidaamkaan isticmaalo waa in uu: xog soo ururiyo, lafaguro, falanqeeyo, dabadeedna u beddelo hawl la fulin karo.

Xeeladaha lagu dhaliyo fikrado

Waxan oran karnaa adduunka waxa uu la ciirayaa fikrado, qof kastana wuu dhalin karaa fikrad ganacsi, laakiin, fikrad kasta ma noqoto fursad, qof kastana fikradda uma beddeli karo fursad ganacsi oo shaqaynaysa. Waxa laga yaabaa in aad adiga laftigaagu la liicayso fikrado, walise aadan is waydiin fikraddaadu in ay tahay mid cusub oo aan horey loo aqoon (novel) iyo inkale. Sida fikradda loogu beddelo ganacsi shaqaynaya qaybaha danbe ayaan ku qaadaadhigi doonaa, halkanse waxan kugula wadaagi doonaa dhawr hab oo fikrado badan loo dhalin karo ama shaaca looga qaadi karo.

Buugga fikradaha: Xeeladdan oo aad u fudud, mirodhalna ah, ayaa ah in marwalba jeebka lagu wato buug iyo qalin. Buuggaas waxaa loo bixisaa buugga fikradaha. Markasta oo aad aragtid wax ishaada soo jiita, wax kaa yaabiya, wax aad ka heshid, wax kugu cusub, dhammaantood ku qor buuggaas. Asbuuciiba hal mar isha dib u mari waxyaabihii aad soo ururisay. Waxa hubaal ah in aad ka dhex heli doontid fikrado badan oo ganacsi.

Maskax-maaxis (brainstorming): Xeeladdan oo bannaanka u soo saartaa hal-abuurnimda dadka, waxa sameeya koox. Kooxdaasi waxay hortooda (sabuurad) ku qortaan dhibta ama arrinta la xallinayo, dabadeedna wixii fikrad ah oo maskaxdooda ku soo dhaca bay wadaagaan. Marka xeeladan la isticmaalayo waxa muhiim ah: in aan qofna fikradiisa la mucaaradin wax ceeb ahna laga sheegin; in qof walba aragtidiisa uu xor u yahay oo xudduud aysan lahayn; waxa awoodda la saaraa in tirada fikraduhu aad u badan yihiin; marka waqtigu gebogebo yahay, hadday macquultahay waxa la isku dayaa in fikradaha intii is raaci kartaba la israacsiiyo oo meel la isugu geeyo.

Internet: Waxa iyana waayahan danbe qayb weyn ka qaata, lana oran karaa waxa uu fududeeyey qaababka loo dhaliyo fikradaha, 'internet'-ka. Internet-ku waa aalad xanbaarsan xog iyo macluumaad aan xad lahayn, waa wax qof kasta u furan, waana sidoo kale wax meelo badan laga heli karo, qof kastana tijaabin karo. Waxyaabaha internet-ku aadka ugu fiican yahay waxa ugu horeeya in waqti yar lagu ogaan karto in fikraddaadu tahay wax cusub iyo inkale. Ma aha oo kaliya in aad fiirin kartid in fikraddaada kuwo la mid ihi jiraan iyo inkale, waxaad sidoo kale fiirin kartaa in fikraddaada fikrado soo shabaha jiraan iyo inkale. Waxa intaas weheliya in interneka ay ka buuxaan meelo lagu kaydiyo fikradaha iyo fursadaha ganacsi.

Sidee fikradda loogu rogaa fursad maalgelin

Waaya'aragnimadu waxay na bartay in fikrad kasta oo fiican aysan lahayn fursad maalgelin. Hilinku, sida ka muuqata sawirka hoose, waxa uu ka bilaabmaa fursad ee kama bilaamo lacag. Sidoo kale fursadaha waaweyn oo dhammi waxay u baahan yihiin xirfad, aqoon iyo waaya'aragnimo ka badan tan kooxda hawsha bilaabaysa. Waxa intaas wehelisa in hantida kooxdaasi hayso aysan badanaa ku filnayn maalgelinta loo baahan yahay.

Sida ka muuqda sawirka hoose oo loogu yeero qaaciddada Timmons (Timmons model), hilinka la qaado ayaa xaddida, muuqaalka, qaabka, baaxadda iyo kooxda intaba. Sidoo kale, si fursaddu ku hormarto waa in uu jiro hal antrabranoor oo hoggaaminaya kooxda inteedda kale. Hawsha ugu weyn ee qofkaas waa in uu xalliyo wixii carqalad hor-istaaga shirkadda, sidoo kalena isha ku hayo fursadaha iyo khataraha ka hor yimaada ama ka hor imaan kara. Sida uu isha ugu hayn karaana waa in uu marwalba iswaydiiyaa su'aalo aasaasi ah oo ay ka mid yihiin: maxaa ka khaldan fursaddan? Maxaa ku cusub? Sidee looga dhigi karaa mirodhal? Maxaa la beddeli karaa yaase beddeli kara? Iwm.

Fursadda ayaa ah lafdhabarta mashruuc kasta oo mirodhal noqda. Waxaana la ogyahay in fikrad kasta aysan lahayn fursad maalgelin. Sida daraasado badani muujiyeen 100 fikradood oo loo bandhigo maalgeliyayaasha, wax ka yar 4 ayaa hela maalgelin. Inta badan fikradahaas (80%) waxa la tuuraa saacada ugu hraysa (marka qofku soo bandhigo fikradiisa) inta hartayna (16%) marka la akhriyo qorshaha ganacsiga (business plan).

Sida laga dhadhansanayo, dad badan ayaa waqti dheer ku lumiya fikrad aan lahayn wax fursad maalgelin ah. Si taas looga badbaado waa in uu jiro qalab (tool) qofku ku qiimayn karo in fikradiisu leedahay fursad maalgelin iyo inkale.

Waxyaabaha ugu muhiimsan ee lagu garan karo in fikradi leedahay fursad maalgelineed waa in la fiiriyo:

- **Baahida** suuqa (demand): Marka la eegayo baahida suuqa waxa la cabbiraa baaxadda baahida, heerka kobca, iyo qaabdhaqanka macaamiisha.
- **Qaabdhismeedka** suuqa (structure): Marka la fiirinayo qaabdhismeedka suuqa, waxa la fiiriyaa in suuqu yahay mid soo

koraya (emerging) iyo inkale. Waxa sidoo kale la fiiriyaa in uu yahay suuq si sahal ah loo geli karo loogana bixi karo iyo in uu yahay suuq xiran.

- **Faa'iidada** (profit margin). Marka la fiirinayo faa'iidada, waxa la fiiriyaa baaxadda maalgelinta loo baahan yahay, inta maalgelintu ku soo noqon karto iyo faa'iidada la heli karo.

Sawirka 5.1. *Sidee fikrad loogu beddelaa fursad*

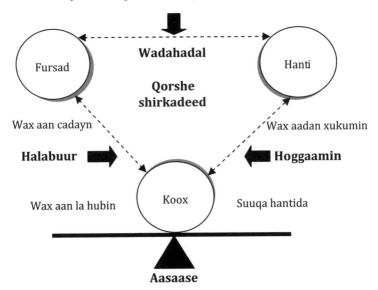

Source: *Timmons, J. A. (1999) New venture creation: antrabranoorship for the 21st century, Singapore: Irwin/McGraw Hill*

Dhinaca hantida, dad badan ayaa ku tegey fikrad khaldan oo tiraahda 'haddaan hanti heli lahaa, gaar ahaan lacag, waxan sameyn lahaa ganacsi taabbogal ah'. In waxa ugu horeeya ee laga fekero noqdo lacag waa khalad weyn oo dad badani ku dhacaan. Lacagi waxay timaaddaa marka la helo fursad, dabadeedna fursaddaas la horummariyo.

Waxa saddexaad oo loo baahan yahay si fikrad loogu beddelo fursad ayaa ah koox antrabranoor-o ah. Sidaan hore u soo sheegnay kooxda antrabranoor-adi ihi waa ka jaanis fiican yihiin halka antrabranoor. Kooxda waxaa laga rabaa in ay: leeyihiin khibrad isu dheelli tiran; in hankoodu sareeyo; in ay go'aan ka tahay ka miro dhalinta fikraddu; dulqaad ay u leeyihiin khataraha iyo waxyaabaha mugdigu ku jiro oo soo wajihi kara; hal-abuurnimo; la qabsi marxalad kasta oo soo wajahda iyo in ay noqdaan kuwo fursadi aysan dhaafin.

Ugu danbayn, waxa muhiim ah in saddexda shay (fursadda, hantida iyo kooxdu) la isu dheelli tiro. Waxa isu dheellitira saddexdaasna waa

91

aasaasaha. Marka qofka aasaasaha ahi waa in uu marwalba iswaydiiyo su'aalo ay ka mid yihiin: sidee ugu gudbaa wajiga 2aad? Fursaddu ma leedahay mustaqbal fog? Hantidu ma tahay middii saxda ahayd? Kooxdu ma leedahay xirfaddii iyo waaya'aragniamdii loo baahnaa? iwm. Sida kaliya ee uu jawaab buuxda ugu heli karo su'aalahasna waa in uu jiro qorshe shirkadeed dhamaystiran.

Waxyaabaha kale oo lagu qiimeeyo in fikradi leedahay fursad maalgelin waxa ka mid ah:

- Waa in ay jirto baahi la taaban karo oo loo qabo adeegga ama badeecadda. Sidoo kale waqtigu waa in uu yahay mid ku habboon. Waxa dhaca mar-mar in badeecadda ama adeegga oo sax ah, waqtiga oo khaldan aawadiis fikraddu yeelan waydo fursad maalgelin.
- Waa in ay jirto wax badeecadda/adeegu kaga fiican yahay badeecadda/adeegyada kale ee suuqa yaala.
- Waa in ay jirto fursad lagu dhalin karo faa'iido.
- Waa in qofka fikradda curinaya xirfad u leeyahay waxa uu curinayo. Waxa sidoo kale muhiim ah in qofkaasi dabooli karo baahida shirkadda.

Waxa mudan in lagula dardaarmo qof kasta, in uusan iska dhaadhicin in fikradiisu tahay mid biyo-kama-dhibcaan ah oo aan sinaba u khasaari karin. Ogow, suuqyada ganacsigu dad badan bay salka dhulka u dhigeen, dad kalena samaday u qaadeen, kii aad noqon lahayd, qadarta Eebe ka sokow, adigay kugu xiran rahay.

Sidee loo qiimeeyaa fursadda?

"Entrepreneurs need to think big. You are going to end up exhausted in building a company. So you might as well end up exhausted and rich"
Patricia Cloherty

Si loo ogaado fursadda maalgelin ee fikradi leedahay, waxa badanaa la sameeyaa qorshe lagu qiimaynayo fikradda. Qorshahaas, oo aad uga duwan 'qoshe ganacsiyeedka' waa mid kooban oo si fiican u falanqaynaga fursadda maalgelin ee fikraddaasi leedahay. Qorshahaasi wuxuu ka kooban yahay:

- Sharraxaad lagu sameeyo badeecadda ama adeegga;
- Qiimayn lagu sameeyo fursadda;
- Qiimayn lagu sameeyo antrabranoor-ka iyo kooxda la shaqaynaysa;
- Waxyaabaha loo baahan yahay si fursadda loogu beddelo ganacsi shaqaynaya oo taabbogal ah; iyo
- Hantida maalgelin ee loo baahan yahay

Marka la qiimaynayo fursadaha waxa la fiiriyaa 7 walaxood. Walaxkastana waxa la fiiriyaa in ay fursadda ka dhigayso mid fiican iyo inkale. Todobadaas walxood waxay kala yihiin: suuqa (market), dhaqaalaha (economics), miro-goosashadda (harvest), waxa fikraddu kaga fiican tahay fikradaha kale (competitive advantage), maammulka (management), arrimo la xiriira qofka (personal criteria), iyo ka duwanaanshaha istaraatiijiga ah.

Suuqa: Fursadaha fiican waxay daaha ka rogaan suuq daboolnaa. Suuqaas waxa uu leeyahay macaamiil diyaar ah oo la gaari karo, mana jiraan summado (brand) waaweyn oo ka dhex muuqda suuqaas. Sidoo kale fursaddaasi waa mid cimri dheer; ugu yaraan inta maalgelintu ka soo noqonayso, faa'iido macquul ahna laga guranayo. Sidoo kale waa suuq aan isu dheellitirnayn ama hadda madaxa la soo kacaya (emerging); baaxaddiisu ballaaran tahay walina kobcaya. Waxa intaas wehelisa in ay macquul tahay in saami la taaban karo lagu yeesho suuqaas.

Dhaqaalaha: Fursadda fiican waa mid abuuri karta faa'iido la taaban karo. Tusaale ahaan, waqti yar ayay qaadataa in lagu daboolo kharashka ama lagu gaaro barta-is-bixinta (breakeven point); maalgeintii ku soo noqoto; lana soo saaro faa'iido joogto oo aan ka yarayn 15%. Dhinaca kale sida qaalibka ah fursadahaasi waxay u baahan yihiin maalgelin yar ama dhexdhexaad ah.

Miro-goosashadda (harvest): Fursadaha fiicani waxay qiimo dheeri ah u yeelaan suuqa oo dhan, gaar ahaan badeecadda/adeegyada kale ee ay isku summada yihiin. Waana kuwo markii la doonno mirohooda la goosan karo (la iska gadi karo).

Waxa aad ku fiican tahay (competitive advantage): Fursadaha fiicani waa kuwo caan ku ah hallaabad[14] hoose (low cost) dhinaca soo saarka, suuqgeynta iyo kala qaybinta (distribution). Furasadahaasi waxay awoodi karaan in ay xaddiddaan cidda suuqa soo gelaysa iyo cidda ka baxaysa.

Maammulka: Fursadaha fiicani waxay u baahan yihiin maammul awood badan oo caan ku ah xirfad iyo waaya'aragnimo. Waxay sumcad ku leeyihiin suuqooda dhexdiisa. Waxa intaas weheliya in maammulkaasi caan ku yahay ammaano, mujtamac dhexdiisana ay ku leeyihiin magac iyo maamuus.

Arrimaha la xiriira qofka: In fursadda iyo hadafka antrabranoor-ka aad isugu dhowyihiin ayaa lagu tilmaamaa furaha fursadda. Fursadaha noocaas ah khatartoodu aad bay u hoosaysaa waana kuwo qof kasta ku hamminayo in uu gacanta mar uun ku dhigo. Qofkaasi waa in uu noqdo qof u dhabar adaygi kara khatar iyo culays.

Ka duwanaansho: Fikradaha fiican waa mid ku habboon islana beddeli karta waqtiga iyo tiknoolojiyada.

---

14 Hallaabadu waa xaddiga lacagta ah ee la bixiyo marka walax ama shay la soo gato. Xuseen (1997)

Waxaa sidoo kale jira moodeel ka kooban 5 tallaabo oo antrabranoor-ku ku kala ogaan karo fursadaha mustaqbalka fiican leh iyo kuwa aan lahayn:

1. **Qiimee fursadaha**: si aad u qiimayso fursadaha waxa muhiim ah in aad taqaano fursaduhu siday u abuurmaan iyo waxyaabaha abuura fursadaha. Waxyaabaha fursdaha abuura waxa ka mid ah isbeddel ku dhaca: tiknoolojiyada, dhaqaalaha ama tirada dadka. Waxa sidoo kale muhiim ah in la xisaabiyo dhibta ka dhalanaysa haddii la doorto ama la dooran waayo fursaddaas (opportunity cost) iyo khataraha ku lammaansan fursaddaas.

2. **Baaritaan**: wajiga labaad waa in baaritaan buuxa lagu sameeyo baahida fursaddu shaaca ka qaaday. Baaritaankaas oo loogu yeero suuq-baaris waxan kaga hadlaynaa cutubka suuqgeynta.

3. **Qorshe samee**: iyadoo laga duulayo wixii ka soo baxay baaritaanka ayaa qorshe buuxa oo la xiriira sidii fursaddaas looga faa'iidaysan lahaa la sameeyaa.

4. **Meelee hantida loo baahan yahay**: si loo hirgeliyo qorshaha looga faa'iidaysanayo fursaddaas, waxa muhiim ah in la meeleeyo: hantida maaliyadeed; xirfadaha loo baahan yahay; iyo shabakadii wax laga soo gadan lahaa, waxna laga sii gadi lahaa.

5. **Hirgelinta fursadda**: marka la soo gaaro wajigaan waxa maalgelin buuxda lagu sameeyaa shaqaalaha, nidaamka hawlmaamleedka iyo tiknoolojiyada.

Iyadoo la adeegsanayo moodeelka sare ee ka kooban shanta waji ayaa is bar-bar dhig lagu samayn karaa noocyada fursadaha kala duwan. Waxa tusaale ahaan la fiirin karaa in fursaddu tahay mid xoog badan iyo mid tabar-daran. Fursadaha xoogga badani waa fursado leh macaamiil diyaarsan oo la gaari karo; cimriga badeecadda/adeegu dheer yahay; baaxadda suuqu ballaaran tahay; koboca suuqu fiican yahay; faa'iidada suganina ka sarayso 30%.

Fursadaha mucjisada ah

Waxa jira dad yar oo leh awood ay ku ikhtiraacaan fursado aan kuwo la mid ah horey loo arag. Tusaale ahaan, waxa la yiraahdaa Frederick Smith, markuu helayey fikradda Federal Express, wuxuu sawirtay shabakad diyaarado, gawaari iyo shaqaale ah oo 24 saac gudohood warqadaha iyo xamuulka fudud ku gaarsiin kara meel kasta oo caalamka ka mid ah. Mr Smith, oo da'diisu ahayd 25 jir, waxa uu isu keenay lacag gaaraysa $70 milyan sanadkii 1970-kii si uu u xaqiijiyo fikradiisii.

Dadka Smith oo kale ahi aad ayay u yar-yihiin, laakiin waa laga heli karaa mujtamac kasta, waana la heli karaa waqti kasta. Mid ka mid ah hibooyinka Ilaahay dadkaas siiyey ayaa ah in ay arki karaan baahida macaamiisha. Badanaa baahida ay arkaan waa baahi dadka caadiga ahi aysan arki karin. Fursadahaasi waxay marmar la xiriiraan tiknoolojiyo ama nidaam ka duwan nidaamyada jira oo dhan.

Dadka abuura fursadaha noocaas oo kale ahi waxay u baahan yihiin: hanti, xiriir (contacts), iyo magac iyo sumcad mujtamaca dhexdiisa si ay u gadaan fikaradooda. Haddaan ku hormarno hantida, fursadaha mucjisada ihi waxay badanaa u baahan yihiin maalgelin aad u ballaaran si ay: u horummariyaan tiknoolojiyo cusub, ama wax uga beddelaan tiknoolojiyo jirta; u helaan hanti ma guurto ah oo aad u ballaaran; sare ugu qaadaan aqoonta iyo fahanka macaamiisha; u daboolaan khasaaraha inta wax kasta isku aadayaan. Si ay u helaan maalgelintaas ballaaran waa in ay muujiyaan in ay dhalin doonaan faa'iido ballaaran. Si ay u muujiyaan in ay dhalin doonaan faa'iido badan waa in waa in ay sameeyaan daraasad ballaaran iyo qorshe baaxadiisu sarrayso.

Si fursadaha mucjisada ahi meel u gaaraan waxa muhiim ah in aasaasuhu: kala fahmi karo fursadaha mustaqbalka leh iyo kuwa aan lahayn; dulqaad u leeyahay khatarta iyo walaaca; caan ku yahay hiraal, mintidnimo iyo burji.

Lifaaq

Su'aalo iswaydiintoodu muhiim tahay si loo hubiyo fikradda:

Su'aalo aasaasi ah:
1. Badeecadda/adeegu ma yahay wax shaqynaya?
2. Mase yihiin wax laga shaqaysan karo dhanka sharciga?

Waxa fikraddu ku fiican tahay (competitive advantage):
1. Ma jiraan wax la taaban karo oo badeecadda/adeegu kaga fiican badeecadooyinka/adeegyada kele ee suuqa yaala?
2. Sharikaadka hore suuqa ugu jiray oo badeecaddaan/adeegyadaan ka ganacsada maxay ku fiican yihiin?
3. Sharikaadka hore suuqa ugu jiray, maxay jawaab celin bixinayaan marka aan suuqa soo dhigo badeecadda/adeegga cusub?
4. Sidee baan isaga caabin doonaa tartanka?

Macaamiisha:
1. Yay noqon doonaan macaamiishu?
2. Mid kasta intee buu gadan doonaa, tiradooduse waa intee?
3. Xaggee macaamiishaas saldhig u ah, sideese loo gaarsiin doonaa badeecadda/adeegga?

Suuqgeynta:
1. Intee le'ekaan doontaa miisaaniyadda suuqgeyntu?
2. Saamiga shirkaddu ku leedahay suuqa intee le'ekaan doonaa?
3. Yaa iibka isu taagi doona?
4. Sidee qiimaha loo goyn doonaa? Sideese ka noqon doonaa kuwa tartamayaasha?
5. Sidee lagu xulan doonaa meesha saldhiga noqon doonta (location)?
6. Waddadee la marayaa si badeecada loo gaarsiiyo macaamiisha (jumladle, tafaariiqle, wakiil, toos)?

95

7. Intee buu noqon doonaa iibku, goormeese la gaari doonaa iibkaas?
8. Intaan ganacsiga la bilaabin, dalab ma la heli karaa, intee buuse le'ekaan doonaa?

Soo saaritaanka badeecadda/adeegga:
1. Ma innagaa soo saari doona, mise cid kale ayaa inoo samayn doonta badeecadda/adeegga?
2. Waxyaabaha loo baahan yahay si loo soo saaro badeecadda/adeegga ma lagu heli karaa qiime munaasib ah?
3. Waqti intee le'eg ayaa badeecadda/adeegga lagu gaarsiinayaa macaamiisha?
4. Helitaanka dhismo/guri loo isticmaalo soo saarka (premises)?
5. Xir-xirida warshadda (plant set-up), dayactirkeedda, caymiska iwm, side loo xallinayaa?
6. Sidee tayada loo hubinayaa?
7. Wixii ceeb ah oo badeecaddu la timaaddo sida waxa la soo celiyo, side loo xallinayaa?
8. Sidee loo maaraynayaa waxyaabaha ay ka midka yihiin qashinka (weste, spolage and scrap)?

Shaqaalaynta:
1. Sidee lagu ogaanayaa xirfadaha waax kasta oo shirkadda ka mid ihi u baahan tahay?
2. Yaa la shaqaalaynayaa, goorma, yaase shaqaalaynaya?
3. La taliye (advisor) ma loo baahanayaa, haddii loo baahdose side lagu helayaa?
4. Haddii dad muhiim ah shaqada ka tagaan sidee lagu helayaa ciddii beddeli lahayd?

Kontoroolka:
1. Kontrool noocee ah baa loo baahanayaa, dukuminti noocee ah ayaase loo baahan yahay in la ururiyo si loo wajaho kontroolkaas?

Lacagta lagu bilaabayo hawsha
1. Lacag intee le'eg ayaa loo baahan yahay si badeecadda/adeegga loo soo bandhigo?
2. Lacag intee le'eg ayaa loo baahan yahay si hawsha oo dhan loo yagleelo?
3. Lacag intee le'eg ayaa loo baahan yahay si hawsha loo wado (working capital)?
4. Xaggee lacagahaasi ka imaan doonaan? Haddii intaas ka badan loo baahdose, maxaa la yeeli doonaa?
5. Marka la saadaalinayo lacagaha soo xeroon doona, sidee loo odorasayaa?
6. Faa'iido intee le'eg ayaa soo xeroon doonta marka loo fiiriyo sharikaadka aynigeedda ah?
7. Dadka maalgeliyaasha goorma iyo side maalgelintoodii u heli doonaan?

Cutubka

Qorshe Ganacsi (Business Plan)

"Those who fail to plan, plan to fail"
George Hewell

"If you want to plan for a year, sow seeds, for ten, plant threes, and for a lifetime develop men"
Xikmad Shiinays ah

"In preparring for battle I have always found that plans are useless, but planning is indispensable"
- Dwight D. Eisenhower

In kastoo dadka bilaaba ganacsiyada cusubi badanaa ogyihiin ahmiyadda qorshaha ganacsiga, haddana badankoodu ma sameeyaan qorshe. Asbaabuhu waxay rabaan ha noqdeen, laakiin cirib danbeedku waa isku mid: sharikaadka aan lahayn qorshe ganacsi oo qoran badanaa waxay ku danbeeyaan fashil.

Cutubkan oo qaadaadhigaya qorshe-ganacsiga, waxa uu ka kooban yahay laba qaybood. Qaybta hore waxay muuqaal ka bixinaysaa qorshaha ganacsigu. Qaybta labaad waxay ka hadlaysaa hilinka loo maro samaynta qorshe ganacsiga iyo muuqaalka qorshe ganacsiga.

Markaad akhridid cutubkaan waxaad:

- Si fiican u fahmi doontaa: goorta la qoro qorshe ganacsiga, cidda qorta iyo ujeeddooyinka loo qoro.
- Muuqaal fiican ka qaadan doontaa hilinka la maro marka la qorayo qorshe ganacsiga.
- Isha ka buuxsan doontaa muuqaalka uu leeyahay qorshe ganacsigu.
- Wax ka ogaan doontaa Soomaalida iyo qorshe ganacsiga.

Waa maxay qorshe ganacsi?

"Before everything else, getting ready is the secret of success"
Henry Ford

Qorshaha ganacsiga, oo lagu daro tallaabooyinka ugu muhiimsan ee antrabranoor-adu qaadaan markay bilaabayaan shirkad ganacsi oo cusub, wuxuu antrabranoorka u fududeeyaa in uu sawir fiican ka qaato muuqaalka shirkadda ee mustaqbalka. Qorshahaas oo toosh ku ifiya dhibaatooyinka soo foodsaari doona shirkadda, ujeeddadiisu waa sidii dhibaatooyinkaas tirada loogu sii darsadan lahaa.

Qorshaha ganacsigu waxa uu la mid yahay khariidad: khariidadaasi waxay tilmaantaa riyada iyo rajada ku dhiirri gelisay qofka antrabranoor-ka ah in uu ku fekero bilaabidda ganacsiga. Maaddaama aan qorshaha ku tilmaanay khariidad, waa in khariidadu si qeexan u muujiso: meesha aad hadda joogtid; meesha aad u socotid; iyo sida aad rabto in aad ku gaarto meesha aad u socotid. Waxa sidoo kale muhiim ah in qorshahaagu iftiimiyo caqabadaha kaa hor imaan kara iyo sida aad rabtid in aad uga gudubtid caqabadahaas.

Haddii la soo ururiyo, waxa la oran karaa, qorshaha ganacsigu waxa uu qabtaa saddex shaqo:

1. Wuxuu qaadaadhigaa waddadii aad mari lahayd;
2. Wuxuu iftiimiyaa sidii aad u mari lahayd;
3. Wuxuu nal ku ifiyaa waxyaabaha aad la kulmi kartid iyo sidaad uga gudbi lahayd.

Sida, qofka aan garanayn meesha uu u socdo, uu ula kulmi karo dhibaatooyin aan la soo koobi karin, ayaa shirkaadka aan lahayn qorshe dhamaystirana ula kulmaan dhibaatooyin aan la soo koobi karin oo fashil ugu horeeyo. Arrintaas waxa daaha ka rogtay daraasad uu dhowaan sameeyey Mancuso (2004). Daraasaddaasi waxay muujisay in wax ka badan 50% sharikaadka yar-yar ee waddanka Maraykanku u fashilmaan asbaabo la xiriira qorshe la'aan. Rag kale oo Sullivan (2006) ka mid yahay waxayba qorshaha ganacsiga ku daraan asbaabaha guusha tooda ugu muhiimsan. Kinsella et al. (1993) waxay iyana iftiimiyeen in wax ka badan 70% sharikaadka sameeya koboc aad u fiican ay leeyihiin qorshe ganacsi oo buuxa. Porter (1980) wuxuu qorshaha ku tilmaamaa waxa kaliya ee u sahla shirkaddaha si ay u gaaraan himilooyinkooda. Max iyo Majluf (1984) waxay iyana qorshaha ku tilmaammaan aaladda kaliya ee lagu qiimayn karo himilooyinka fog ee shirkadda. Wildavsky (1973) isagu wuxuuba gaarsiiyaa heer uu qorshaha ku daro nidaamyada maammul kuwooda ugu fiican.

Sida ka muuqata sawirka hoose, dhowr jeerba waa la sameeyaa qorshe ganacsi: Marka la bilaabayo ganacsi cusub, marka la gadanayo ganacsi shaqaynaya, marka dib loo fiirinayo ganacsi shaqaynaya, iyo marka go'aamo muhiim ah la gaarayo. Saddex kooxood ayaana badanaa ka faa'iida qorshaha ganacsiga: Maammulka, Milkiilaha iyo Maalgeliyayaasha.

Sawirka 6.1. *ujeeddada qorshaha ganacsiga*

Dhinaca maammulka, qorshaha ganacsigu wuxuu:
- Xayaabo tir ku sameeyaa fikradda ganacsiga;
- Toosh ku ifiyaa waxyaabaha aan la ogayn ee carqalad ku noqon kara mustaqbalka shirkadda;
- Talooyin ka bixiyaa marka la samaynayo kooxaha ama waaxaha kala duwan ee ganacsiga.

Dhinaca milkiilaha, qorshaha ganacsigu wuxuu:
- Qiimayn ku sameeyaa macquulnimda ganacsiga;
- Saldhig u noqdaa dejinta iyo xaqiijinta himilooyinka;
- Qayb weyn ka qaataa xisaabinta maalgelinta loo baahan yahay.

Dhinaca maalgeliyayaasha, qorshuhu wuxuu:
- Qiimeeyaa khatarta ka dhalan karta haddii la maalgeliyo fikradda ama shirkadda;
- Sidoo kale qiimayn ku sameeyaa maammulka shirkadda si loo ogaado heerkooda xirfadeed, aqooneed iyo waaya'aragnimo.

99

Faa'iidooyinka qorshe-ganacsiga

"It is better to know some of the questions than all of the answers"
James Thurber

Sida aan sare ku xusnay, qorshe-ganacsigu wuxuu falanqeeyaa dhammaan dhinacyada kala duwan ee shirkadda. Waxa uu sidoo kale iftiimiyaa qaabkii looga gudbi lahaa caqabadaha ka hor imaan kara ganacsiga. Sidaas aawadeed ayaa waxa qorshe-ganacsiga loogu yeeraa furaha guusha. Intaas oo kaliya kuma koobna ee sidoo kale qorshuhu wuxuu yareeyaa fashilka, siiba in lagu deg-dego ganacsi aan laga baaraandegin. Faa'iidooyinka qorshe-ganacsiyeedka waxa kale oo ka mid ah:

1. Wuxuu sare u qaadaa aqoonta la xiriirta shirkadda iyo suuqeedda.
2. Wuxuu xaddidaa waxa la qabanayo si loo gaaro himilooyinka.
3. Wuxuu ka caawiyaa sidii loo heli lahaa maalgelin.
4. Wuxuu dadka ka badbaadiyaa in lacag lagu shubo god (in la maalgelyo ganacsi aan maalgelin u qalmin).
5. Waa bilow fiican haddii la rabo in lagaala taliyo fikraddaada ganacsi.
6. Wuxuu daaha ka rogi karaa godad qarsoon oo haddii lagu dhaco aan laga soo bixi karin.

Waxa daraasado badani xaqiijiyeen in qofka ugu horeeya ee ka faa'iida qorshaha-ganacsigu yahay milkiilaha ganacsiga. Dadka aan waxba ka faa'iidin waa dadka ka codsada in loo qoro qorshaha. Inkastoo ay habboon tahay in talooyin iyo la talin labadaba la baadigoobo, haddana waxa la ishaaraa in ay fiican tahay in milkiiluhu noqdo qofka shukaanta u haya qoraalka qorshe-ganacsiga, ee uusan kursiga gadaale fariisan.

Hilinka qorshe-ganacsiga

'There are no good plans, but good planning processes'
Peters (1991)

Sidaan sare ku xusnay qorshaha ganacsigu wuxuu la mid yahay khariidad ama maab. Tusaale ahaan haddaad joogtid magaalo (A) una socotid magaalo kale (B), ugu horayn waa in aad khariidada ka hesho ama ka aragtid magaalada aad joogto. Tallaabada xigta waa in aad aragtid magaalagada aad u socotid, marka saddexaadna aad qorshaysid sidii aad ku gaari lahayd magaaladaas.

Qorshaha shirkaddu wax weyn kama duwana hilinkaas aan sare ku magacawnay. Sida ka muuqata sawirka hoose, hilinka la raaco wuxuu ka kooban yahay saddex tallaabo: (1) waxa la fahmaa meesha la joogo; (2) waxaa la go'aansadaa meesha loo socdo; (3) waxaa la sameeyaa qorshihii lagu gaarsi lahaa meeshaas.

Sawirka 6.1 *Hilinka samaynta qorshe ganacsi*

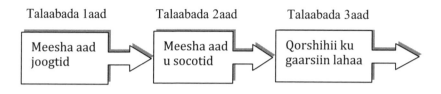

Tallaabada 1aad: Meesha aad joogtid

Sidaan sare ku soo xusnay, tallaabada 1aad ee qorshe shirkadeeddku, waa in la fahmo meesha la joogo. Marka laga hadlayo meesha la taagan yahay waxa loola jeeddaa:

- In aqoon fiican loo leeyahay, si fiicanna loo fahansan yahay badeecadda/adeegga aad rabto in aad ka ganacsato amaba aad ka ganacsatid haddaad tahay shirkad jirta. Waxa sidoo kale muhiim ah in la fahmo in laga fiican yahay, lala mid yahay ama laga liito tan tartamayaasha. Haddii laga fiican yahay, waxa muhiim ah in la yaqaanno waxa lagaga fiican yahay tartamayaasha (competitive advantage).
- In aqoon dhamaystiran loo leeyahay macaamiisha. Tusaale ahaan waa in la yaqaanno waxa ku kalifaya in ay wax kaa gataan oo ka gadan waayaan tartamayaasha. Haddaad tahay shirkad shaqaynaysa waxa muhiim ah in aad ogaatid in macaamiishaadu ku qanacsan yihiin adeegyada iyo badeecadda labadaba.
- In aqoon fiican loo leeyahay waxa shirkaddaadu ku fiican tahay (strengths) iyo waxa ay ku liidato (weaknesses). Waxa iyana muhiim ah in si fiican loo fahansan yahay asbaabaha shirkadda gaarsiinaya guusha (success factors).
- Ugu danbayn, waa in la yaqaanno fursadaha iyo khataraha ka jira sayladda laga ganacsado. Mid ka mid ah arimahaas oo badanaa la fududaysto ayaa ah in la fahansanyahay isbeddellada ku dhacaya dhaqaalaha, siyaasadda, bulshadda, dhaqanka, shuruucda, bay'adda, tiknoolojiyada, iyo sida ay isbeddelladaasi saamayn ugu yeelanayaan shirkaddaada iyo sayladda aad ka ganacsato labadaba.

Sida ka muuqda sawirka kore, waxa muhiim ah in la falanqeeyo hawlaha u baahan in la xalliyo. Hawlahaasi waxay noqon karaan kuwo la xiriira maaraynta hantida, suuqgeynta, maaliyadda, shaqaalaha, iwm. Marka hawlahaas si fiican loo falanqeeyo, waxa xiga in la jeex-jeexo qorshihii lagu xallin lahaa hawlahaas. Shaxda kore ayaa sawir fiican ka bixinaysa qaabka

101

su'aalo la isaga waydiiyo hawlaha u baahan xalka iyo qaabka xalka loo soo dhiraandhiriyo.

Sawirka 6.2 *Hawlaha u baahan in la xalliyo*

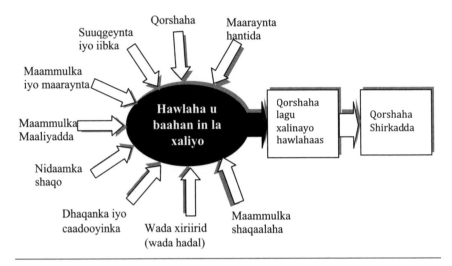

Shaxda 6.1 *Hawlaha iyo xalkooda*

Hawsha	Xalka
Suuqgeynta iyo iibka: Qaabka shaqo ma aha mid nidaamsan, qof walba waxa uu qabtaa wixii maskaxdiisa ku soo dhaca	Qorshahaaga ku caddee hawsha iyo mas'uuliyadda qof kasta, dabadeedna kormeer joogto ah ku samee. Ugu danbayn qof walba waa in uu mas'uul ka noqdo wixii ceeb ah ee ka yimaada mas'uuliyadiisa.
Waxaa la dhaafi la'yahay meeshii wax laga bilaabay.	Qorshahaaga ku caddee suuqyada kale ee ay macquulka tahay in aad gasho, una samee himilooyin qeexan iyo qorshihii gelista suuqyadaas
Maammulka shaqaalaha: Waxa aad u hooseeya mooraalka shaqaalaha.	Sare u qaad xiriirka ka dhexeeya maammulka iyo shaqaalaha; shaqaalaha la socodsii qorshahaaga; waxaad abuurtaa nidaam dhiirrigelin sida lacag ama fasax qofkii qabta hawl fiican.
Maammulka maaliyadda: Kharashku aad buu u sareeyaa	Si fiican isha u mari kharashka shirkadda si aad ningaxa ugu dhuujiso meelaha debecsan
Wadahadal: Wadahadalka ka dhexeeya shaqaalaha iyo maammulku ma fiicna (aad buu u hooseeyaa)	Samee kulan joogto ah oo dhexmara shaqaalaha iyo maammulka; samee website ama jariidad bille ah.
Dhaqanka: Wadashaqaynta kuma fiicnin	Tababbar u fur maammulka sare; samee kulamo joogto ah; ammaan dadka ku fiican wadashaqaynta.

Tallaabada 2aad: Meesha aad u socotid

Inta aadan safarka bilaabin waa in aad taqaano meesha aad u socoto. Marka aan ka hadlayno meesha aad u socoto, waxan ula jeednaa:

- Waa in aad taqaano ujeeddooyinkaaga qofeed iyo kuwa shirkadda labadaba.
- Waa in aad leedahay himilooyin qeexan (specific objectives). Sidoo kale himilooyinku waa in ay noqdaan kuwo macquul ah, la gaari karo, waqti ciyamana leh. Himilooyinku waa mastarada lagu cabbiro in aad gaartay ahdaaftii iyo inkale.

Tallaabada 3aad: qorshihii lagu gaari lahaa meesha aad u socotid

Tallaabada saddexaad oo ah, in aad samaysid qorshihii aad ku gaari lahayd meesha aad u socoto, waa tallaabada ugu culayska badan. Waayo, si aad u gaartid meesha aad u socoto, waxad u baahan tahay in aad ogaato dhammaan waddooyinka macquulka ah ee ku geynaya meesha aad u socoto. Waxad sidoo kale u baahan tahay in aad ogaato wanaaga iyo ceebaha waddo kasta.

Sida kaliya ee lagu qorshayn karo in la gaaro meesha loo socodo waa in:

- La sameeyo istraatiijiyo ku gaarsiinaysa himilooyinkaaga iyo hiraalkaaga.
- La sameeyo qorshe suuqgeyn (marketing plan) oo dhamaystiran. Waa in sidoo kale qorshahaas ay ku cad yihiin waxa la gadayo, cidda laga gadayo iyo qaabka loo gadayo.
- La diyaariyo dhammaan warqadaha xisaabaadka maaliyadda: warqadda dakhliga, warqadda miisaanka iyo warqadda dhaq-dhaqaaqa lacagta.

Muuqaalka qorshe-ganacsiyeedka

Marka laga hadlayo muuqaalka qorshaha waxa muhiim ah in la fahmo in uusan jirin muuqaal xaddidan oo la isku waafaqsan yahay, waxase la isku waafaqsan yahay macluumaadka la rabo in ay ku xardhan yihiin qorshahaas. Baaxadda qorshuhu iyo muuqaalkiisuba waxay ku xiran yihiin ujeeddada loo qoray qorshaha, nooca shirkadda iyo baaxadda shirkadda. Siday rabto arrintu ha noqotee, waxa muhiim ah in qorshaha ganacsigu uu noqdo mid nidaamsan, dhamaystirana. Sida qaalibka ah qorshe-ganacsiyeedku wuxuu ka kooban yahay toban waaxood:

Dulmar (executive summary)

Dulmarku waa qaybta ugu muhiimsan qorshe-shirkadeedka. Muhimadda dulmarku waa in uu qofka akhrinaya ka dhaadhiciyo in ganacsigaani meel fog gaarayo. Dulmarku waa kooban yahay, kamana bato laba ama saddex bogg. Dulmarku wuxuu muuqaal ka bixiyaa shirkadda: sida ay u shaqayn doonto; nooca ay noqon doonto (sharci ahaan); ma waxay ahaan doontaa shirkad yar mise way kobci doonto; iwm. Marka la akhriyo dulmarka waa in sawir fiican laga qaato shirkadda.

Si dulmarku u noqdo mid xiisa geliya akhriyaha kuna khasba in uu akhriyo qorshaha intiisa kale, waa in uu ka jawaabo: magaca shirkadda; In shirkaddu hadda jirto iyo inkale; Meesha saldhig u noqon doonta; Sharci ahaan, qaabka shirkadda; Cidda gadanaysa badeecadda/adeegga shirkadda; inta maalgelin loo baahan yahay iyo inta dib loogu bixin doonno maalgelintaas; maammulka shirkadda iyo ku habboonaantooda in ay maammulaan shirkaddaas.

Muuqaalka ganacsiga aad gelayso

Qaybtani waxay si buuxda muuqaal uga bixisaa ganacsiga aad gelayso. Waxyaabaha la rabo in ay qaybtaan hoos yimaadaan waxa ka midh ah: hiraalka iyo himilooyinka shirkadda; tariikhda shirkadda; waxa shirkaddu ka shaqayso ama ka shaqayndoonto.

Marka aad ka hadlayso badeecadda ama adeegga shirkadda, waxa muhiim ah in muuqaal fiican laga bixiyo waxa badeecadu/adeegu kaga duwan yahay badeecadda/adeegyada kale ee suuqa yaala.

Suuqgeynta

Qaybtaani badanaa waxa loo qaybiyaa laba qaybdood: qaybta hore waxay qaadaa dhigtaa cilmibaaristii lagu sameeyey suuqa. Waxa muhiim ah in si fiican loo qeexo suuqa shirkaddu ka shaqayn doonto; baaxadiisa; isbeddellada ku dhacaya suuqaas; cidda ugu tug-tug roon suuqaas ama tartamayaasha; saamiga aad is leedahay waad ka heli doontaa.

Qaybta labaad waa qorshaha suuqgeynta. Qaybtaani waa in ay qaadaadhigto istaraatiijiyaddaada suuqgeynta, iibka, qaybinta, xayaysiinta, xiriirka aad la yeelan doonto macaamiisha, iwm. Waxa kale oo muhiim ah in aad koristaagtid sida aad ku samayn doonto faa'iido.

Saldhiga shirkadda

Waaxdani waa in ay qaadaadhigto meesha saldhig u noqonaysa shirkadda iyo waxa meeshaasi ku fiican tahay. Marka aad ka hadlayso waxa meeshaasi ku fiican tahay waa in aad koristaagtid waxyaabaha ay ka midka yihiin: canshuuraha, ijaarka, helitaanka shaqaale, u dhawaanshaha macaamiisha.

Maammulka shirkadda

Dadka qiimeeya qorshe-shirkadeedyadu qaarba waxbay awoodda saaraan. Anigu markaan qiimaynayo qorshe-ganacsi, waxa ugu horeeya ee aan eego waa maammulka. Waayo haddii maammulku uusan ahayn midkii saxa ahaa ee gaarsiin lahaa shirkadda hiraalkeedda iyo hadafyadeeda, waxa kale oo dhammi waa hal bacaad lagu lisay. Marka aan isha marinayo dadka maammulka waxan iswaydiiyaa su'aalo ay ka mid yihiin: aqoontooda ganacsiga, dadka ay yaqaaniin iyo in iyaga la yaqaanno iyo inkale. Waxa laga yaabaa in dad badani is waydiiyaan ahmiyadda ay leedahay in la yaqaanno iyo inkale. In la yaqaanno dadka maammulaya shirkadda cusub waxay leedahay ahmiyad ballaaran siiba xilliga Sharikaadku curdanka yihiin. Sharikaadka gaamuray kalsooni buuxda kuma qabaan shirkaadka yar-yar ee cusub. Mid ka mid ah waxyaabaha kalosiini abuuri kara waa aqoon loo leeyahay maammulka shirkadda. Aqoontaas ayaana saldhig looga dhigaa jaaniska iyo baaxadda dalabka xilliga hore ee shirkadda.

Marka laga hadlayo maammulka, waxa muuqaal laga bixiyaa dhammaan kooxda maammulka hadday noqon lahayd waaya'aragnimadooda ama xirfadooda maammul. Waxa iyana la ishaaraa mushahaarooyinka iyo gunooyinka kale ee ay helayaan. Intaas waxa weheliya in la iftiimiyo qaabka maammulku u ekaanayo (organisational chart). Haddaad leedahay gole guurto (board of directors), gole la-talin (advisory board) magacow waxyaabaha ay ku soo kordhinayaan shirkadda.

Saadaalinta maaliyadda shirkadda

Maaddaama maalgeliyayaashu si gooni ah qaybtaan isha uga dhex dusiyaan, waxa muhiim ah in la siiyo ahmiyad dheeraad ah. Saddex qaybood oo ka mid ah warqadaha xisaabaadku waa in ay meesha ka muuqdaan. Saddexdaas warqadood waxay kala yihiin: warqadda dakhliga (financial statement), warqadda miisaanka (balance sheet) iyo warqadda dhaq-dhaqaaqa lacagta (cash flow statement).

Waxa sidoo kale muhiim ah in si faahfaasan looga hadalo maalgelimaha loo baahan doonno, goorta loo baahan doonno iyo meesha ay ka imaanayaan. Waa in sidoo kale saadaalinta ay ka muuqdaan goorta maalgeliyayaashu lacagtooda helayaan iyo faa'iidada ay helayaan.

Mustaqbalka shirkadda

Qaybtaan waxay sawir ka bixisaa qaabka loo maammulayo shirkadda marka ay u gudubto wajiga 2aad. Wajiga koboca waxa uu leeyahay carqalado ka duwan carqaladaha Sharikaadku la kulmaan markay yihiin ugubka. Waxyaabaha qaybtani taabato waxa ka mid ah: maammulka shirkadda ee mustaqbalka; waddadii la mari lahaa hadday timaaddo in shirkadda la gado ama cid kale lagu wareejiyo.

Khataraha soo wajihi kara shirkadda

Waxa muhiim ah in toosh lagu ifiyo khataraha soo wajihi kara shirkadda inta aan cid kale farta ku fiiqin. Khatarahaasi waa fara badan yihiin waxayna ku xiran yihiin nooca shirkadda, waxanse ka magacaabi karnaa: tartan aan lagu talo gelin sida qiimaha oo aad loo dhimo oo ka yimaada tartamayaasha; suuqa oo isbeddel ku yimaado; kharashka wax soosaarka oo sare u kaca; isbeddel ku yimaada shuruucda. Muhimadda qaybtani waa in aad tustid in aad dareensan tahay khataraha imaan kara iyo sidii aad u wajihi lahayd.

Tallaabooyinka ay tahay in la qaado (milestone schedule)

Si aad u gaartid himilooyinkaaga waxa muhiim ah in aad qaadid tallaabooyin. Qaybtani waxay qaadaadhigaysaa tallaabooyinkaas aad qaadaysid iyo tallaabo kasta waqtiga la qabanayo.

Lifaaqyo

Lifaaqyadu waxay noqdaan dukumintiyo muhiim ah laakiin aan lagu darrin qaybaha aan sare ku soo xusnay. Waxyaabaha ka mid noqon kara waxa ka mid ah: Taariikh nololeedka maammulka (CV), magacyada dadka la taliyayaasha u ah shirkadda, heshiisyo hadday jiraan, iyo wax kasta oo sare u qaadaya muuqaalka iyo tayada qorshaha.

Waxyaabo loo baahan yahay in la xusuusnaado:

- Qorshaha shirkaddu ha noqdo mid kooban oo nidaamsan.
- Waa in uu noqdo mid awoodda saaraya mustaqbalka.
- Iska ilaali ka-bad-badin.
- Waxyaabaha khatarta ah si fiican u iftiimi.
- Waa in uu noqdo mid soo jiita qofka akhrinaya.

Qorshaha suuqgeynta

Casrigan oo caan ku ah, tartan baaxad ballaaran oo jiho kastana kaaga imaan kara, waxa muhiim ah in sharikaadka yar-yari awooddooda isugu geeyaan suuqgeynta. Waa in ay hubaan in suuqgeyntoodu shaqaynayso. Sida kaliya ee ay ku hubi karaana waa in: suuqgeyntu macaamiil cusub soo xerynayso; macaamiishii hore soo noq-noqonayaan; macaamiil kastana gadanayo wax badan. Qorshe suuqgeyn waxa uu shirkadda u fududaynayaa in ay gaarto ujeeddooyinka sare ku xusan.

Qorshaha suuqgeyntu waa in uu koobo dhammaan taatikooyinka (tactics) la samayn doonno si loo gaaro hadafyada iyo himilooyinka suuqgeynta.

Muhimadda qorshaha suuqgeynta

Qorshaha suuqgeyn wuxuu sharikaadka yar-yar ka dhigaa kuwo si fiican uga dhexmuuqan kara sayladaha ay ka ganacsadaan. Si ay uga dhexmuuqdaan sayladaha , sharikaadka yar-yari waa in ay sameeyaan suuqgeyn sax ah, una sameeyaan qaab sax ah.

Qorshaha suuqgeynta wuxuu sharikaadka yar-yar:

- Ka dhigaa kuwo laga sooci karo sharikaadka kale
- U fudideeyaa in ay fahmaan waxa suuqu ku xun yahay iyo waxa uu ku fiican yahay si ay u sameeyaan qorshe ku habboon.
- U abuuraa himilooyin iyo hiraal.
- Ka dhigaa kuwo u dhaqma qaab istaraatiiji ah.
- Ka dhigaa kuwo si cilmiyaysan u kala dhig-dhiga suuqa.
- Wuxuu yareeyaa khatarta ka dhalan karta wax aan qorshaha lagu darsan.
- U abuuraa mastarad ay ku cabbiraan heerka ay marayaan marka loo fiiriyo sharikaadka kale.
- Sare u qaada heerka maammul iyo hoggaamin ee maammulka sharikaadka.

Waaxaha qorshaha suuqgeynta

Inkastoo qorshe kasta leeyahay muuqaal gooni ah, haddana qorshayaasha wax ku oolka ihi waxay kor istaagaan dhammaan qodobada hoos ku qoran:

In la fahansan yahay sayladda iyo tartanka: Sharikaad badan ayaa iyagoon fahansanayn sayladda iyo tartanka suuqa soo dhiga badeeco ama adeeg. Sharikaadkaasi badanaa waxay la kulmaan fashil. Si looga badbaado fashilkaas waxa muhiim ah in la raadiyo macaamiil baahidooda aan la daboolin.

Qorshaha suuqgeyntu waa in uu soo bandhigo xog faah-faahsan oo la xiriirta macaamiisha shirkaddu yoolka ka dhigatay. Sidoo kale, waa in qorshuhu ka jawaabo su'aalo dhowr ah oo ay ka mid yihiin:

- Ma jiraan qaybo ka mid ah suuqa oo aan cidna daboolin?
- Qaybta aan dooranay ma tahay qayb baaxadeedu ballaaran tahay?
- Saami intee le'eg ayaan gacanta ku dhigaynaa?
- Tartanku waa sidee?
- Ma jiraa wax tartamayaashu ku liitaan oo aan ku fiican nahay?
- Maxay macaamiishu u gadanayaan badeecadeena (USP)?
- Waa maxay faa'iidada macaamiishu ka helayaan badeecadeena?

In la fahansan yahay macaamiisha la xushay (target customers): Inta aan la samayn qorshe suuqgeyn waa in si fiican loo yaqaan macaamiisha la xushay. Markaan leenahay aqoon, waxan ka hadlaynaa aqoon 100%. Tusaale ahaan: waa in la yaqaanno cidda ay yihiin; waxa ay baadi goobayaan iyo asbaabta ay waxaas u gataan.

In la doorto suuq gaar ah (niche market): Si suuq gaar ah wax looga gado waa in la yaqaanno dookha iyo dabeecadaha dadka la rabo in wax laga gado. Qorshaha suuqgeyntu waa in uu iftiimiyo asbaabta lagu doortay suuqaas iyo sida gacanta loogu dhigayo.

Farriinta loo dirayo macaamiisha: Marka la suntado macaamiishii wax laga gadi lahaa, waxa xiga in la doorto farriintii loo diri lahaa macaamiishaas. Farriintaasi waa in ay macaamiisha u bayaamiso faa'iidada laga helayo badeecaddooda/adeegyadooda, ayna ku dhiirrigeliso in ay ka mid noqdaan macaamiisha shirkadda.

Farriintaasi laba nooc mid bay noqotaa: farriin gaaban (elevator speech) ama farriin dhamaystiran. Noocay rabto ha noqtee farriintu waa in ay xanbaarsan tahay macluumaadka hoos ku qoran:

- Waa in ay sharraxdo dhibta haysata macaamiisha.
- Waa in ay ka dhaadhiciso macaamiisha in ay tahay lama huraan in dhibtaas si deg-deg ah loo xalliyo.
- Waa in ay sharraxdo asbaabta shirkaddaada ka dhigay shirkadda kaliya ee xallin karta dhibtaas.
- Waa in ay muujiso faa'iidooyinka laga helayo haddii la xalliyo dhibta.
- Waa in la soo bandhigo dad dhibtaas dhib la mid ahi haysay, isticmaalay xalka shirkaddaadu soo bandhigayso iyo faa'iidada ay ka heleen.
- Waa in ay sharraxdo hadday jiraan waxyaabo u baahan in la bayaamiyo sida qaabka lacagta loo bixinayo, dammaanad (guarantee), iwm.

In la xusho meeshii farriinta loo marin lahaa macaamiisha: Qodobkan oo caddeeya meesha farriinta loo marinayo macaamiisha waxaa lagu daraa qodobada ugu muhiimsan qorshaha suuqgeynta. Asbaabta loogu daro waxa ka mid ah, sharikaad badan ayaa isticmaala waddooyin khaldan markay farriin u dirayaan macamiishooda. Qaybtani waa in ay sidoo kale qeexdo qaabka iyo meesha laga heli karo badeecadda ama adeegyada.

Meelaha macaamiisha loo sii marsiin karo farriinta waxa ka mid ah: joornaalada (subaxlayaasha, asbuuclayaasha, billaha), TV-yada, raadiyayaasha, intarnedka (internet), warqadaha la siiyo macaamiisha (leaflets), wakiilada (agents). Waxa sidoo kale farriinta lagu soo bandhigi karaa derbiyada xayaysiimaha (displays).

In la xusho waddadii suuqa lagu geli lahaa (route to market): Waddada suuqa lagu gelayo waxay ku xiran tahay nooca badeecadda, suuqa la doortay iyo macaamiisha intaba. Waxa dhici kara in iyadoo laga duulayo arimahaas la xusho in: badeecadda lagu gado internet-ka, ama ay noqoto mid laga dalbado buugta dalabka; waxa kale oo dhici karta in ay noqoto mid wakiilo kaliyihi gadaan ama laga heli karo dukaan kasta.

Himilooyinka iibka iyo suuqgeynta: Himilooyinku waa in ay noqdaan kuwo macquul ah, la taaban karo, lana gaari karo. Himilooyinka iibka waxa loo kala jejebin karaa bil-bil. Himilooyinkaasi waxay noqon karaan: kuwo la xiriira caddad (volume) ama qiime (value), waxay sidoo kale noqon karaan kuwo la xiriira macaamiisha ama waddooyinka qaybinta (distribution channels).

Waxa kale oo iyana muhiim ah in marka la samaynayo himilooyinkaas, sidoo kale la sameeyo sidii loola socon lahaa in la gaaray himilooyinkaas. Marka la samaynayo nidaamka kantaroolka, waxa muhiim in la sameeyo nidaam lagu fur-furo waxa ka dhacaya suuqa, asbaabta himiladii la rabay loo gaaray ama loo gaari waayay, iwm.

Miisaaniyadda suuqgeynta: Qorshaha suuqgeyntu waa in lagu soo afjarmo miisaaniyadda loo qoondeeyey suuqgeynta si loo gaaro himilooyinka suuqgeynta. Sharikaadka cusub dhib ayay kala kulmaan marka ay samaynayaan miisaaniyaddaas, meesha sharikaadka hore u shaqaynayey hayaan xog dhamaystiran oo la xiriirta inta ay shirkadda ugu kacdo in ay hesho hal macaamiil oo dheeri ah.

Soomaalida iyo qorshaha ganacsiga

In kastoo qorshe-ganacsigu yahay wax da'weyn marka laga hadlayo ganacsiga, haddana daraasaddu waxay muujisay in uu yahay wax ku cusub Soomaalida. 39% horey uma maqal qorshe ganacsi; 75% aqoon la taaban karo uma laha qorshe ganacsiga; 99.99% ma laha qorshe ganacsi. Waxa naxdin iyo murugo leh marka aad la kulantid shirkad dhexe ama weyn oo aan lahayn qorshe ganacsi iyo qorshe suuqgeyn oo qoran, haddana aan ku tali jirin in ay qoraan qorshe ganacsi.

Daraasdani waxay kaloo muujisay in ay isku mid yihiin: sharikaadka ka furan waddanka guddihiisa iyo kuwa ka furan waddanka dibediisa; sharikaadka ay aasaaseen ama maammulaan dadka aqoonta sare iyo waaya'aragnimada leh iyo kuwa kale; iyo noocyada kala duwan ee Sharikaadku.

Xantoobada aqoonta la taaban karo u leh qorshe ganacsiga ama qorshaha suuqgeynta: waxay u badan yihiin dad waxbarashadoodu la xiriirto ganacsi, maammul ama xisaabaad; galbeedka ka soo qabtay shaqooyin xirfad u baahan; da'doodu u dhexayso 45-55 sano; kuna jira ganacsi kobociisu ka sareeyo 150% sanadkii.

Laba arrimood ayaa Soomaalida ka hortaagan in ay samaystaan qorshe ganacsi: aqoon daro iyo cabsi. Aqoon darada hore ayaan uga soo hadalnay, marka ku noqon mayno. Cabsidu waxay ku badan tahay laba kooxood: kooxda hore waa koox cabsi ka qabta in la helo sirtooda ganacsiga; kooxda labaadna waa koox cabsi ka qabta in wax ay qarrinayeen la ogaado oo danbi uga yimaado.

Cutubka

7aad

Bilaabista shirkad cusub

"The ladder of success must be set upon something solid
before you can start to climb"
Entrepreneur

The hardest thing in life to learn is which bridge to cross and
which bridge to burn"
*–**David Russell***

Afar waddo miduun ayaa shirkad ganacsi lagu bilaabi karaa: in qof ku biiro ganacsi qoys; in shirkad jirta ogolaansho laga qaato si loogu ganacsdo magaceeda (franchised business); in la shirkad cusub gunta laga unko; iyo in la gato shirkad shaqaynaysa. Sidoo kale ganacsigaas cusubi, afar muuqaal sharci (legal forms) miduun ayuu yeelan karaa: Geddisle (sole trader), shirkad (partnership), shirkad xuduud leh   (Ltd) iyo iskaashato (co-operatives).

Qaybta hore ee cutubkani waxay muuqaal ka bixinaysaa qaabka qof u bilaabi karo shirkad ganacsi oo cusub, meesha qaybta danbe ee cutubkaani ka hadlayso muuqaalada sharciga ee shirkaddaas cusubi yeelan karto.

Markaad akhridid cutubkaan waxaad:
- Awoodi doontaa in aad qiimayn cilmiyaysan ku samayso noocyada ganacsiga, siiba ganacsiga iibka ah.
- Si fiican u kala fahmi doontaa muuqaalada kala duwan ee ganacsiyadda.
- Si fiican u fahmi doontaa xiriirka ka dhexeeya noocyada iyo muuqaalada ganacsiga.

Bilaabista shirkad cusub

Afar waddo miduun ayaa lagu bilaabi karaa shirkad cusub: in shirkad cusub la yagleelo; in ganacsi qoys lagu biiro; in lagu shaqaysto magaca shirkad kale; iyo in la gato shirkad shaqaynaysa.

In shirkad cusub la yagleelo

"Two roads diverged in a wood, and I— I took the one less traveled by, And that has made all the difference."
- Robert Frost

Dhowr arrimood ayaa la tebiyaa in ay dadka ku kelifaan in ay ganacsi cusub yagleelaan. Dadka qaarkood waxay ishaaraan in ay arkeen fursad ka bannaan suuqa, halka qaarka kale ikhtiraacaan wax cusub. Si kastaba ha ahaatee, arrimo badan baa u baahan in la siiyo ahmiyad marka la yagleelayo shirkad ganacsi oo cusub. Mid ka mid ah waxan kaga soo hadalnay cutubkii hore, sida lagu helo fikradda looguna beddelo fursad shaqaynayasa. Labada kale oo muhiimka ah mid halkaan ayaan ku qaadaa dhigi doonaa, midda kalena cutubyada danbe. Midda aan meeshaan ku qaadaa dhigayno waa bilaabidda shirkadda ganacsiga (laga bilaabo marka la sameeyo iibka u horeeya ilaa laga gaaro marka shirkaddu lugeheedda ku istaagto).

Mid ka mid ah waxyaabaha muhiimka ah, dad badanina fududaystaan, ayaa la xiriirta sidii qiimayn ballaaran loo samayn lahaa inta aan ganacsiga albaabada loo furin. Sida ugu fiican oo loo sameeyaa qiimayntaasna waa in la iswaydiiyo su'aalo muhiimah oo ay ka mid yihiin:

1. Waxa aan rabo in aan ka ganacsado ma wax cusub baa mise waa wax hore u jiray? Mase yahay wax la diiwaan gelin karo si aan cid kale iiga garab samayn (patented)?
2. Ma la sameeyey xabad tijaabo ah (prototype)? mase la tijaabiyey? Haddii la tijaabiyey, maxay ku xun tahay (weak points)? Hadday tahay adeeg ma lagu tijaabiyey macaamiisha? Macaamiishuse ma isticmaali doonaan adeegga?
3. Badeecadda/adeegga ma lagu soo bandhigay meelaha bandhigyada badeecadaha (trade shows)? Haddii lagu bandhigay, maxaa lagala kulmay? Ma la sameeyey wax iib ah wali? Mase la diiwaangeliyey wax dalab ah wali?
4. Ma tahay wax si sahal ah macaamiishu u fahmi karaan?
5. Waa sidee muuqaalka guud ee suuqu? Qaybtee ayayse wajahaysaa?
6. Ma la sameeyey wax suuq-baaris ah? Intee baaxad ahaan suuqu le'eg yahay? Waa side koboca suuqu? Jihadee u socdaa (trends)? Waa intee cimriga badeecadda/adeegu (product life cycle)? Xawli intee le'eg ayaa suuqa lagu geli karaa (market penetration)? Ma jiraan wax xuuraan ah oo suuqa kaa soo gaaraya?

7. Sidee loo iibin doonaa, loona qaybin doonaa? Sidee loo gaarsiin doonaa macaamiisha (transported)?
8. Sidee loo samayn doonaa (made)? Imisa ayay ku kici doontaa?
9. Fikradda dad kale ma laga sii ijaari doonaa (licensed)?
10. Gacanta ma lagu hayaa xirfadihii loo baahnaa si ganacsiga cusubi u hawlgalo? Intee hanti loo baahanayaa?

Maaddaama la ogsoon yahay in waxyaabo badani saamayn ku yeelan karaan in shirkad cusubi meelfog gaarto iyo inkale, waxa muhiim ah in la magacaabo baaritaana lagu sameeyo waxyaabahaas saamaynta ku yeelan kara shirkadda. Sida ka muuqata sawirka hoose, waxyaabahaas waxa lagu soo koobaa shan walxood: farsamo (technical), suuqa (market), maaliyadd (financial), tartanka (competition), nidaamin (organisational).

Sawirka 6.1 *waxyaabaha saamaynta ku yeelan kara shirkadda cusub*

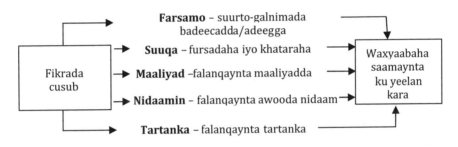

Waxyaabah ay muhiimka tahay in la kala dhig-dhigo (analyse) waxa ugu horeeya heerka farsamo ee badeecadda/adeegga. Marka la daraasaynayo heerka farsamo ee badeecadda waxa la fiiriyaa dhowr shay oo ay ka mid yihiin: muuqaalka shayga iyo soo jiidashadda shaygu soo jiidanayo macaamiisha; si sahal ah in loo isticmaali karo, si sahal ahna loola qabsan karo; jiritaanka ama cimriga waxyaabaha laga sameeyey; in si nabadgeliyo leh loo isticmaali karo; iyo in si isku mid ah loo isticmaali karo (standardization).

Marka la fiirinayo suuqa, waxyaabaha la fiiriyo waxa ka mid ah: in la sunto lana fahmo qaabdhaqanka macaamiisha; in la saadaaliyo saamiga suuqa lagu yeelanayo; in la tijaabiyo suuqa; iyo in la doorto nidaamkii suuqa lagu geli lahaa. Dhinaca maaliyadda, waxa la fiiriyaa hantida maaliyadeed ee loo baahan yahay iyo meelaha laga helayo. Maaliyaddaasi ha noqoto mid la daymanayo ama laga soo ururinayo maalgeliyayaasha. Dhinaca nidaamka, waxa la eegaa: baahida shaqaale iyo maammul xirfad iyo aqoon sare leh; waxa sidoo kale la xaddidaa mas'uuliyadda qof kasta ama ha noqdo maammul ama shaqaale.Ugu danbayn dhinaca tartanka, waxaa la eegaa:

tartamayaasha jira iyo baaxadooda; radificilka ay samayn karaan tartamayaashaasi; iyo tartamayaasha mustqablka imaan kara.

Ganacsi qoys (family business)

Ganacsiga qoysku qayb weyn ayuu ka yahay ganacsiga adduunka. Tusaale ahaan waxa la qiyaasaa in laba meelood ganacsiga ka jira adduunku yahay ganacsi qoys. Dhinaca Maraykanka iyo Yurub, tiradu waxayba sare u dhaafaysaa 80% (Flintoff, 2002). Inkastoo, baaxad ahaan, ganacsiga qoysku aad u ballaaran yahay, haddana waxa muuqata in aan wali wax weyn laga aqoon.

Marka laba qof oo isku qoys ah ay wada milkiyaan ama ka wada qayb qaataan ganacsi waxa loogu yeeraa ganacsi qoys. Ka wada qayb qaadashadu waxay yeelan kartaa wajiyo badan, sida in qofi ka shaqeeyo ganacsiga qof ay qaraabo dhow yihiin sida waalidkiis, walaalkiis ama xaaskiisa. Haddii ganacsi ka gudbo jiil una gudbo jiil kale, waxa sidoo kale loogu yeeraa ganacsi qoys.

> **Baaxada ganacsiga qoyska wadanka Maraykanka:**
> - 98% ganacsiga ka jira wadanka Maraykanka, waa ganacsi qoys.
> - Ganacsiyadaasi waxay shaqaaleeyaan 60% dadka ka shaqeeya wadankaas
> - 34% sharikaadka ugu waaweyn wadanka Maraykanka waa sharikaad qoys
> - Sharikaadka ugu magaca dhaadheer waxa ka mid ah: Wall-Mart, Ford, Mars Corporation, J.P. Morgans, Firestone

Inkastoo aysan jirin cid kor istaagtay, haddana waxa la isku raacsan yahay in ganacsiga qoysku ku fiican yahay waxyaabo badan. Leach (1996) wuxuu ku soo koobaa waxyaabaha ganacsiga qoysku ku fiican yahay:

1. Balanqaad: xiriirka adag ee ka dhexeeya xubnaha qoyska ee ganacsiga wada sameeyey ayaa waxay abuuraan in hawsha aan qofna lagu riixin oo qofwalba awooddiisa uusan waxba la kala harrin.
2. Aqoon: aqoontaas oo noqon kartaa mid la kala dhaxlo ama la isu gudbiyo waxay keentaa in ganacsiga qoysku yeesho waxyaabo uu kaga fiican yahay ganacsiyada kale.
3. Waa mid ku habboon duruufta qof kasta oo ka mid ah qoyska
4. Waxaa la samayn karaa qorshe dheer, tusaale ahaan in la kala dhaxlo
5. Wuxuu yeeshaa qaab dhaqan aad isugu dhow
6. Go'aan gaaris deg-deg ah
7. Dadka ka qayb qaata waa isku kalsoon yihiin, sidoo kale way ku qab weyn yihiin ganacsiga qoyska.

Maaddaama ganacsiga iyo qoysku yihiin laba hay'adood oo mid walba leeyahay ujeeddooyin iyo ahdaaf u gooni ah, badanaa loollan ayaa ka dhexeeya. Dadka ka tirsan ganacsiga qoyska mid walba waxa uu leeyahay aragti iyo dan u gooni ah. Dantaas iyo aragtiyahaas is khilaafsan waxay marmar abuuraan dhib baaxadeedu ballaaran tahay, maaraynteeduna adag tahay. Sida kaliya ee lagu maarayn karo arimahaasna waa in la helo nidaam maammul oo sare. John L. Ward, oo ah khabiir ku xeel dheer ganacsiga qoyska waxa uu soo jeediyaa nidaam maammul oo ku dayasho mudan oo ay ka mid yihiin:

1. Qaab feker istraateeji ah
2. In la soo jiito lana hantiyo maammul qoyska ka baxsan
3. In ganacsigu noqdo mid fur-furan hal-abuurna leh
4. In la diyaariyo qofkii beddeli lahaa hoggaanka shirkadda (successor planning)
5. In laga faa'iidaysto waxyaabaha khaaska ku ah ganacsiga qoyska.

Arrin xallinteedu adag tahay haddaan xilli hore la sii qorshayn, marmarna keenta in shirkaddu dhimato ayaa ah 'qofkii sii wadi lahaa shirkadda marka qofkii aasaasay hawlgab noqdo ama dhinto' (succession planning). Si looga badbaado jaahwareerka soo wajaha dad fara badan marka la soo gaaro xilligii ay hawsha ku wareejin lahaayeen qofkii sii wadi lahaa magaca reerka waxa muhiim ah in la maro nidaam talaabo talaabo ah:

- Xilliga ganacsigu bilowga yahay la **xusho** qof ka mid ah qoyska.
- Wajiga 2aad oo loogu yeero wajiga **tababrka**, Qofka loo qorsheeyey ayaa laga qayb geliyaa dhammaan kulamada muhiimka ah oo dhan si uu u fahmo qaaciddada ganacsiga (business model).
- **Hawl iyo hanti wadaag**: Marka la arko in qofkii fahmay ganacsiga hawshana lagu aammini karo, masuuliyada ayaa qayb lagu wareejiyaa, hadday macquul tahayna saami laga siiyaa shirkadda.
- **Mas'uuliyadda oo la wareejiyo**: marka la soo gaaro wejigaan waxaa dhammaan go'aamada muhiimka ah iyo hawl maalmeedkaba lagu wareejiyaa qofka shirkadda sii wadaya. Xilligan waxa uu ku dhammaadaa marka qofkii bilaabay hawsha ka fariisto.

Shirkad magaceeda lagu ganacsado (franchising)

Nidaamkan loogu yeero franchising, waa nidaam dhex mara laba dhinac. Dhinac waxa loogu yeeraa 'franchisee', halka dhinaca kale loogu yeero 'franchisor'. Kan danbe wuxuu xaddidaa nidaamkii kan hore ku shaqayn lahaa. Kan hore wuxuu furaa ganacsi cusub isaga oo isticmaalaya magaca, sumcadda, astaanta iyo badeecadda/adeegga kan danbe. Waxa labadooda dhex mara heshiis loogu yeero 'franchise contract' heshiiskaas ayaana qeexa xuquuqda iyo waajibaadka mid kasta.

Badanaa xiriir toos ah ma laha 'franchisee' iyo 'franchisor'. Waxa isku xira nin loogu yeero 'master licensee'. Qofkaasi waxa uu heshiis caqdi ah la leeyahay 'franchisor'-ka. Qofkaas ayaa u xil saaran in uu baadi goobo 'franchisee'. Badanaa shaqadoodu kuma eka oo kaliya in ay magacaaban 'franchisee'-ga ee waxa badanaa intaas weheliya in ay bixiyaan tababbar iyo talo bixin joogto ah.

Nidaamkan waxa uu yeelan karaa saddex waji miduun. Wajiga koowaad franchisor-ku waa soo saare (producer) waxana uu siiyaa ogolaansho jumladlaha oo kaliya. Tusaale ahaan Coca-Cola waxay ogolaansho siisaa shirkaddaha cabitaanka jumlo ahaan u gada oo kaliya.

Wajiga labaad, franchisor-ku waa jumladle, waxana uu siiyaa ogolaanshaha dukaamada waaweyn iyo bakhaaro khaas ah. Sharikaadka noocaan ah waxay aad ugu badan yihiin waddammada warshadaha leh. Waxa tusaale u noqon kara Ace Hardware (USA), Smart Machine (UK), iwm.

Nooca saddexaad oo ah nooca ugu badan, franchisor-ku waa soo saaraha (producer), waxana uu siiyaa ogolaanshaha tafaariiqleyda. Waxa tusaale u ah meelaha laga gato shidaalka, sharikaadka gada gawaarida, makhaayadaha lagu gado cuntooyinka la qaadan karo sida McDonald iwm.

Waxyaabo badan ayuu ganacsiga noocaan ihi kaga fiican yahay ganacsiyada kale:

- Waxa ugu muhiimsan ee la isla waafaqsan yahay waa in ganacsiga aad gelaysid yahay ganacsi suuqa hore ugu jiray, la tijaabiyey lana xaqiijiyey in uu shaqaynayo, jaaniska kicitaankiisuna aad u yar yahay.
- Waxad isticmaalaysaa magac iyo sumcad jirta oo la yaqaan lehna macaamiil daacad ah oo ku xiran.
- Waxa kale oo iyana badanaa la xusaa helitaanka tababbar iyo tusaalayn joogto ah; taageero lacageed; iyo nidaam dhamaystiran oo diyaarsan.

Dhinaca kale waxa jira iimo ama ceebo loo tiiriyo ganacsiga noocaan oo kale ah. Waxana la xusaa: kharashka oo marmar aad u sareeya; jaaniska koboca oo aad u yar iyo xorriyada oo xaddidan.

In la iibsado ganacsi shaqaynaya

Saddex arrimood ayaa lagu soo ururiyaa asbaabaha ugu waaweyn ee dadku u gataan ganacsi shaqaynaya:

1. In la yareeyo khatarta ku dheehan bilaabista ganacsi cusub.
2. In la bilaabo ganacsi leh nidaam shaqo, xiriirna la leh macaamiil joogto ah.
3. In lagu helo ganacsi shaqaynaya lacag ka yar lacagtii lagu bilaabi lahaa ganacsi cusub.

Asbaabtu waxay rabto ha noqotee, inta aan ganacsiga la gadan waxa muhiim ah in la samayeeyo baaritaan dheer. Si baaritaan loo sameeyo, waa in la is waydiiyaa su'aalo ay ka mid yihiin:

- Waa maxay sababaha milkiiluhu ganacsiga isaga gadayo?

116

- Waa sidee xaaladda dhabta ah ee ganacsigu ku sugan yahay?
- Waa imisa hantida shirkaddu?
- Shaqaalaha shirkadda intee haraysa inteese tegaysa?
- Tartan noocee ah ayaa shirkaddu ku jirtaa?
- Xisaabaadka shirkaddu ma yihiin kuwa caafimaad qaba?

Milkiilayaashu waxay badanaa ku andacoodaan in ay gaancsiga isaga gadaan asbaabo macquul ah oo ay ka mid yihiin: jiro ama da'diisa oo waynaatay; in uu meel kale ganacsi ka furayo waqtina uusan u hayn midkaan; in uu shaqo cusub bilaabi doonno, iwm. Marna ma sheegaan in asbaabaha ay ganacsiga isaga gadayaan ka mid yihiin: khasaare soo wajahay ganacsiga; adeeg u gooni ahaa oo ay waayeen; ama koboca nooca ganacsiga ay ku jiraan oo yaraaday.

Si aad u ogaatid in milkiiluhu run sheegayo iyo in kale, waxa lama huraan ah in aad samaysid baaritaan. Waxyaabaha mudan in la baaro oo ka kooban su'aalaha sare ku taxan, qaar jawaabtooda waxad ka helaysaa waraaqaha shirkadda, qaar waxad ka helaysaa milkiilaha, qaar waxad ka helaysaa shaqaalaha, qaarna waxaad ku heli kartaa dadaal dheeri ah oo aad adigu samaysid oo kaliya.

Xisaabaadka shirkadda oo ka mid ah warqadaha ugu muhiimsan ee la baaro waxa la baaraa ilaa saddex sano (hadday macquul tahayna ka badan). Marka la baarayo xisaabaadka shirkadda waxa si dhab ah loo fiiriyaa:

- Faa'iidada shirkaddu ma kor bay u soctay sanadihii la soo dhaafay, ma hoos, mise waxay ahayd mid aan isbeddelayn;
- Ganacsigu ma sameeyey wax koboc ah, sidee buuse ka yahay marka loo fiiriyo sharikaadka la midka ah;
- Hantida ma guurtada ah qiimayntoodu sax ma yihiin;
- haddii dhismuhu ijaar yahay, ma la cusboonaysiin karaa ijaarka, mase jiraan wax shuruud ah;
- Waa sidee tartanka bay'adda ganacsigu ku yaalo; mase jirtaa fursad faa'iidada sare loogu qaadi karo;
- Waa sidee sumacada shirkaddu;
- Daymaha oo dhan si sax ah ma loo diwaan geliyey.

Haddii xisaabaadka shirkaddu yahay mid caafimaad qaba, waxa loo gudbaa wajiga labaad oo ah qiimaynta ganacsiga. Marka la qiimaynayo (valuation) ganacsiga, waxa la isticmaalaa dhowr nidaam oo ay ka mid yihiin: qiimaha buugga (book value); qiimaha lagu soo gadan karo hanti la mid ah hantida shirkadda (replacement value), qiimaha hantida loogu beddeli karo lacag cad (asset liquidation value), dakhligii soo geli jiray shirkadda xilliyadii la soo dhaafay (past earning) iyo lacagta soo gasha (cash-flow):

117

1. **Qiimaha buugga** (book value): marka la isticmaalayo nidaamkan, waxa laga duulaa qiimaha hantida shirkadda ee ku qoran buugta xisaabaadka. Tusaale ahaan haddii shirkaddu mashiin ku soo gadatay $25,000 sanadkii hore, cimriga mashiinkana lagu qiyaasay 5 sano, qiimaha mashiinku wuxuu hoos u dhacayaa $5,000 sanadkii, waa marka la isticmaalayo nidaamka baaliga toosan (straight-line depreciation). Qiimaha buuggu wuxuu markaas noqonayaa $20,000.
2. **Qiimayn ku salaysan qiimaha shirkaddu suuqa ka joogto** (market-based valuation): Qiimayntaan oo mar-mar loogu yeero qiimaha xaraashka (liquidation value) wuxuu fiiriyaa qiimaha sharikaadka la midka ah shirkaddaan oo kale lagu kala gato suuqa. Mid ka mid ah iimaha ama ceebaha nidaamkan ayaa ah adkaanta in la helo shirkad la mid ah shirkadda iibka ah.
3. **Qiimayn ku salaysan faa'iidada shirkadda** (earning-based): meesha nidaamyadii hore ama la fiirinayey qiimaha buugga ama qiimaha suuqa, nidaamkan waxa la fiiriyaa faa'iidada shirkadda soo geleysey sanadihii la soo dhaafay. In kastoo loo baahan yahay in la qiimeeyo hantida shirkadda sida guryaha, mashiinada iwm, haddana marka nidaamkan la isticmaalayo waxa ugu muhiimsan ee la fiiriyaa waa in shirkaddu faa'iido samaynaysay sanadihii la soo dhaafay iyo in kale.
4. **Qiimayn ku salaysan lacagta soo gasha shirkadda** (cash flow-based): nidaamkan waxa uu fiiriyaa qiimaha maanta ee lacagta shirkadda soo gelaya mustaqbalka (present value).

Nidaamkii la rabo ha la doortee, waxa muhiim ah in gatuhu is waydiiyo su'aasha ah, horta maxaad gadanaysaa? Ma waxaad gadanaysaa dhisme, bedeeco bakhaar ku jirta, qalab, sumcad, macaamiil joogto ah, iwm. Su'ashaas jawaabteedu qayb weyn bay ka qaadataa qaabka loo qiimaynayo iyo qiimaha la kala siisanyo ganacsiga labadaba.

Waxa iyana jira waxyaabo kale oo la fiiriyo marka la qiimeeynayo sharikaadka iibka ah. Waxyaabahaas waxa ka mid ah: Awoodda tartan ee shirkadda; suuqa shirkadda; qiimaha badeecadda; in ay jiraan heshiisyo shirkaddu ku jirtay oo ay adag tahay in laga baxo; ururada shaqaalaha iyo awooddooda; meesha shirkaddu ku taalo iyo waxyaabo kale oo badan.

Maaddaama waddooyinka lagu qiimeeyo iyo su'aalaha la is waydiiyo labaduba faro badan yihiin, waxa lama huraan ah in la helo qaacido (formula) fuduayn karta marka la qiimaynayo shirkad beec ah. Qaaciddadan hoos ku taala oo ka kooban 6 tallaabo ayaa ah qaaciddada ugu fudud qaacidooyinka lagu qiimeeyo sharikaadka.

1. Hel qiimaha hantida ama qiimaha suuqa ee dhammaan hantida shirkadda. Qiimahaas waxad ka jartaa wixii dayn ah ee shirkaddu cid ku leedahay ama iyada lagu leeyahay.
2. Xisaabi faa'iidada laga heli karaa lacagta lagu gadanayo shirkadda haddii wax kale lagu maalgeliyo.

3. Lacagtaas faa'iidada ah waxad ku dartaa, mushaharka qofka bilaabaya shirkaddu shaqaysan karo hadduu meel kale ka shaqeeyo. Marka la isku daro faa'iidada iyo mushaharka waxad helaysaa lacagta qofka soo geli karta haddii uusan ganacsigaas gadan.

4. Xisaabi faa'iidada sugan (faa'iida sugan waxa wali ku jira canshuurtii iyo mushaharkii milkiilaha). In la xisaabiyo faa'iidada sugan waa muhiim, waayo waxay gataha ku khasbaysaa in uu ka jawaabo su'aasha ah 'intee waqti le'eg ayaan ku heli doonaa maalgelinta aan sameeyey'.

5. Faa'iidada iyo mushaharka (2 iyo 3) waxaad ka jartaa faa'iidada sugan iyo mushaharka (4). Waxa ka soo baxa waa dakhliga dheerig ah ee laga heli karo haddii ganacsigaas la gato.

6. Waxaad xisaabisaa inta sano ee ay macquul tahay in la sameeyo dakhligaas dheeriga ah. Marka sanooyinka iyo dakhliga dheeriga ah la isku dhufto waxa kuu soo baxaya lacagta sadbursiga ah ee gatuhu bixin karo.

7. Qiimaha lagu gadan karo shirkadda = qiimaha xaraashka (1) + qiimaha hantida aan la taaban karin (6).

Tusaale: Axamdey oo shantii sano ee la soo dhaafay dareewal ka ahaa basaska ayaa waxa ka hor yimid shaqadii baska. Axmadey oo muddadadaas dhigay xoogaa lacag ah ayaa wuxuu arkay makhaayad iib ah. Isaga oo raacaya qaacidda sare ayuu Axmadey jeclaystay in uu xisaabiy qiimaha ay macquulka tahay in uu ku gato makhaayadaas.

Tusaale: Axmadey iyo Makhaayada Hillaac		
1. Qiimaha xaraashka ama hantida		£25,000
2. Faa'iidada uu ka heli karo lacagtaas hadduu meel kale ku maalgeliyo (10%)	£ 2,500	
3. Mushaharka uu hadda qaato	£15,000 £17,500	
4. Faa'iidada sugan	£30,000	
5. Dakhliga dheeriga ah	£12,500	
6. Qiimaha hantida aan la taaban Karin (intangibles) 5 x £12,500		£ 62,500
7. Qiimaha lagu gadan karo		£87,500

Haddaad fiiriso shaxda kore, waxad arkaysaa in labada arrimood ee Axmadey u furan kala yihiin: in uu lacagtiisa meel kale ku maalgashado shaqadiisana wato iyo in uu ganacsiga galo, ay faa'iido badan tahay in uu ganacsiga galo. Tusaale ahaan, meesha faa'iidada uu heli karo hadduu shaqadiisa ku sii jiro lacagta uu haystana maalgashado tahay £17,500, faa'iidada sugan ee ganacsigu waa £30,000.

Khaladaadka badanaa Soomalidu ku dhacaan, laakiin Axmadey ka badbaaday waxa ka mid ah:

- In aan laga fekerin qiimaha dhabta ah ee waxa la gadanayo ku fadhiyaan. Tusaale ahaan, makhaayad xaafad ku taala, qadiim ah, qalabka yaala qiimihiisu ma ka badan karaa £25,000? Waa su'aal muhiim ah.
- Axmadey wuxuu ka fekeray in makhaayadu soo saarto lacag ka badan lacagta uu heli karo hadduu shaqadiisa sii wato, lacagta uu haystana maalgelin ku sameeyo. Dadka inta badani iska daa in ay ka fekeraan faa'iidada ay ka heli lahaayeen lacagtoodee xataa wax mushahaar ah kama qaataan ganacsiga mudada hore oo dhan.
- Axmadey wuxuu xisaabiyey faa'iidada sugan ee ka soo geli karta ganacsiga. Waxa muhiim ah in faa'iidadaasi ka badan tahay faa'iidada aad ka heli karto maalgelinta iyo mushahaarka (2 + 3).

Marka qiimayntu dhamaato waxa bilaabma waji cusub oo loogu yeero waan-waan (negotiation). Marka la gelayo waan-waanta waxa muhiim ah in afar walxood la xusuusnaado: akhbaarta (information), waqtiga (time), cadaadis (pressure) iyo badiil (alternatives).

Akhbaarta ayaa lagu tilmaamaa walaxda ugu muhiimsan: waxqabadka shirkadda, tartanka, xaaladda suuqa, iyo jawaabo sugan oo la xiriira dhammaan su'aaluhu kale ee macquulka ah ayaa dhammaantood qayb weyn ka noqda go'aan gaarista. In kastoo akhbaarta intooda badan laga filayo qofka iska-gadaya ganacsiga, haddana waxa muhiim ah in ay jiraan waxyaabo lagu xaqiijin karo fayoobida akhbaarahaas.

> **Xusuusnow in:**
> - Aadan ku kalsoonaan warka iska gaduhu kuu sheegayo oo kaleiya. Isku day in aad wax kasta hesho isaga oo qoraal ah.
> - Waa muhiim in xisaabaadka qof xisaabiye ahi isha kula mariyo. Ogow xisaabaadka waa la khaldi karaa, waana la qurxin karaa si lagu qanciyo.
> - Baaritaan dheer samee inta waxa aad ku soo tiir iyo tacab beeshay lagaala wareegin. Haday macquul tahay la hadal sharikaadka alaabta u keena (suppliers), macaamiisha, shaqaalaha iwm.
> - Jawaab u raadi asbaabta milkiiluhu ganacsiga isaga gadayo.

Waqtigu sidoo kale waa walax muhiim ah oo wax weyn ka beddeli karta wadahadalka. Tusaale ahaan waxa dhici kara in iska gaduhu deg-degsan yahay adiguna aad tahay qofka kaleiya ee waan-waantu u socoto. Waxa sidoo kale dhici karta in uusan deg-degsanayn dad badan oo danaynaya ganacsiguna jiraan.

Cadaadis ka yimaada dhinacyada kale, sida in ay jiraan dad ganacsiga wax ku leh, ayaa isna wax weyn ka beddeli kara hannaanka wadahadalka iyo maxsuulka labadaba. Ugu danbayn baddiillada u furan qof kasta, sida in ay jiraan meelo kale oo gatuhu lacagta ku maalgelin karo ama dad kale oo diyaar u ah in ay gataan ganacsiga, ayaa iyana wax weyn ka beddeli kara hannaanka wadahadalka.

Si kastaba ha lugu qiimeeyee marka aad la wareegtid ganacsiga cusub, waxa muhiim ah in aad samaysid qorshe dhamaystiran. Inta aadan

120

qorshahaaga miiska soo saarrin waxa muhiim ah in ganacsigu uu sidiisii u socdo intii asbuucyo ah si aad u ogaatid sida hawshu u socoto. Haddii aad shaqaale iyo maammul dhaxashay waxa muhiim ah in maalinta koowaadba aad la kulantid dhammaantood si aad u dejisid inta aad wax kala ogaanaysid.

Muuqaalada ganacsiga

Noocuu rabo ha noqdee, ganacsiga cusubi, dhowr muuqaal, dhanka sharciga, mid uun buu yeelan karaa. Wuxuu noqon karaa gedisle (sole trader), shirko xudduud leh ama aan xudduud lahayn, iyo iskaashato.

Geddisle (sole trader)

Geddisluhu waa nooca ugu caansan uguna qadiimsan noocyada ganacsiga. Caanimadiisa waxa loo tiiriyaa arrimo ay ka mid yihiin: in loo samayn karaa si sahal ah; in uu yahay nidaam la bed-beddeli karo; in uu yahay raqiis. Inkastoo waddamadu kala shuruuc duwan yihiin, haddana waddammada galbeedka dhammaantood waxa waajib ah in aad hay'adda canshuurta iska diwaangelisid oo u sheegtid in aad bilowday ganacsi geddisle ah. Waddammada qaarkood waxa shahaadada aqoonsiga ku siin kara xafiisyada dawladda hoose.

Sawirka 6.2. *waxyaabaha gedisluhu ku fiican yahay iyo waxyaabaha uu ku xun yahay*

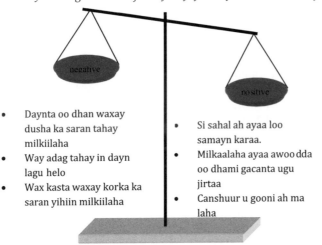

- Daynta oo dhan waxay dusha ka saran tahay milkiilaha
- Way adag tahay in dayn lagu helo
- Wax kasta waxay korka ka saran yihiin milkiilaha

- Si sahal ah ayaa loo samayn karaa.
- Milkaalaha ayaa awoodda oo dhami gacanta ugu jirtaa
- Canshuur u gooni ah ma laha

Dhinaca canshuuraha, geddisluhu ma laha canshuur gooni ah, waxa la canshuuro waa qofka iska leh ganacsiga. Taas micneheedu waxa weeye, dakhliga ka soo xerooda ganacsiga geddislaha ah waxa uu la mid yahay dakhli kaa soo gala shaqo (mushahaar), sida mushahaarka canshuurta looga

121

gooyo ayaa geddislaha waxa ka soo xeroodana canshuur looga goynayaa. Waxa intaas weheliya, milkiilaha ayaa mas'uul ka ah dushana u ridanaya wixii dhib ama dheef ka timaadda ganacsiga geddislaha ah, sida waxqabadka, faa'iidada, khasaaraha, iwm.

Sida ka muuqata sawirka kore, dhowr waxyaabood ayaa gedisluhu ku xun yahay: ugu horayn wixii dhib ah ee ku yimaada ganacsiga waxa u qoolan milkiilaha. Tusaale ahaan haddii dayn lagu yeesho ganacsiga, dayntaas waxay la mid tahay dayn lagu leeyahay qofka milkiilaha ah, waxana loo xaraashayaa hadduu wax hanti ma guurto ah leeyahay sida guri iwm. Marka labaad hay'adaha daynta bixiya badanaa deyn ma siiyaan geddislaha. Marka ganacsigaagu yahay geddisle, in dayn lagu siiyo iyo inkale kuma xirna ganacsiga ee waxay ku xiran tahay adiga naftaada. Midda saddexaad qofka bilaaba geddisluhu badanaa waa keligiis, taasina waxay keentaa in xirfadda maammulka iyo aqoonta intuba ku yaryihiin.

Shirko (partnership)

Keenadiid (1976)[15], shirko wuxuu ku tilmaamaa "dad dani ka dhexayso, leh heshiis u qoran, dhib iyo dheefna wadaaga". Haddaad u fiirsatid qeexista Keenadiid, waxad arkaysaa in shirko: (1) ka kooban tahay laba qof iyo wixii ka badan; (2) dan cayimani isu keentay; (3) ay leeyihiin heshiis qoran; (4) heshiiskaasina qeexayo sida ay dhibta (khasaare) iyo dheefta (faa'iido) u wadaagayaan.

Fuqahadda Diinta Islaamku, markay isticmaalaan weedha shirko laba mid uun bay ula jeedaan. 'Shirkat-ul-milk' iyo 'shirka-tul-caqdi'. Meesha nooca hore la xiriiro wada lahaanshaha hanti sida guri iwm, tan dabe waxay badanaa noqotaa wadalahaansho ganacsi, waxayna yeelataa laba muuqaal miduun: 'shirkat-ul-amwaal' ama 'shirkat-ul-camal'. Meesha nooca hore ka qayb-qaatayaashu dhammaan hanti ku darsadaan shirkadda, nooca danbe ka qayb-qaatayaashu waxay isu geeyaan xirfadooda. Nooca danbe waxa tusaale u noqon kara sharikaadka farsamo yaqaanada sida kuwa korontada ama xisaabaadka. Dhinaca waddanka Maraykanka (USA), qodobka 6aad ee sharciga shirkooyinka waxa uu shirko ugu yeeraa "isu imaanshaha laba qof ama wax ka badan si ay u wada yeeshaan ganacsi faa'iido dhalin kara".

Shirkaddu faa'iidooyin dhowr ah ayay leedahay marka loo fiiriyo geddislaha: maaddaama la isu keenayo maal iyo mood, waxaa macquul ah in la heli karo hanti ka badan tan geddisluhu heli karo; waxa sidoo kale la isu keenayaa aqoon, xirfado iyo waaya'aragnimo; haddii daruufi ku timaaddo mid ka mid ah shirkadda, intii kale ayaa hawhsii sii wadi karta.

Isu imaanshaha laba qof ama wax ka badan si ay u noqdaan shirko, waxa ka dhasha waajibaad iyo xuquuq. Tusaale ahaan, haddii mid ka mid ah dadka shirkadda ku jira uu saxeexo heshiis isagoo ku hadlaya magaca

---

[15] Keenadiid, Yaasiin C. (1976), Qaamuuska Af-Soomaaliga, Akadeemiyaha Dhaqanka, Muqdisho

shirkadda, wixii ka dhasha waxa mas'uuliyadeedu saran yahay qof kasta oo ka tirsan shariikadaas. Sidoo kale markii la isu keeno walxaha shirkaddu ka aasaasantay, walxahaasi ha noqdeen maal ama mood, way ka wareegaysaa milkigii qofkii hore u lahaa oo waxay ku wareegaysaa shirkadda. Waxa iyana muhiim ah in la sheego in qof kasta xaq u leeyahay in uu wax ka maammulo shirkadda, sida uu xaq ugu leeyahay in uu qaybtiisa ka qaato wixii faa'iido ama khasaare yimaada.

Sawirka 6.2. *waxyaabaha shirkaddu ku xuntahay iyo waxyaabaha ay ku fiican tahay*

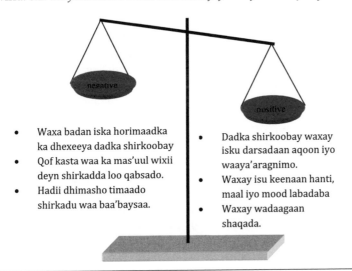

- Waxa badan iska horimaadka ka dhexeeya dadka shirkoobay
- Qof kasta waa ka mas'uul wixii deyn shirkadda loo qabsado.
- Hadii dhimasho timaado shirkadu waa baa'baysaa.

- Dadka shirkoobay waxay isku darsadaan aqoon iyo waaya'aragnimo.
- Waxay isu keenaan hanti, maal iyo mood labadaba
- Waxay wadaagaan shaqada.

Si shirko u noqoto mid waafaqsan qaanuunka waa in qoraal la sameeyo. Qoraalkaasina qeexo: magaca dadka shirkoobay; hawsha ay ku shirkoobeen; in shirkaddu tahay mid waqti leh iyo in kale; maalka iyo moodka la isu keenay iyo cidda keentay; mas'uuliyadda qof kasta; sida faa'iidada loo qaybsanayo; iyo waxa laga yeelayo hantida shirkadda haddii qof dhinto, qof ka baxo shirkadda ama shirkadda lakala diro.

Shirkad xudduud leh (limited company)

Si loo xalliyo dhibta ku imaan kara shirkadda aan xudduuda lahayn, waxa shirkadda laga dhigi karaa shirko xudduud leh (limited partnership). Shirkadda leh xudduudu waxay kulmisaa waxyaabaha ay ku fiican yihiin gedislahha iyo sharikaadka aan xudduuda lahayn. Mid ka mid ah waxyaabaha ay ku kala duwan yihiin shirko caam ah (general partnership) iyo shirko xudduud leh (limited partnership) marka laga soo tago in tan danbe laga diwaangeliyo xafiiska diwaangeliya sharikaadka, waxa weeye in maalgeliyuhu uusan mas'uul ka ahayn daymaha ama qaamaha loo raacdo shirkadda wax ka badan inta uu maalgashday.

123

Sida laga dhadhansanyo magaca, daymaha ama qaamaha loo qabsado sharikaadka noocaan ah waxa ay leeyihiin xudduud cayiman oo aan la dhaafi karin. Xudduudaasi waa intii aad malgashatay. Taas micneheedu waxa weeye intaas ka badan laguuma raacan karo haddii shirkadda qaan ama dayn loo qabsado.

Waxa ugu yar oo samayn kara sharikaadka noocaan ah waa laba saamile. Labada saamile midkood waa in uu noqdo agaasime (director), kan kalena xoghayn. Xoghayta waxa kale oo noqon qof aan wax saami ah ku lahayn shirkadda sida xisaabiye ama qareen. Sharikaadka noocaan ah, dhinaca qaanuunka, waxa loo tixgeliyaa in ay yihiin wax jira oo qaanuun ahaan wax loo qabsan karo, waxna cid u qabsan kara.

Marka laga soo tago xudduuda daymaha, waxyaabaha kale oo sharikaadkani ku fiican yihiin waxa ka mid ah: waxay leeyihiin nidaam maammul oo qeexan; haddii loo baahdo maalgelin dheeri ah waxay gadi karaan saamiyo si ay u helaan lacagtaas; way fududahay in lagu soo biiro; haddii dhimasho timaaddo ama midi ka baxo saamayn kuma yeelato shirkadda; wayna ka sumcad iyo magac fiican tahay geddislaha.

Haddaan fiirinno dhinaca waxyaabaha ay ku xunyihiin. Sharikaadka noocaan ahi: waxa looga baahan yahay in ay iska diiwaangeliyaan xafiiska diiwaangelinta u qaabilsan waddankaas (tusaale ahaan UK waxa loogu yeeraa Company House). Waana in ay sanad walba isbedeladda ku dhacaya saamiyada shirkadda iyo milkiilayaasha u diraan hay'adaas, hadday diri waayaana waxay la kulmayaan ganaax. Waxa sidoo kale khasab ah in ay xisaabxir u diraan hay'adda qaabilsan canshuuraha. Waxyaabaha kale oo iimaha ah oo ay sharikaadka noocaan ihi leeyihiin waxa iyana ka mid ah: macluumaadka shirkaddaas waa mid cid kasta arki karto oo aan sir ahayn.

Waxyaabaha shardiga ah oo la'aanteed sharikaadka noocaan ihi aysan samaysmi karin waxa ka mid ah: magac kuu gooni ah; ciwaan (address) lagaala soo xiriiro; saamileyda iyo saamiga lagu aasaasay; heshiiska iyo xeerka shirkadda.

Sharikaadka xudduuda leh kuwooda ka diwaangashan suuqa saamiyada (stock exchange), saamigoodana ciddii rabta gadan karto waxaa loogu yeeraa 'saamiwadaag' ama Public Limited Company (PLC). Inta aan shirkadd sheerarkeedda la keenin goobaha lagu kala gato saamiyada, shirkaddu waa in ay leedahay saamiyo, ugu yaraan 25% saamiyadaasna la gatay.

Iskaashato (cooperatives)

Iskaashato waa shirkad ay leeyihiin mas'uulna ka yihiin dadka ka shaqeeya. Sharikaadka noocaan ahi in kastoo ay hore u jiri jireen, haddana waxay ku soo bateen waddammada Galbeedka sanadihii la soo dhaafay. Tusaale ahaan, Boqortooyada Ingiriiska (UK), sharikaadka noocaas ihi waxa sanadkii ku darsama 20%. Asal ahaan sharikaadka noocaan ihi waxay ku badnaan jireen beeralayda, kadibna waxay ku faafeen wax soo saarka yar-yar. Xilliga maanta ah, nooc kasta oo ganacsi ah, waa uu noqon karaa iskaashato.

Dhinaca sharciga, aad ayay isugu dhowyihiin shuruucda sharikaadka noocaan ihi, tusaale ahaan Boqortooyada Ingiriiska (UK) waxa hagga sharciga loo yaqaan 'Provident Societies Act 1965'. Sharcigaasna waxa uu qorayaa in:

- Xubnuhu leeyihiin awood isku mid ah
- Xubinimadu u furan tahay qofkasta oo buuxiya shuruudaha xubinimadda
- Faa'iidada ama dib loogu maalgeliyo shirkadda ama loo qaybiyo xubnaha
- In xubin walba ka qaybqaadato hawlmaalmeedka shirkadda kana faa'iido ka qaybqaadashadda hawshaas

Dhinaca shuruucda wax weyn kama duwana sharikaadka xaddidan (limited companies), sida, in aan loo raacan karin qofna wax ka badan intuu ku maalgashadday haddii dayni timaaddo, in la iska rabo xisaab xir, iwm.

Soomaalida iyo bilaabista sharikaadka cusub

Daraasaddan oo kormar ku samaysay waddooyinka Soomaalidu qaadaan iyo muuqaalka ganacsiga ay xushaan markay bilaabayaan sharikaadka cusub, waxay bidhaamisay in:

- Farqi weyni u dhexeeyo wadooyinka ay qaadaan dadka ganacsiga ka bilaaba gudaha iyo kuwa ka bilaaba dibedda. Meesha ganacsiga gunta laga yagleelo iyo ganacsiga qoysku ku badan yahay guddaha, waddamada dibedda waxa aad ugu badan ganacsiga la kala gato.
- Ganacsiyadda qoysku ka faa'iido iyo koboc fiican yihiin marka loo fiiriyo noocyadda kale ee ganacsiga.
- In kastoo waddamada qaarkood, sida Kanada, 40% tafaariiqda ka furani yihiin franchising, haddana franchising aad ayuu ugu yaryahay Soomaalida dhexdeeda meelkasta ha joogeene.
- Dhinaca muuqaalka, gedislaha iyo shirkadu yihiin labada nooc ee ugu caansan.

Cutubka

8aad

Meerta noloþedka ganacsiga

"The strongest principle of growth lies in the human choice."
-George Eliot

Waxa la yiraahdaa ganacsigu waxa uu leeyahay meerto nololeed aan wax weyn ka duwanayn tan biniaadamka. Biniaadamku waa dhashaa, ka dibna waxa uu bilaabaa koritaan. Qofkii Ilaahay u qadaray waxa uu gaaraa qaangaarnimo, dabadeedna waxa uu bilaabaa in lixaadkiisa iyo awoodiisu hoos u dhacdo ilaa tii eebe uga timaaddo. Marka laga reebo midda ugu danbaysa, inta kale ganacsiga iyo dadku waa isi soo shabahaan.

Cutubkan oo ka kooban laba qaybood, qaybta hore waxay ka waramaysaa meerto nololeedka ganacsiga, qaybta danbena koboca sharikaadka.

Markaad akhridid cutubkaan waxaad:

- Si cilmiyaysan wax uga fahmi doontaa meerta nololeedka sharikaadka, badeecadaha iyo adeegyadda.
- Wax ka fahmi doontaa maraaxisha koboca, waxyaabaha hor istaaga iyo waxyaabaha ka qayb qaata.
- Muuqaal fiican ka qaadan doontaa qawaacida koboca sharikaadka.
- Sharaxaad u heli doontaa koboca sharikaadka Soomaalida.

Meerto nololeedka sharikaadka

Shirkad kastaa waxay leedahay waqti iyo meel ay ka bilaabmato. Sida wax kasta oo bilaabma u maro maraaxil, ayaa sharikaadkuna u maraan maraaxil. Waxa intaas wheliya in marxalad kasta wadato duruufteedda iyo baahideedda khaaska ah. Baahida sharikaadkuna hadba waxay ku xiran tahay meesha shirkaddu kaga jirto meerto nololeedka. Tusaale ahaan, Terpstra iyo Olson (1993) baaritaan ay ku sameeyeen xiriirka ka dhexeeya baahida iyo meerto nololeedka sharikaadka, waxay soo saareen in xilliga sharikaadku cusub yihiin baahidooda ugu weyni la xiriirto suuqgeynta iyo maaliyadda, halka maammulka iyo istaraateejiyadu tahay baahida ugu weyn ee soo foodsaara sharikaadka xilliga ay kobcayaan.

Sawirka 8.1. *Meerto nololeedka sharikaadka*

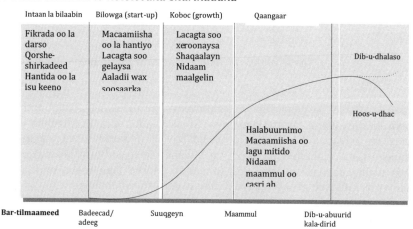

Source: *Charchil and Lewis, 1992*

Sida Charchil and Lewis (1992) soo bandhigaan, meerta nololeedka sharikaadku waxay maraan 5 marxaladood: bilowga horteed (prestart-up), bilowga, koboc, qaangaar iyo hoos-u-dhac ama dib-u-dhalasho.

Sida ka muuqata sawirka 8.1., milkiiluhu marba walax ayuu awoodda saaraa. Tusaale ahaan, inta aan la bilaabin, milkiiluhu wuxuu awooda saaraa in uu fikradda si fiican u darso, sameeyo qorshe shirkadeed, isuna keeno hantida loo baahan yahay. Xilliga bilowga, waxa ahmiyadda la siiyaa sidii macaamiil loo heli lahaa, shirkadda lacagi u soo geli lahayd (cash-flow), loona dhamaystiri lahaa aaladdaha wax soo saarka. Xilliga koboca waxa il-dheer loo yeeshaa lacagta soo xeroonaysa, helitaanka shaqaale xirfad iyo aqoon leh iyo maalgelin loo isticmaalo koboca.

Sidoo kale, shirkaddu xilliba walax ayay bar-tilmaameed ka dhigataa. Tusaale ahaan, xilliga aan wali hawsha la bilaabin (pre-start) ilaa

128

laga soo gaaro bilowga koboca, Sharikaadku waxay bartilmaameed ka dhigtaan badeecadda/adeegga. Xilligaas waxa la yiraahdo milkiiluhu indho kale oo aan ahayn badeecadda (product) shirkadiisu soo saarto ma laha. Xilliyada xigana waxa bar-tilmaameed laga dhigtaa suuqgeynta iyo maamulka.

Sida xaqiiqadu tahay, waqti isku mid ah kuma qaadato sharikaadka in ay ka gudbaan marxalad una gudbaan marxalad kale. Xilliga ay ku qaadatona wuxuu ku xiran yahay arrimo ay ka mid yihiin: nooca ganacsiga ee shirkaddu ku jirto iyo bay'adda shirkaddu ka hawl gasho. Waxa la arkaa in sharikaad badani dhintaan inta aysan soo gaarrin marxaladda koboca; qaar kale waxa u suuro gasha in ay madaxa la galaan marxaladda koboca laakiin asbaabo iskudhafan ayaan u suurto gelin in ay dhaafaan wajigaas. Sidaan sare ku soo xusnay, mid ka mid ah waxyaabaha ay ku kala duwan yihiin meerta nololeedka bani'aadamka iyo kan Sharikaadku waa marxaladda ugu danbaysa. Meesha sharikaadka ay u suuro geli karto in ay dib isu abaabulaan oo mar labaad koboc hor leh dhankiisa u bakhoolaan, bani'aadamka arrintaasi agtiisa kama suurtowdo.

Meerto nololeedka badeecadda/adeegga

Sida Sharikaadku u maraan meerto nololeed ayaa badeecadaha ama adeegyaduna u maraan meerto nololeed. Inkastoo muuqaal ahaan ay isi soo shabahaan, haddana way kala duwan yihiin labada meerto nololeed. Sida ka muuqata sawirka 8.2., meertada badeecadu/adeegyadu waxa lagu soo koobaa afar waji. Wajiga u horeeya, **cusaybka**, isteraatiijiyadu waa in macaamiishu ogaadaan badeecadda/adeegga cusub, laguna dhiirri geliyo sidii ay u tijaabin lahaayeen. Wajigaan waxa muhiim ah in macaamiisha la fahansiiyo faa'iidada badeecadda/adeegga. In badeecadda/adeegga markiiba suuqu aqbalo aadna samaysid koboc deg-deg ah waxay ku xiran tahay hadba inta badeecaddu/adeeggu ka duwan yahay kuwa suuqa hore u yaalay iyo hadba sida awoodda la saaro suuq gaar ah.

Wajiga labaad, **koboca**, isteraatiijiyadu waa in laga dhex muuqdo suuqa, macaamiil badana la kasbado, waayo wajigaan tartamayaal badan ayaa suuqa soo gala. Meesha wajigii hore lagu dhiirri gelinayey macaamiisha in ay tijaabiyaan badeecadda/adeegga, wajigaan waa in macaamiisha loo sharraxo waxa badeecaddani kaga fiican tahay badeecadaha kale ee suuqa yaala, i.e., tan tartamayaasha.

Wajiga saddexaad, **qaangaarka**, si suuqa looga dhexmuuqdo, macaamiil kugu filana loo helo, waa in sicirku noqdo mid la mid ah kuwa tartamayaasha. Sharikaadka raba in ay booskooda xirtaan waa in ay kantaroolaan kharashaadka. Si meertada ama cimriga shayga loo dheereeyo, wajigan isbeddelo badan ayaa lagu sameeyaa muuqaalka shayga.

Wajiga afraad, **hoos-u-dhaca**, sharikaad badan ayaa suuqa ka baxa ama joojiya soo saaritaanka badeecadda. Sharikaadka ku sii hara waxa macquul ah in ay waqti yar qiimaha sare u qaadi karaan maaddaama

129

tartankii aad u yaraaday. Goorta ugu habboon ee badeecaddaas suuqa laga saaro waxay u baahan tahay qiimayn xoog badan.

Sawirka 8.2. *Meerto nololeedka badeecadda/adeegyada*

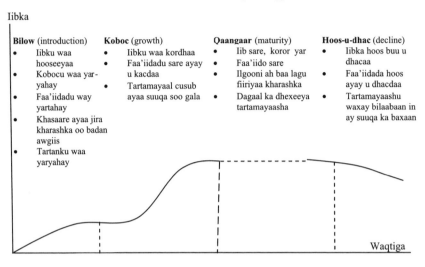

Iibka

Bilow (introduction)	**Koboc** (growth)	**Qaangaar** (maturity)	**Hoos-u-dhac** (decline)
• Iibku waa hooseeyaa	• Iibku waa kordhaa	• Iib sare, koror yar	• Iibka hoos buu u dhacaa
• Kobocu waa yar-yahay	• Faa'iidadu sare ayay u kacdaa	• Faa'iido sare	• Faa'iidada hoos ayay u dhacdaa
• Faa'iidadu way yartahay	• Tartamayaal cusub ayaa suuqa soo gala	• Ilgooni ah baa lagu fiiriyaa kharashka	• Tartamayaashu waxay bilaabaan in ay suuqa ka baxaan
• Khasaare ayaa jira kharashka oo badan awgiis		• Dagaal ka dhexeeya tartamayaasha	
• Tartanku waa yaryahay			

Waqtiga

Sawir kale oo sharraxa meerta nololeedka badeecadda looguna yeero 'shaxda Boston' ayaa la isticmaalaa marka shirkaddu ka ganacsato wax ka badan hal badeecad ama adeeg. Waxa sidoo kale la isticmaalaa haddii shirkaddu ka ganacsato suuqyo kala duwan.

'Shaxda Boston' dhinacna bidix waxa uu metelaa *'il-qabadnimadda suuqa'*, halka dhinaca hoose metalo *'tabarta suuqa'*. 'il-qabadnimadda suuqa' waxa lagu cabbiraa baaxadda, koboca, faa'iidada, tartanka, heerka sicirka iyo macaamiisha. Dhinaca kalena 'tabarta suuqa' waxa lagu cabbiraa saamiga suuqa, sumcada iyo muuqaalka, tirada macaamiisha iyo khibradda. Midkasta wuxuu noqon karaa ama *'heer sare'* ama *'heer hoose'*.

Xilliga bilowga, inkastoo ilqabadnimada suuqu sarayso, tabarta suuqu waa hoosaysaa. Xilligaas oo loogu magac daray **'dhiblow'** waa xilli aan deganayn, wax kastana la filan karo. Waxa la filan karaa fashil iyo hoos u dhac, waxa sidoo kale la filan karaa koboc. Haddii loo janjeersado dhinaca fashilka, isteraatiijayadu waxay noqotaa in la yareeyo kharashka, sare loo qaado wax soo saarka, haddii laga fursan waayana albaabada loo laabo badeecaddaas/adeeggaas. Dhinaca kale haddii il-qabadnimadu sarayso waxa markiiba cirka isku shareera iibka, badeecaddaasi/adeeggaasina waxay u gudubtaa koboc, waxayna noqotaa 'xiddig'. Marxaladdan waxa awoodda la saaraa in si fiican loo galo suuqa laguna fido degaamo cusub.

Mudo ka dib suuqii ahaa xiddigu waa qaangaaraa waxana uu isu beddelaa wax loogu yeero 'sac-irmaan'.

Sawirka 8.3. *Shaxda Boston*

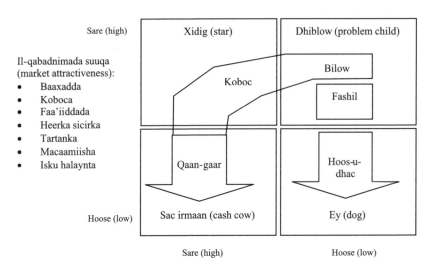

'Shaxda Boston' waxay fududaysaa in macluumaad isku dhafan si hufan oo la fahmi karo loo soo bandhigo, gaar ahaan marka la saadaalinayo goobtii la degi lahaa mustqabalka (future market position).

Sidoo kale, Shaxda Boston waxa isticmaala sharikaadka ku jira dhowr suuq ama ka ganacsada dhowr badeeco/adeeg.

- Ey (dog) waa badeeco saamigeeda suuqu yar yahay, koboca suuquna hooseeyo. Badeecada/adeega noocaas ihi ma soo saaraan lacag badan.
- Fadaq (problem child) waa badeeco saamigeeda suuqu hooseeyo, laakiin suuqeeduse aad u kobcayo. Badeecada noocaas ihi xiligaas waxay u baahan yihiin hanti maad iyo nool labadaba, wax soo saarkooduna waa hooseeyaa.

131

- Sac-irmaan (cash caw) waa badeeco saami weyn ku leh, suuq kobociisu yar yahay. Badeecadaasi waxay soo saartaa lacag aad uga badan midii lagu maalgeliyey.
- Xiddig (star) waa badeeco saami weyn ku leh suuq kobociisu sareeyo. Inkastoo ay dhaqaale badan shirkadda soo geliso, waxay u baahan tahay maalgelin xoog leh.

Ujeeddada sharikaadka ka shaqeeya saylado dhowr ah ama badeecooyin baddan u isticmaalaan shaxdaan waa in ay go'aan ka gaaraan badeecada ama adeegga u baahan in laga takhaluso (albaabada loo laabo) iyo kuwa u baahan in awoada la saaro (la sii xoojiyo). Tusaale ahaan, badeecada ah ey (dog) waxa badanaa la isku dayaa sidii looga takhalusi lahaa, meesha badeecadda ah sac-irmaan lagu mitido.

Koboca sharikaadka; side loo sharraxaa?

Inkastoo afartankii sano ee la soo dhaafay la darsayey sharikaadka yar-yar, haddana koboca sharikaadka yaryari waxa uu wali ku mid yahay waxyaabaha aan wali si cad loo sharrixi karin. Asbaabta ugu weyn waxaa loo tiiriyaa isbeddelka ku dhaca shirkaddaha marka ay kobcaan. Penrose (1959) isaga oo arrintaas sharraxaya wuxuu yiri:

> *"Muuqaalka Sharikaadku, siiba dhinaca maammulka, marka ay noqdaan shirkado waaweyn (kobcaan) aad ayuu uga duwan yahay marka ay ahaayeen shirkaddo yaryar. Sida ay u adagtahay in Diirdiir iyo Balanbaalis la isu barbar dhigo, ayay u adag tahay in la is barbar dhigo sharikaadka yaryar iyo kuwa waaweyn (marka ay kobcaan)"*

Scott iyo Bruce (1987) iyagoo ka duulaya tusaalaha Penrose ayay koboca shirkaddaha ka dhigeen maraaxil (stages). Maraaxishooda waxay ka bilaabmaan marxaladda bilaabidda (inception) waxayna ku dhameeyaan marxaladda qaangaarnimada (maturity). Marxalad kasta, isbeddel ayaa ku dhaca: doorka maammulaha (management role), hannaanka maammulka (management style) iyo muuqaalka shirkadda (organisational structure). Inkastoo modeelka Scott iyo Bruce sharraxay maraaxisha koboca sharikaadka, haddana marna ma saadaalin karo shirkaddaha kobcaya iyo kuwa aan kobcayn.

Stoney (1994) isagoo ka duulaya in Sharikaadku aysan marin maraaxil isku mid ah marka ay kobcayaan, aysana ku qaadan waqti isku mid ah marka ay ka gudbayaan marxalad una gudbayaan marxalad kale ayuu ku doodaa in koboca shirkaddu ku xiran yahay saddex shay. Saddexdaas shay wuxuu ugu yeeraa: antrabranoor-ka, shirkadda iyo istrateejiyada. Stoney wuxuu intaas raaciyaa in koboco ku xiran yahay hadba sida saddexdaas shay la isugu dheellitiro.

Sida ka muuqata shaxda hoose, sharikaadka kobcaya waxa ay ku xiran yihiin dabeecadda antrabranoorka, shirkadda iyo istaraateejiyada. Inkastoo aan hore uga soo hadalnay dabeecadaha antrabranoor-ka, haddana waxan arkaynaa in: waxa dhiirrigeliyey, xaaladda uu ku sugnaa, heerkiisa waxbarasho, waayo argnimo iyo xirfad, qoyska uu ka soo jeedo ay dhammaantood qayb weyn ka qaataan jaaniska koritaan ee shirkadeed. Sidoo kale waxaan arkaynaa in cimriga shirkadda, meesha ay ku taalo, baaxaddeeda iyo nooca lahaanshuhu ama kobciyaan ama horistaagaan shirkadda. Qaybta saddexaad oo ah isteraateejiyada oo leh muhimad gooni ah waxa lagu fahmi karaa marka la isweydiiyo su'aasha ah: anigoo ka duulaya dabeecadda antrabranoor-ka iyo muuqaalka shirkadda noocee maammul ayaa ka dhigaya shirkadda mid kobci karta.

Shaxda 8.1 waxyaabaha koboca shirkadduhu ku xiran yahay

Antrabranoor	Shirkadda (firm)	Istaraateejiyada (strategy)
Maxaa dhiirrigeliyey	Cimriga shirkadda	Tababbarka shaqaalaha
In uu shaqo la'aa iyo in kale	Meesha ay ku taalo	Tababbarka maammulka
Heerka waxbarasho	Baaxadda shirkadda (size)	Heerka teknoolojiyadda
Khibradda maammul	Lahaanshaha	Meesha ay kaga jirto suuqa
Tirada aasaasayaasha		Qorshaha
Taariikhda qoyska		Tartanka
Heerka tababbar		Macaamiisha
Da'da aasaasaha		Dhoofinta (export)
Khibradiisa hore ee gancsi		
Lab iyo dhedig		

Daraasado badan oo lugu sameeyey dabeecadaha antrabranoor-ka bilaabi kara shirkad kobci karta ayaa muujiyey in: waxa dhiirrigeliyey (motivation), heerka waxbarasho, khibradda maammul iyo tirada aasaasyaashu yihiin waxyaabah ugu muhiimsan. Dhinaca shirkadda waxa daraasado badani muujiyeen in meesha shirkaddu ku taalo iyo suuqa shirkaddu ka ganacsato yihiin labada wax ee ugu muhiimsan. Halka dhinaca istraatiijiyada daraasado badani bidhaamiyeen in: teknoolojiyadda, qorshaha, shaqaalaynta maammul iyo tababbaridooda iyo helitaanka talooyin (advice) yihiin waxyaabaha ugu muhiimsan.

Si kastaba ha noqotee waxan arkaynaa sida ka muuqatata sawirka hoose in saddex jiho mid uun koboc loo samayn karo.

Suuq cusub, badeeco jirta: marka loo kobcayo jihadaan, Sharikaadku badeecadii hore u jirtay ayay geeyaan suuqyo cusub. Suuqyadaas cusubi waxay noqon karaan suuqyo ay gebi ahaanba ku cusub yihiin, waxay sidoo kale noqon karaan suuqyo badeecadoodu si teelteel ah u taalay.

Suuq jira, badeeco cusub: sharikaadka qaar ayaa meeshay dhul cusub iyo macaamiil cusub baadigoobi lahaayeen badeeco cusub ku soo biiriya suuqoodii. Sharikaadka jihadaan u kobca waa kuwo aqoon fiican u leh rabitaanka macaamiisha iyo isbeddellada suuqa. Sharikaadka qaarkood waxay istaraatiijiyadaan u isticmaalaan si ay uga hortagaan tartan suuqa soo geli lahaa.

Sawirka 8.4 *jihooyinka koboca*

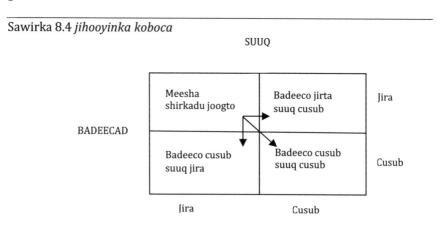

Badeeco cusub, suuq cusub: istaraatiijiyadda noocaan ah waxa badanaa isticmaala sharikaadka raba in ay tijaabiyaan badeecad cusub ama sharikaadka raba in aan looga hormarin suuq mustaqbal leh. Tusaale ahaan, sharikaad badan ayaa badeecooyin cusub ku bilaaba suuqyo cusub iyagoo aamminsan in suuqaasi leeyahay mustaqbal fog.

Maraaxisha koboca sharikaadka

Moodeelka Grainer

Grainer (1972) oo ahaa aqoonyahankii ugu horreeyey ee soo bandhigay maraaxisha koboca ayaa ku doodda in Sharikaadku u baahan yihiin istaraatiijiyad si ay uga gudbaan marxalad uguna gudbaan marxalad kale. Qaaciddada Grainer oo ah mid toos ah waxay ku doodaa in kobocu yahay mid isku xiriirsan oo tallaabo tallaabo ah.

Sida ka muuqata Modeelka Grainer, koboca Sharikaadku waxa uu maraa shan marxaladood. Marxalad kasta oo koboc waxa daba socota dhib (crisis). Haddii laga gudbi waayo dhibtaas, waxa adkaato in loo gudbo marxaladda ku xigta ee koboca. Waqtiga ay qaadato in laga gudbo marxalad oo loo gudbo marxalad kale waxay ku xiran tahay nooca shirkadda iyo suuqa shirkaddaas. Haddii suuqa shirkaddaasi yahay mid kobociisu fiican yahay, aminta u dhexaysa maraaxishu waa mid yar. Sidoo kale haddii

kobocu xun yahay amintu waxay noqotaa mid dheer. Isbeddelkasta waxa uu
u baahan yahay nooc maammul oo ka duwan noocii ka horreeyey. Sidoo kale
kacaankasta waxa uu la yimaadaa carqalad dhanka maammulka ah oo u
baahan in la wajaho.

Sawirka 8.4. *Modeelka Grainer ee koboca shirkaddaha*

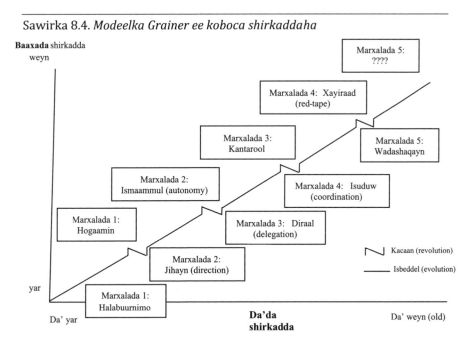

Source: Grainer (1972)

Hal-abuurnimo: Sida qaalibka ah, shirkadi waxay dhalataa marka qof haya
fikrad uu fikradiisa u beddelo adeeg ama badeecad. Haddii fikraddu noqoto
mid suuqa ka gadanta, shirkaddu way kobocdaa. Xilligan shirkaddu ugubka
tahay, qofkii fikradda lahaa, ahna lafdhabarta shirkadda, ayaa culayska
shirkadda oo dhan dhabarka u rita. Qofkaas waxa soo wajaha culays dhanka
hoggaaminta ah. Si loo maareeyo marxaladdaan hogaanku wuxuu u baahan
yahay aqoon iyo waaya'aragnimo dheeri ah oo la xiriirta siduu u u dhex
jibaaxi lahaa badweynta koboca, oo ah badweyn ay ka buuxaan bahalo aan u
naxariisan ciddaan sida loo dhex maro aqoon. Si looga gudbo marxaladdaan
waxa muhiim ah in la shaqaaleeyo hogaan sare oo aqoon iyo
waaya'aragnimo leh.

Jihayn: Marxaladdan, koboca waxa saldhig u ah hoggaaminta shirkadda.
Antrabranoor-ku waa in uu noqdo hoggaamiye gaari kara go'aano qaraar oo
ad-adag, shirkaddana jiheeya. Marxaladdaan oo shirkaddu kobocday, laamo
cusub ama badeecooyin cusubna yeelatay, waxa muhiim ah in hoggaankii

135

lagu dhisay marxaladda 1aad hawsha lala qaybsado. Sida kaliya ee hawsha lagula qaybsan karaana waa in la sameeyo nidaam mas'uuliyadda qaar ku wareejiya madaxda waaxaha kala duwan ee shirkadda. Si taas loo gaaro waa in dhammaan madaxda laamuhu leeyihiin aqoon iyo waaya'aragnimo ku filan, sidoo kale waa in uu jiro nidaam maammul oo qeexaya mas'uuliyadda qof kasta iyo qaabka loola xisaabtamayo.

Diraal: Marxaladdan oo antrabranoor-ku masuuliyadii uu qaar wareejiyey, wadashaqaynta isaga iyo maammulkuna aad u fiican yahay, waxa muhiim ah in maammulka iyo dadka la shaqaynaya dhammaantood is-diraan oo hawsha aysan cidna ku halayn. Marxaladdaan oo milkiiluhuna mas'iiliyadda intii badnayd wareejiyey si uu waqti ugu helo hawlaha muhiimka ah, dadka hawsha iyo mas'uuliyadda lagu wareejiyay waa in ay isdiraan. Mid ka mid ah dhibaha is-diristu wadato ayaa ah in badanaa kontaroolku lumo. Si shirkaddu ugu gudubto marxaladda afraad ee koboca waa in kontoroolka, siiba go'aan gaarista masiiriga ahi, ku jirto ganacanta hoggaanka shirkadda.

Isku-duw: Marxaladdan kobocu waxa uu ka yimaadaa iskuduwista maammulka iyo shaqaalaha. Marxaladdan shirkaddu waa ka kortay heerkii milkiile-maammulaha maaddaama ay leedahay nidaam maammul oo leh waddooyin maammul iyo mas'uuliyadeed. Marxaladdan waxa shirkadda ka hor yimaada dhibaato hor leh oo salka ku haysa shuruucda. Sida kaliya ee looga gudbi karo carqaladaan waa in shirkaddu la timaaddo nidaam qorshayn oo hal-abuurnimo ku salaysan.

Si looga gudbo caqabad kasta waxa lama huraan ah in antrabranoor-ku noqdo mid isla beddeli kara lana qabsan kara isbeddellada maraaxishaas. Jiritaanka maammul fiican, nidaam qeexan iyo dhaqan shirkadeed (organisational culture) fududaynaya koboca ayaa dhammaantood qayb ka qaadan karaan koboca.

Xiriirka ka dhexeeya koboca xirfadda maammulka iyo koboca shirkadda

Markasta oo shirkaddu ka gudubto marxalad una gudubto marxalad kale waxa isbeddela qaabka shaqo iyo mas'uuliyadda maammulka. Meesha uu xilliyadii hore antrabranoor-ku dhex taagnaa shirkadda faragelin joogto ahna ku hayey hawl maalmeedka shirkadda, marka shirkaddu kobocda maammulkiisu wuxuu isu beddelaa mid ku salaysan kormeer. Si antrabranoor-ku kormeer wax ku ool ah u sameeyo, waa in ay jiraan macluumaad baaxad ballaaran leh oo lagu kalsoonaan karo. Macluumaadkaas in kastoo ay noocyo badan yihiin saddex ayaa ugu muhiimsan: suuqgeynta, xisaabaadka maaliyadda iyo shaqaalaha. Muhimaddu ma aha in macluumaad la soo ururiyo, muhimaddu waa in macluumaadkaas la turjumo oo loo beddelo wax qabad (action).

136

Churchill iyo Lewis (1983) waxay koboca xirfadda ee maammulka ku daraan waxyaabaha ama dedejiya ama horistaaga koboca sharikaadka. Xirfadaha sida gaarka ah saamaynta ugu leh koboca, la'aantoodna shirkadi aysan koboc samayn karin waxa ka mid ah: maammulka, istraatiijiyada, hoggaaminta iyo hawlgalka. Waxa iyana muhiim ah in antrabranoorku yeesho fiiro istaraatiiji ah, meesha waagii hore uu lahaa fiiro hawl maalmeed ah.

Marka laga hadlayo baahida xirfadeed ee hoggaaminta waxa la yiraahdaa antrabranoor-ku waa in uu noqdo hoggaamiye dulqaad badan. Xirfadaha hoggaamin ee la'aantood aysan shirkaddu meel gaari karin waxa ka mid ah: samaynta hiraal iyo istraatiijiyo; gudbinta hiraalka iyo istaraatiijiyadda; samaynta dhaqan saalix u ah koritaan; iyo la socodka iyo il-kuhaynta hawlgalka shirkadda.

Waxyaabaha ka qaybqaata koboca sharikaadka

Sharikaadku iskama kobcaan. Walxo badan ayaa ama kobciya ama dib ugu celiya meeshii ay ka soo bilaabmeen. Walxahaasi waxa kale oo ay saamayn ku leeyihiin xawliga sharikaadku ku kobcaan. Sida ka muuqata sawirka hoose walxahaasi waxa ugu horeeya rabitaanka antrabranoor-ka. Antrabranoor-ada qaarna waxay himilo iyo hadaf ka dhigtaan sidii shirkaddoodu u kobci lahayd, qaarna waxay ku qancaan in ay meeshooda joogaan oo aanay wax koboc ah samayn. Qaarkale waxayba aamminsan yihiin in aysan kobci karin haddii shirkaddoodu aysan tiknoolojiyo lug ku lahayn.

Walxaha ka qaybqaata koboca sharikaadka waxa ka mid ah: dabeecadaha suuqa la suntaday (target market); nooca iyo baaxadda tartanka; heerka ikhtiraaca; jihada suuqu u socdo iyo aqbalaada shaqaalaha.

Sawirka 8.5 *walxaha ka qayb qaata koboca sharikaadka*

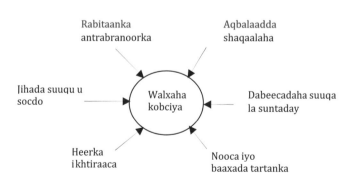

Koboca shirkadi samayn karo waxa sidoo kale xadidda awoodda gadahshadda (purchasing power) ee suuqaas la suntaday (target market). Haddii suuqaas awoodiisu xaddidan tahay, ha noqoto tirada macaamiisha ama awoodda gadashada, koboca shirkadi ka samayn karto suuqaas dhexdiisana waa xadidnaanayaa. Sida kaliya ee kobcoc ku imaan karo wuxuu noqonayaa in ama suuqaas bannaanka looga baxo ama wax laga beddelo badeecadii ama adeegii shirkaddaasi keeni jirtay suuqaas.

Sidoo kale, baaxadda tartanku saamayn xooggan ayay ku yeelataa koboca sharikaadka. Haddii baaxadda tartanku aad u ballaaran tahay, sida kaliya ee koboc ku imaan karo waa in awoodda la saaro sidii loo yeelan lahaa wax muuqda oo aad kaga fiican tahay sharikaadka kale (competitive advantage

Casrigan aan ku jirno oo loogu yeeraa casrigii macaamiisha, qofna ma inkiri karo ahmiyadda iyo awoodda macaamiisha. Shirkadii rabta in ay samayso koboc, waa in ay awoodda dul dhigto sidii ay ku hanan lahayd tiro macaamiil ah. In kastoo ay jiraan siyaabo badan oo la soo guuriyo oo Sharikaadku ku hanan karaan macaamiil ku filan, haddana waxa saldhig looga dhigaa in aad dhegaysatid macaamiisha. Si loo dhegaysto macaamiisha waa in:

1. La xusho macaamiil sax ah.
2. La ogaado waxa agtooda qiimaha ka leh
3. Dabadeedna awoodda la saaro in la muujiyo waxyaabahaas agtooda qiimaha ka leh.
4. Ugu danbayn waa in shirkadda oo dhammi noqoto mid caashaqsan macaamiisha, samaysana waxa macaamiisha agtooda qiimo ka leh oo kaliya, macaamiishuna arki karaan waxaas la samaynayo.

In kastoo ay jiraan habab badan oo lagu ogaan karo waxa macaamiisha agtooda qiimaha ka leh, haddana waxa aad loo ammaanaa hab shirkadda Toyota isticmaasho. Toyata waxay waydiisaa macaamiisheedda su'aalo midba mid u gudbayso ilaa ay ka ogaadaan waxa macaamiishu rabaan. Sida shaxda hoose muujinayso, ma aha in la maleeyo waxa macaamiisha agtooda qiimaha ka leh, ee waa in iyaga la waydiiyo.

Shirkadda	Macaamiisha
• Maxaad naga filanaysaa?	• Tayo dhamaystiran.
• Maxaad ula jeeddaa?	• In loo istaago sidii wixii dhib ah markiiba loo xallin lahaa.
• Waa maxay arrintaas micneheedu?	• In wixii dhib ah lagu xalliyo 24 saac gudohood.
• Maxaad ula jeeddaa xal?	
• Waa maxay arrintaas micneheedu?	• In ay jiraan farsamo yaqaanno khibrad leh oo xallin kara dhibta.
	• Waa in farsamo yaqaan iigu imaan karo goobta dhibtu ka dhacday.

138

Waxyaabaha horistaaga koboca (barriers to growth)

Sida ay u jiraan waxyaabo saacida ama fududeeya koboca ayay u jiraan waxyaabo horistaaga koboca. Waxyaabahaasi waxay noqon karaan kuwo run ah (actual) ama kuwo khiyaali ah (artificial). Meesha ay adagtahay in shirkadda laga horwareejiyo waxyaabaha runta ah, way fududahay in laga horwareejiyo waxyaabaha khiyaaliga ah. Waxa mararka qaarkood dhaca in waxyaabo shirkaddu u haysato in ay run ahaan u hortaagan yihiin ay khiyaale ahaan u hortaagan yihiin.

Waxyaabaha cilmibaarisyadu soo bandhigeen waxay ka kooban yihiin saddex: maammulka iyo waxa dhiirrigeliya; helitaanka hanti; fursadaha ka jira suuqa iyo muuqaalka suuqa. Tusaale ahaan, khibradda, xirfadda iyo aqoonta maammulka oo yar waxay horistaagaan kobocii shirkaddu samayn lahayd. Aqoonta, xirfadda iyo waaya'aragnimada maamaulka oo yar waxa ka dhalasha in maammulku isku dayaan in ay wax kasta qabtaan, meeshii ay adeegsan lahaayeen shaqaalaha (deligation). Arrintaasi waxay kaloo keentaa in maammulku fahmi waayaan isbeddellada ku dhacaya suuqa, siiba marka suuqu noqdo mid isku dhafan (complex).

Hantida oo yar, siiba lacag ku filan, shaqaale xirfad leh iyo tiknoolojiyo, waxay iyana keenaan in shirkadda koboceedu istaago. Dhinaca fursaddahu waxa uu badanaa la xiriiraa ku-biirista ama gadashada shirkado kale (merger and acquisition).

Sidee loo maareeyaa dhibaha (coping with crisis)

Markasta oo shirkaddu ka gudubto marxalad una gudubto marxalad kale waxay wajahdaa dhibaatooyin (crisis). Shirkadda oo kaliya kuma koobna dhibaatooyinkaas, waxa isna mawjado dhibaatooyin ah oo kuwaas aan ka yarayn dhex dabaasha antrabranoor-ka. Kakabadse (1983) oo hirarkaas ka dhigay saddex, wuxuu ku doodaa in antrabranoor-ku marxalad walba uu intii hore ka sii fiicnaado dhinaca hoggaaminta iyo maaraynta ay saldhig u tahay koboca shirkaddu.

Timmons (1999) oo ku doodaa in doorka hogaanku muhimad weyn leeyahay xilliga koboca, waxa uu antrabranoor-ka kobcin kara shirkad ku tilmaamaa 'mid dulqaad badan leh, bidhaamin kara hiraal, lehna aqoon iyo karti maammul'

Soomaalida iyo koboca sharikaadka

"We must open the doors of opportunity. But we must also equip our people to walk through those doors."
- Lyndon B. Johnson

In kastoo ay jiraan sharikaad sameeyey koboc aad u baaxad weyn, haddana wali way adagtahay in la helo qaacido sharrixi karta koboca iyo meerto nololeedka sharikaadka Soomaalida. Asbaabo ay ka mid yihiin: nidaam maammul la'aan, qorshe la'aan, hiraal iyo istaraatiijo la'aan ayaa ka dhiga wax aad u adag in wax laga iftiimiyo koboca sharikaadka Soomaalida. Waxa sidoo kale muuqda in dhammaan sharikaadka koboca sameeyey kobocoodu intaas ka fiicnaan lahaa haddii ay raaci lahaayeen waddooyinka koboca.

Daraasaddan oo si gooni ah u fiirinaysay koboca sharikaadka Soomaalida, waxay daaha ka qaaday in sharikaadka Soomaalidu badanaa aysan lahayn qorshe qeexan oo ay raacaan si ay u kobcaan. Kuwa leh qorshaha waxa muuqata in qorshohoodu uusan ahayn qorshe dhamaystiran. Mar aan fiirinay sharikaadkii sameeyey koboca labadii sano ee la soo dhaafay, waxa noo soo baxay in: wax ka badan 75% sharikaadkaas kobocoodu ahaa mid aysan ku talogelin. Qaar badan oo ka mid ah sharikaadkaasi waxay koboca ku sharraxaan *'irsaaqad ilaahay la doontay'*. Koboca aan lagu talogelin haddaan si fiican loo maarayn waxa uu keenaa bur-bur. Bur-burkaas waxa asaas u ah farqiga u dhexeeya baahida maammul iyo hoggaamin ee shirkadda kobcaysa u baahan tahay iyo heerka aqoon iyo waaya'aragnimo ee maammulka.

Anagoo ka duulayna daraasadihii Basu (1998) iyo Werbner (1989) ayaan fiirinay in xiriir ka dhexeeye koboca iyo heerka waxbarasho, waaya'aragnimo, qoyska uu ka soo jeedo, iyo helitaanka maalgelin.

Sida qaalibka ah waxbarashada sare, xataa haddaysan xiriir toos ah la lahayn nooca ganacsiga, qayb weyn ayay ka qaadataa koboca sharikaadka. Waxyaabaha waxbarashadu ku siyaadiso ganacsiga waxa ka mid ah falanqaynta iyo xiriirka. Sidaan sare ku soo sheegnay in kastoo tirada waxbarashada sare leh ee ku jira ganacsiyada dhexe iyo waaweyn ay yarayd, haddana waxa muuqata in farqi weyni uusan u dhexeyn sharikaadka ay aasaaseen ama maammulaan dad heerkooda waxbarasho sareeyo iyo kuwa uusan sarayn. Waxa farqi aad u yar laga dareemi karaa waxtarnimada dadka qayb ka mid ah waxbarashadooda ku soo qaatay meelo ka baxsan gudaha Soomaalia. Waxa laga yaabaa in nidaamkii waxbarasho ee Soomaaliya oo aan ahayn mid bila ganacsiga ay arrintaas sharrixi karto.

Dhinaca waayo-aragnimada, waxa muuqata in xiriir adag ka dhexeeye heerka koboca iyo nooca waaya'aragnimo ee antrabaranoorka. Tusaale ahaan, waxa muuqata dadka waaya'aragnimadoodu la xiriirto go'aan gaarida (decision making) iyo dulqaadka khatartu in ay ka koboc fiican yihiin sharikaadka kale. Dadkaasi waxay noqon karaan dadka ka soo shaqeeyey noocyada kala duwan ee ciidamada, shaqooyinka safarka u badan sida badmaaxnimada iyo diyaaradaha.

Dhinaca qoyska, waxa muuqata antrabranoorada ka soo jeedda qoys ganacsi lagu yaqaan, waaya'aragnimo fiican ka helay ganacsigaas ama waalidkiis wali nool yahay, in ay ka fiican yihiin dadka aan ka soo jeedin qoys ganacsi.

Waxa kale oo daraasaddu muujisay in marka cimriga shirkaddu sare u kocoba jaaniska kobocu hoos u dhaco. In kastoo ay adag tahay in sharraxaad laga bixiyo arrintaas, haddana waxan oran karnaa, xilliga Sharikaadku bilowga yihiin, suuquna dihin yahay, antrabranoorkuna wali car-cartiisa qabo Sharikaadku waxay sameeyaan koboc. Marka sharikaad badani suuqa soo galaan, antrabranoorkuna daalo, kobocu hoos ayuu u dhacaa. Waxa sidoo kale daraasaddu muujisay in ikhtiraac iyo hal-abuurnimo gundhig u noqoto koboca marka suuqa sharikaad badani soo galaan.

Ugu danbay xiriir weyni kama dhexeeyo helitaanka maalgelin iyo koboca, siiba markaan ka hadlayno sharikaadka qaangaaray. Helitaanka maalgelin wuxuu culays weyn ku yahay sharikaadka cusub oo wali suuqa aan si fiican looga aqoon. Waxa sidoo kale daraasaddu muujisay in helitaanka maalgelin aysan wax xiriir ah la lahayn heerka koboca ee shirkadda, ee ay xiriir toos ah la leedahay aqoonta loo leeyahay antrabranoorka. Maadaama sharikaadka Soomaalidu badanaa aysan lahayn nidaam xisaabaad oo lagu kalsoonaan karo, hadday leeyihiina Soomaalidu badanaa aysan akhriyin waraaqahaas, waxa ahmiyada la siiyaa magaca iyo sumcadda antrabranoorka. Soomaalidu dhowr dhinac ayay ka eegaan qofka antrabranoorka ah: faa'iidada uu sheegtay; muuqaalka iyo haybta.

Dhanka faa'iidada, ma baaraan waraaqaha shirkadda ee waxay dhega-dhegeeyaan faa'iidada uu sheegta. Dhinaca muuqaalka, waxa badanaa la kala soocaa dadka muuqaal diineed leh iyo kuwa aan lahayn ama muuqaal akadeemig leh. Dhinaca haybta, waxa ahmiyad ballaaran la siiyaa cidda uu ku abtirsado. Tusaale ahaan, waxad arkaysaa in dadka muuqaalka diineed leh, kana soo jeeda qabaa'ilada waaweyn ka jaanis badan yihiin, markay noqoto in ay lacag maalgelin ah ka helaan mujtamaca, kuwa muuqaalka akadeemiga leh kana soo jeeda qabaa'ilka yar-yar.

Cutubka

9 aad

Dhimashada/fashilka Sharikaadka Yar-yar

"In the end the only people who fail are those who do not try."
-Unkown
'Failure is the opportunity to begin again more intelligently'
- Henry Ford
"Failure defeats losers, failure inspires winners"
- Robert T. Kiyosaki

Mid ka mid ah waxayaabaha ugu waaweyn ee sharikaadka yar-yari kaga duwan yihiin kuwa waaweyn marka laga reebo baaxadda ayaa ah jaaniska dhimashada. Daraasado badan ayaa xaqiijiyey in sharikaadka yar-yari ka dhiman og yihiin sharikaadka waaweyn.

Cutubkan oo ka hadlaya dhimashada sharikaadka yar-yar wuxuu marka hore muuqaal ka bixinayaa aragtiyaha kala duwan ee dhimashada. Qaybta labaad waxay ka hadlaysaa asbaabaha keena dhimashada. Qaybta saddexaad waxay si kooban kormar ugu samaynaysaa sida looga hortago dhimashada.

Markaad akhridid cutubkaan waxaad:
- Wax ka fahmi doontaa qaababka loo sharaxo fashilka ku yimaada sharikaadka yar-yar.
- Kor istaagi doontaa asbaabaha keena fashilka.
- Wax ka bidhaansan doontaa sida loo saadaaliyo iyo sida looga badbaado fashilka.
- Ugu danbayn waxaad wax ka ogaan doontaa fashilka ku yimaada sharikaadka Soomaalida.

143

Dhimashada/fashilka sharikaadka yar-yar: Guud mar

Daraasadaha lagu sameeyey dhimashada sharikaadka yar-yar aad ayay u fara badan yihiin. Daraasadahaas qaarba dhinac ayay eedda dhimashada saaraan. Tusaale ahaan, dhaqaalaha (Shane 1996), shirkadda (Azoulay and Shane, 2001), qofka (Shepherd, 2003). Sidoo kale qaar waxay dhimashada u arkaan wax fiican (McGrath 1999), qaarna wax xun (Dickinson, 1981). Qaar waxay la xiriiriyaan dareenka qofka (Shepherd, 2003), heerka waxbarasho (Minniti and Bygrave, 2001), khatarta iyo faa'iidada (McGrath, 1999), qaarkalena isbeddelka ku dhacaya dhaqanka bulshadda (Begley and Tan, 2001)

Daraasadahaas oo lagu sameeyey waddamo kala duwan iyo suuqyo kala duwan, waxay dhammaantood isku waafaqsan yihiin in heerka dhimasho ee sharikaadka yar-yari ka sareeyo heerka dhimasho ee sharikaadka waaweyn. Tusaale ahaan, Ganguly (1985) baaritaano uu ku sameeyey Boqortooyada Ingiriiska 1980 waxa u soo baxay in sharikaadka faa'iidadoodu ka yartahay £13,000 ay lix jeer uga dhow yihiin in ay dhintaan sharikaadka faa'iidadoodu ka sareyso £1 million. Sidoo kale Dunne et al. (1989) baaritaano ay ku sameeyeen waddanka Maraykanka, waxa u soo baxday in warshadaha shaqaalohoodu ka yar yahay 19 qof ay 104.7% uga dhowaayeen in ay suuqa ka baxaan warshadaha shaqaalohoodu ka badan yahay 250 qof. Daraasad kale oo lagu sameeyey sharikaadka yaryar ee samaysmay 1995-tii waddanka Australia ayaa muujisay in wax ku dhow nus (55%) ay dhinteen saddex sano gudohoo, halka wax ka yar 15% cimrigoodu gaaray 10 sano.

In kastoo dhimashada sharikaadka yar-yari ay niyad jab iyo bur-bur dhaqaale uga tagaan dadkii lahaa sharikaadkaas, haddana waxa la isku waaafaqsan yahay in dhimashadu saxitaan ku samayso dhaqaalaha. Dhimashadu waxay dhaqaalaha ka weecisaa meelaha faa'iidadoodu yar tahay waxayna u wecisaa meelaha faa'iidadoodu badan tahay. Waxa sidoo kale tirakoobyada dhimashadu hagaan (indho u noqdaan) dadka ku soo biiraya suuqa sharikaadka yar-yar. Tirakoobyadaasi waxay tebiyaan baaqyo u digaya dadka, si aysan ugu dhicin godkii hortood lagu dhacay. Haddaan si kale u qoro, waxay darsi siiyaan dadka ku cusub caalamka sharikaadka yar-yar.

Marka laga hadlayo weeraha loo isticmaalo dhimashada waxa la kala saaraa in shirkaddaasi tahay mid qof leeyahay iyo mid xuddud leh (limited). Sharikaadka nooca hore dhimashadooda waxa loogu yeeraa: waa kacday, suuqay ka baxday, ama waa musaliftay (dayntii lagu lahaa bay iska bixin wayday). Halka sharikaadka nooca xudduuda leh loogu yeero: waa dhimatay (death), diiwaanka canshuurahaa laga saaray (deregister), waa la xiray (closer), waxay joojisay ganacsigii (cease to trade) iwm.

Waxa iyana muhiim ah in la caddeeyo in dhimashada ama fashilka oo dhammi uusan ahayn mid salka ku haysa khasaare ku yimid shirkadda. Dhimashadu wuxuu shirkadda kaga imaan karaa dhinacyo badan, tusaale ahaan, wuxuu kaga imaan karaa dhinaca tartamayaasha, dhinaca shirkaddaha badeecadda laga soo gadato, iwm. Waxa kale oo dhici karta in shirkadi shaqada u joojiso asbaabo khaas ah, sida jiro ama gabow. Ugu danbayn waxa xusid mudan in sharikaad badani u fashilmaan asbaabo la xiriira maammulka ama shaqaalaha.

Aragtiyaha dhimashada sharikaadka yar-yar

In kastoo dhimashada iyo suuq-ka-bixista sharikaadka yar-yari soo jiidato cilmibaaris fara badan, haddana ilaa hadda la islama meel dhigin asbaabaha keena kicitaanka ama suuq-ka-bixista sharikaadka yar-yar.

Dhaqaalayahanadu waxay ku andacoodaan '*mustaqbalka fog, sharikaadka faa'iidada samaynaya oo kaliya ayaa suuq ku hara, kuwa aan faa'iidada samaynayna waa dhintaan*'. Inkastoo aragtidaani tahay mid loo guuxi karo, haddana waxaa dhinaca kale la ogsoon yahay, in sharikaadka khasaaraha sameeya aysan markiiba suuqa ka bixin. Waxa sidoo kale la ogsoon yahay in sharikaadka ugu khasaaraha badan aysan ahayn kuwa ugu horbaxa (kaca). Waxaba dhacda mararka qaarkood in sharikaad aan khasaareba samayn ay suuqa ka baxaan.

Reid (1991) iyo Baden-Fuller (1989) waxay labaduba ku doodaan in go'aanka suuq-ka-bixista iyo sii joogistu ku xiran yahay inta ay ku kacayso haddii suuqa la sii joogo. Haddii si kale loo qoro waxa la oran karaa dhimashadu ama fashilanku waxa uu yimaadaa marka ay shirkaddu gaarto heer haddii ay ku sii jirto suuqa ay ku sii fogaanayso ceel gun dheer oo aysan ka soo noqon karin magiciisana loogu yeero 'khasaare'. Aragtidaasna waxa loo qori karaa:

$$\pi < rC - C'$$

π = qiimaha waqtigan xaadirka[16] ee faa'iidada mustaqbalka, C = qiimaha haddii shirkadda ama warshadda la gado hadda, r = dulsaarka, C' = qiimaha waqtigan xaadirka ee faa'iidada haddii shirkadda ama warshadda la gado mustaqbalka.

Bulow iyo Shoven (1978) waxay iyagu ku doodaan in ga'aanka in shirkadi suuqa ka baxdo iyo in ay ku sii negaato ku xiran yahay xiriirka ka dheexeeya milkiilaha, dadka daymaha ku leh, bangigooda iyo shuruucda waddankas.

Rynolds (1988) oo isku dayey in uu sameeyo qaacido nal ku shidda sharikaadka suuqa ka baxaya marka dalabku hoos u dhaco, wuxuu daraasadiisii ku soo gabagabeeyey in haddii dalabku hoos u dhaco ay suuqa ugu hor-baxayaan (xirmayaan) sharikaadka kharashkooda joogtada ahi ugu

---

sareeyo. Mar uu sidoo kale is bar-bar dhigay sharikaadka yar-yar iyo kuwa waaweyn wuxuu ku doodday in kuwa waaweyni suuqa ka hor baxayaan ama warshaddahooda qaar xirayaan si ay u badbaadiyaan kuwa kale haddii dalabku hoos u dhaco.

Berryman (1983) waxay iyadu eedda suuq ka bixista dusha ka saartay dabeecadaha iyo qaab maammulka qofka shirkadda leh. Waxay ku doodaa in hannaan socodka sharikaadka yar-yari uu ku xiran yahay dabeecadda aasaasaha shirkaddaas.Waxay intaas ku sii dartaa in sharikaadka ugu bixitaanka horeeya ay aasaasayaashoodu leeyihiin waxbarasho kooban, aysan maqal talooyinka la siiyo, wax akhriskoodu yar yahay, aysan isla beddelin dhacdooyinka, hal-abuurnimadooduna hoosayso.

Rag uu ka mid yahay Hall (1991) waxay ku doodaan in fashilka suuq ka baxu salka ku hayo dhibaato ama ku timaadda qofka shirkadda aasaasay ama soo kala dhex gasha dadka aasaasay. Meesha dhibaatada hore u badan tahay mid la xiriirta caafimaadka ama qoyska, dhibaatada danbe waxay salka ku haysaa xurguf soo kala dhexgasha aasaasayaasha.

Churchill iyo Lewis (1983) iyo Scott iyo Bruce (1987) waxay arkaan in shirkaddu marto maraaxil kala duwan siiba marka ay kobcayso. Marka shirkaddu maraaxishaas ku dhexjirto waxay la kulantaa isbeddelo shirkadda dibedda ka ah, waxayna ku doodaan in jiritaanka shirkaddu ku xiran yahay hadba sida ay ula qabsato isbeddelladaas kaga imaanaya dibedda. Shirkadii la qabsan wayda isbeddelladaasna suuqa ayey ka baxdaa.

Asbaabaha keena fashilka ama dhimashada

In kastoo asbaabaha keena fashilka ama dhimashadu ay aad u fara badan yihiin, waxan u kala qaadaynaa laba qaybood. Halka qaybta hore ka kooban tahay asbaabo caam ah, qaybta danbe waxay u badan tahay asbaabo khaas ah. Qaybta hore waxa ka mid ah: Baaxadda (size), cimriga (age), lahaanshaha (ownership), waxqabadkii hore, xaaladdaha dhaqaalaha waddan, waxa shirkaddaasi ka shaqayso, maammulka/shaqaalaha, meesha ay ku taalo iyi nooca shirkadda.

Baaxadda

Sida aan hore ku soo tibaaxnay, baaxadu waxay qayb weyn ka tahay waxyaabaha ka qaybqaata fashilka sharikaadka. Tusaale ahaan, Dunne et al. (1989) mar ay daraasad ku sameeyeen warshadaha Maraykanka waxay heleen in warshadaha ay ka shaqeeyaan wax ka yar 19 qof ay 104.7% uga dhow yihiin in ay fashilmaan marka la bar-bar dhigo warshadaha shaqaalohoodu ka badan yahay 250 qof. Gallgher iyo Stewart (1985) waxay iyana heleen in warshadaha shaqaalohoodu ka yar yahiin 20 qof ay 78% uga dhow yihiin fashilaada warshadaha shaqaalohoodu ka badan yahay 1000 qof. Daraasado kuwaas la mid ah oo lagu sameeyey Boqortooyada Ingiriiska ayaa waxay shaaca ka qaadeen in sharikaadka yar-yari ay dhimashada uga dhow yihiin lix jeer kuwa waaweyn.

146

Cimriga

Dunne et al. (1989) mar ay fiirinayeen cimrigu in uu yahay waxyaabaha ka qaybqaata fashilka sharikaadka, waxay heleen in marka shirkadda cimri u siyaadaba jaaniskeedda fashilanku/dhimashadu hoos u dhacayo. Daly (1987) daraasaad uu ku sameeyey Boqortooyada Ingiriiska waxa u soo baxday in fashilku uu ku xiran yahay cimriga shirkadda. Waxa uu muujiyey in fashilku uu ugu badan yahay marka Sharikaadku laba jirsadaan iyo markay saddex jirsadaan. Sidoo kale, Hudson (1987b) waxa uu soo saaray in 81% sharikaadka diiwaanka canshuuraha ee Boqortooyada Ingiriiska laga saaray sanadihii 1978 iyo1981, laga saaray inta aysan sagaal jirsan, i.e. dhinteen inta cimrigoodu uusan gaarrin 9 sano. Waxana fashilkuna ugu badan yahay buu yiri inta u dhexaysa laba jirka ilaa shan jirka. Tirokoob ay soo saartay hay'adda u adeegta ganacsiga yar-yar 2001 waxa ay muujisay in 50% shirkaddaha yar-yar ay dhintaan inta aysan saddex jirsan, halka 70% cimrigoodu go'o ka hor sanadka todobaad[17].

Ghemawat iyo Nalebuff (1985) oo isbarbar dhig ku sameeyey sharikaadka waaweyn iyo kuwa yar-yar, waxay soo bandhigeen, marka dalabku (demand) hoos u dhaco in sharikaadka waaweyni ay ka hor fashilmaan kuwa yar-yar. Dhinaca kale, Phillips iyo Kirchhoff (1989a) waxay ku doodaan in waxa ugu weyn ee lagu kala saaro sharikaadka fashilmaya iyo kuwa sii jiraya uu yahay koboca. Daraasadiisu waxay muujisay in shirkadba shirkadday ka koboc fiican tahay ka cimri dheeraato.

Dhaqaalaha guud ee waddan

Ragga awoodda saara xaaladda dhaqaalaha ee waddan kuna doodda in ay raad ku leedahay fashilka sharikaadka waxa ka mid ah Desai iyo Montes (1982) oo ku doodda in fashilka Sharikaadku ku xiran yahay kor u kacidda kaydka lacagta ee waddankas iyo dulsaarka. Hudson iyo Cuthbertson (1992) mar ay baareen sharikaadkii suuqa ka baxay 1971-86 ee Boqortooyada Ingiriiska waxay soo saareen in kor u kaca dulsaarku soo dedejiyo fashilka sharikaadka yar-yar. Waxa arrintaas mid la mid ah soo bandhigay Daly (1991).

Maammulka/shaqaalaha

Marka laga hadlayo maammulka iyo shaqaaluhu raadka ay ku leeyihiin fashilka waxa laga hadlaa dabeecadaha dadkaas oo kala ah: khibradda shaqo, taariikhda qoyska, debaacadaha gaarka ah ee qofka, iyo waxbarashada. Waxyaabaha ka mid ah khibradda shaqada ee soo dedejin kara dhimashada sharikaadka waxa ka mid ah: in uu qofkaasi horay shirkad u lahaan jiray, khibraddiisa maammul, waqtiga uu shaqola'aanta ahaa, in uu

---

17 Small Business Service, Small and Medium Enterprise (SME) Statistics for the United Kingdom, Research and evaluation unit 2001.

ka soo shaqeeyey shirkad wayn iyo inkale iyo tababbarada uu soo qaatay. Tusaale ahaan, hadii qofku horay shirkad u soo lahaa, waxa uu fahmi karaa meelaha khatartu kaga imaanaysa. Sidoo kale khibradda maammulku waxay ku jirtaa waxyaabaha dheereeya cimriga sharikaadka.

Waxyaabaha kale oo ka mid ah dabeecadaha qofka oo cimridheerida siiya sharikaadka waxa ka mid ah: cimriga ama da'da qofka, in uu yahay lab ama dhedig, iyo asalkiisa. Tusaale ahaan waxa lagu doodaa in sharikaadka ugu kicitaanka badani ay yihiin kuwa ay leeyihiin dhalinyarada (waxa ku yar khibradda iyo maaliyadda) iyo dadka waayeelka ah oo aan hayn awood. Waxa sidoo kale dad badani ku doodaan in sharikaadka raggu leeyihiin ka kicitaan badan yihiin kuwa dumarku leeyihiin.

Haddaan ku soo afjarno waxbarashada iyo in qofkaasi ka soo jeedo qoys ganacsato ah. Labaduba waxay dheereeyaan cimriga sharikaadka. Waxbarasho sare micneheedu waxa weeye xirfad sare, xirfadda sarena waa waxyaabaha looga hortegi karo kicitaanka. Dhinaca kale qofka ka soo jeedda qoys ganacsi lagu yaqaan wuxuu helayaa talooyin fiican, kalsooni iyo maaliyad, oo intuba cimridheeri ku siyaadiyaan sharikaadka yar-yar.

Daraasdaha lagu sameeyey arimahaas waxan tusaale u soo qaadan karnaa Kalleberg iyo Leicht (1991) oo baaray waaya'aragnimada ganacsiga iyo kicitaanka, Bates (1990) oo baaray waxbarashada iyo kicitaanka, Cressy (1992) oo baaray cimriga qofka iyo waxbarashadiisa. Dhammaantood waxa ay muujiyeen in waxbarashada, waaya'aragnimada ganacsiga iyo cimriga qofku intuba dheereeyaan cimriga sharikaadka.

Meesha shirkaddaasi ku taalo

Westhead iyo Birley (1993b) waxay ku doodaan in dhimashadu ku badan tahay magaalooyinka waaweyn marka loo fiiriyo magaalooyinka yar-yar. Sidoo kale waxay arkaan in meelaha dhalashadu ku badan tahay dhimashaduna ku badan tahay. Ugu danbayn waxay muujiyeen meelaha ay ka hawlgalaan hay'adaha caawiya sharikaadka yar-yar in dhimashadu ku badan tahay marka la bar-bar dhigo meelaha kale.

Asbaabo kale oo keena fashilka/dhimashada

Halka asbaabaha hore u badanaayeen kuwo caam ah, asbaabaha qaybtan waxa ay u badan yihiin kuwo khaas ah oo salka ku hayo daraasado lagu sameeyey suuqyo khaas ah. Tusaale ahaan, Deakens (1996) daraasad uu ku sameeye Boqortooyada Ingiriiska waxa u soo baxday in asbaabaha ugu waaweyn ee keena fashilku yihiin:

- Aqoondaro dhanka suuqgeynta ah
- Hadafka ganacsiga iyo kan qoyska oo iska hor yimaada

- Dhibaatooyin la xiriira goobta ganacsiga sida in lagaa saaro ama aysan ku habboonayn ganacsiga noocaas ah.
- Isbeddellada ku dhacaya sayladda oo aan aqoon fiican loo lahayn.
- Kharashaadka joogtada ah oo sareeya ama la xakamayn waayo.
- Faa'iidada oo aad u yar.
- Khatarta oo sare u kacda.
- Isbeddel ku yimaada qoyska ama qofka.

Daraasado kale oo bar-bardhig ku sameeyey aragtiyaha dadka falanqeeya ganacsiyada (business analyst) iyo milkiilayaasha ganacsiga ayaa iyana muujisay in ay isku khilaafsan yihiin asbaabaha keena fashilka. Sida ka muuqata shaxda hoose, meesha falanqeeyayaashu dhibaatada u iiliyaan aqoon xumo, waaya'aragnimo xumo iyo xirfad xumo; milkiileyaashu waxay eedda dusha ka saaraan iibka oo hooseeya iyo tartanka oo liita.

Shaxda 9.*1 Aragtiyaha falanqeeyayaasha iyo milkiilayaasha*

Aragtiyaha falaqeeyayaasha	%	Aragtiyaha milkiilayaasha	%
Aqoonxumo/xirfadxumo	44	Iibka oo hooseeya	50
Khibrad yari dhanka maammulka	17	Isbeddel ku yimaada awoodda tartanka	25
Waaya'aragnimo aan isu dheelli tirnayn	16	Hallaabada hawlgalka oo aad u saraysa ama la xakamayn waayo	13
Khibrad xumo nooca ganacsiga	15	Dhibaatooyin ka yimaada dayn bixiyayaasha	8
Hagrasho	1	Badeecadda soo gelaysa iyo tan baxaysa oo aan isu dheellitirnayn	8
Khiyaamo iyo isdabamaris	1	Kharashaadka joogtada ah oo aad u sareeya	3
Waxyaabo kale	6	Meel aan munaasib ahayn	3

Asbaabaha keena fashilka oo daraasadduhu soo bandhigaan aad ayay u fara badan yihiin. Haddaan soo koobno waxan ku soo ururin karnaa afar qaybood:

1. Asbaabo la xiriira sayladda ganacsiga
- Dhibaato dhanka iibka ah
- Arrimo la xiriira suuqgeynta
- In qofku fahmi waayo suuqiisa, sababo la xiriira cilmibaaris la'aan. Tusaale ahaan in qofku uusan aqoon macaamiisha, uuna aammino in hadduu meel furo cid wax ka gadata uusan waayeyn
- In badeecadda la gadayo aysan ahayn waxa suuqa looga baahan yahay.
- In la fududaysto faa'iidooyinka suuq baarista

- o In lagu guul daraysto in lagu fido suuqyo cusub.
- o Suuqa oo tartankiisu sare u kaco.
- o Iibka iyo suuqgeynta oo xun.
- o Suuqaaga oo soo afjarmaya ama soo yaraanaya.

2. **Asbaabo la xiriira hawlgalka shirkadda**
   - o In ganacsigu kobci waayo. Waxa la isku waafaqsan yahay in ganacsigu uu ama sare u kobco ama hoos u kobco. Haddaan si kale u qoro, haddaad kobci waydid waad dhimanaysaa, intaad rabto jiitan
   - o Ku tiirsanaan deeq dawladeed ama qof, ama dayn iwm.
   - o Xiriirka lala leeyahay meesha wax laga soo qaato/gato oo xumaada.
   - o In badeecadda kuu taalaa badato iibkuna yaraado.
   - o Qandaraas ama heshiis laga daba yimid.
   - o Ku tiirsanaanta macaamiil kooban.
   - o Qiimaha aad wax ku gedid oo hooseeya.
   - o Tayada badeecadda oo liidata.
   - o Tayada adeegga oo liidata.
   - o Meesha shirkaddu ku taalo oo aan munaasib ahayn.

3. **Asbaabo la xiriira maammulka maaliyadda**
   - o In la xakamayn waayo kharashaadka
   - o Dhibaatooyin la xiriira lacagta soo gelaysa iyo tan baxaysa oo aan isu dheelli tirnayn.
   - o In aadan haysan cid kugu kabta dhaqaale haddaad u baahatid.
   - o Dayma badan oo ku soo xeroon waaya waqtigii loo qabtay
   - o Lacagta wareegaysa oo yaraata.
   - o In si fiican loo maammuli waayo hantida gacanta lagu hayo.

4. **Aasbaabo la xiriira milkiilaha/maammulka/shaqaalaha**
   - o Xirfad la'aan
   - o Maammul xumo.
   - o Qorshe xumo.
   - o Nidaam xumo.
   - o In qofka isaga darsammaan lacagtiisa iyo tan shirkadda
   - o Khayaamo.
   - o Iska horimaad gaara maxkamad ama dhex-dhexaadin.
   - o Xiriirka shaqaalaha iyo maammulka ama milkiilaha oo xumaada
   - o Isla wayni iyo nafta oo been loo sheego.
   - o Khatar jar iska xoor nimo ah ama aan loo baahnayn

Dhimashada/fashilka ma la saadaalin karaa?

Saadaalinta fashilka ama dhimashadu ma aha wax sahlan, waayo waxay u baahan tahay xog baaxaddeedu ballaaran tahay. Sharikaadka yar-yar oo dhinaca xogta lug-ku-tool ah iyo iyagoo xoogaaga ay hayaan aan run ka sheegin ayaa sii murgisa in si sax ah loo saadaaliyo dhimashada ama fashilka sharikaadka. Si kastaba ha ahaatee laba tuul (tool) ayaa la isticmaalaa marka la saadaalinayo dhimashada ama fashilka sharikaadka. Meesha tuulka hore salka ku hayo saamigalladda xisaabaadka maaliyadda , kan danbe waa waxyaabo caam ah.

Sida aan ku arki doonno cutubka 12aad, saamigalo dhowr ah ayaa la xisaabin karaa si loo ogaado caafimaadqabka shirkadda. Saamigalladaasi badanaa waxay bixiyaan signaalo muujinaya in shirkadu u janjeersatay dhinac aan fiicnayn. Saamigalladdaas waxa ka mid ah: saamigalka deg-dega ah (quick ratio); saamigalka guurtada (current ratio); socodka badeecadda; awoodda bixinta kharashaadka dulsaarka; siyaadada faa'iidada sugan; noqodka maalgelinta; iyo kuwo kale.

Maaddaama xisaabaadka sharikaadka yar-yari badanaa aysan sawir sax ah ka bixin xaaladda dhabta ah ee shirkadda, asbaabo la xiriira aqoon xuno iyo nidaam xumo aawadeed, waxa la fiirin karaa waxyaabo guud oo astaan u noqon kara in shirkadi u janjeersatay dhinicii dhimashada. Waxyaabahaas waxa ka mid ah:

- Shaqaale dhimid aan la micnayn karin
- Xisaab xirka oo lagala daaho waqtigii la soo bandhigi jiray
- Hantidhowrka (audit) oo muujiya walaac ama diida in uu xisaabxir u sameeyo shirkadda.
- Isbeddel ku yimaada nooca sharci ee shirkadda
- Nidaamka maammulka oo la beddelo
- Badeecadda bakhaarka oo hoos loo dhigo iyada oo aan wax sharraxaad ah laga bixin

Sidee looga badbaadaa fashilka

Sidaan sare ku soo xusnay asbaabo badan ayaa keena fashilka sharikaadka yar-yar. Si looga hortago fashilkaas, ayaan waxan hoos ku taxaynaa qaar ka mid ah waddooyinka looga hortegi karo fashilka:

1. **Aqoon sare oo loo leeyahay nooca ganacsiga la gelayo**. Aqoontaasi ama ha noqoto mid la uruiyey inta aan la bilaabin ama ka dib markii ganacsiga la bilaabay, waxa muhiim ah in aqoon siyaado ah loo yeesho nooca ganacsiga aad ku jirtid. Sida kaliya ee lagu gaari karaana waa: in la akhriyo lalana socdo dhammaan Qoraallada laga sameeyo ganacsiga nooca aad ku jirto, in la qaato siminaaro la xiriira ganacsiga, in laga mid noqdo ururada iyo shabakadaha ganacsiga.
2. **In la sameeyo qorshe ganaci**. Qorshe ganacsi oo si dhamaystiran loo diyaariyey waxa uu ka hortagaa fashil. Qorshuhu ugama digo antrabranoor-ka waddooyinka loogu dhuuman karo oo kaliya, ee waxa uu toosh ku ifiyaa waxa uu samaynayo haddii arrintaasi dhacdo.

3. **In si joogto ah isha loogu hayo lana fahmo xisaabaadka shirkadda.**
   Sharikaad badan ayaa fashilkooda waxa loo tiiriyaa waxyaabo laga
   gaashaaman karay haddii la fahmi lahaa xisaabaadka shirkadda.
4. **In la leeyahay aqoon iyo awood lagu maammuli karo dadka ka**
   shaqeeya shirkadda
5. **In lala tashado dadka la taliya sharikaadka yar-yar.**

Soomaalida iyo fashilka sharikaadka

Guud ahaan, laba ayaan u kala saaraynaa fashilka ku yimaada sharikaadka
Soomaalida. Fashil ka yimaada dibedda iyo fashil ka yimaada gudaha.
Fashilka dibadu, waa fashil la xiriira isbeddel ku yimid bay'adda.
Isbeddelladaas waxa ka mid noqon kara: isbeddel ku dhaca dhaqaalaha,
sharciyada, qaab dhaqanka bulshadda iwm. Fashilka gudaha waa fashil salka
ku haya maammul xumo. Maammulxumadaasi waxay noqon kartaa mid
aqoon daro keentay iyo mid ku talogal ah labadaba.

Dhinaca Soomaalida, labada dhimasho ee ugu magaca dheer, uguna
baaxadda weynaa, hadday noqoto hantidii ay la dhinteen iyo dhibtii ka soo
gaartay shacabka labadaba, waxa lagu tilmaamaa dhimashadii labadii
xawaaladood ee Al-Barakaat iyo Dalsan. Meesha dhimashadii Al-Barakaat
loo tiiriyo isbeddel ku yimid bay'adda, dhimashadii Dalsan dadka intooda
badani waxay ku sharraxaan fashil gudaha ah.

Arrinta kale oo daraasaddu muujisay, xusiddana mudan, waa
heerka fashilka ama dhimashada sharikaadka Soomaalida. Tusaale ahaan,
waxa muuqata in sharikaad aad u badani dhintaan iyagoo aan la dareemin
asbaabo la xiriira diiwaan gelin la'aanta ka jirta goobahaas aawadood. Wax
ka badan 75% shirkaddahaa saldhigoodu yahay waddanka guddihiisa ama
waddammada deriska ah waxay magacaabi karaan saddex ilaa shan
shirkadood oo dhintay 12-kii biliood ee u danbaysay, meesha tiradaasi tahay
15% waddammada Galbeedka.

Waxyaabaha kale ee daraasaddani shaaca ka qaaday waxa ka mid
ah in farqi aad u weyni u dhexeeyo sharikaadka shirkadda ah (partnership)
iyo shirkadda hal qof leeyahay. In kastoo dhimashadu ku badan tahay
shirkaddaha hal qof leeyahay, haddana waxa muuqata in sharikaadka la
wada leeyahay dadka maskaxdooda aad uga guuxayaan. Mar aan waydiinay
asbaabaha ugu waaweyn ee fashilka ku keena sharikaadka dhexe ama
waaweyn ee la wada leeyahay, Soomaalidu waxay ku jawaabeen: in asbaabo
la xiriira xirfadla'an iyo qorshe xumo saldhig u yihiin kicitaanka
sharikaadkaas.

In kastoo khayaamada aad loo hadalhayo, haddana waxa muuqata
in aysan ahayn waxa ugu weyn ee keena fashilka. Asbaabaha la xiriira
maaliyadda ee dadku carrabka ku dhufteen waxa ka mid ah kharashka oo la
xakamayn waayo iyo lacagta wareegaysa oo yaraata. Dhinaca bay'adda
waxay magacaabeen lacagaha been abuurka iyo waxyaabaha ka dhasha
deganaansho la'aanta siyaasadeed.

Mar aan waydiinay in ay sawiraan dadka mas'uulka ka ah fashilka. Waxa dadkaas badidoodu afka ku dhufteen in dadka fashilka keena yihiin: rag, ka yimid qurbaha, waxbarashadooda maadiga ahi sarayso, meesha waxbarashadooda diiniga ahi hoosayso.

Asbaabta	%
Asbaabo la xiriira qofka (Xirfad la'aan, qorshe xumo, waaya'aragnimo xumo)	75%
Asbaabo la xiriira qofka (Khayaamo)	55%
Asbaabo la xiriira maaliyadda	50%
Asbaabo la xiriira bay'adda	25%

Arrinta kale oo xusida mudan ayaa la xiriirta in dadka badi'doodu aamminsanyihiin in haddii nidaam ganacsi oo casri ah sharikaadkaasi isticmaali lahaayeen heerka dhimashadu hoos u dhici lahaa ugu yaraan 75%. Dadkaasi waxay ku doodayaan dhammaan waxyaabaha sare ku taxan in ay yihiin waxyaabo laga badbaadi karo haddii nidaam maammul iyo maaliyadeed oo casri ah Sharikaadku isticmaali lahaayeen.

Inkastoo dhimashadu dabada ku wadato bur-bur dhaqaale iyo niyad jab, haddana: waxay cashar lama ilaawaan ah siisaa antrabaranoorka iyo dadka ku xeeran labadaba; waxay sare u qaadaa heerka aqooneed iyo xirfadeed ee dadkaas; waxay saldhig u noqotaa saylado cusub iyo ikhtiraacyo hor leh. Laakiin sida qaalibka ah Soomaalidu wax weyn kama faa'iidaan kicitaanka. Sida daraasaddu muujisay, asbaabta keenta in aan wax laga faa'iidin kicitaanku waxay salka ku haysaa sida loo sharraxo kicitaanka. Tusaale ahaan 75% Soomaalidu kicitaanka waxay ku sharraxaan dhibaato iyagu aysan mas'uul ka ahayn; meesha wax ka yar 9% aqbalaan mas'uuliyadda. Meesha dadka aqbala mas'uuliyadu dersi wanaagsan ka qaataan kicitaanka, dersigaasna laga arko ganacsigooda danbe, kooxda eedda saarta waqtiga, xaaladda, ama dad kale, waxay u badan tahay in ganacsigooda danbana khasaaro iyo fashil ku danbeeyo.

Qaybta 3aad

Suuqgeynta, tartanka, maaliyadda iyo istaraatiijiyadda

Cutubka 10aad
Suuqgeynta

Cutubka 11aad
Tartanka

Cutubka 12aad
Maaliyadda

Cutubka 13aad
Istaraatiijiyadda

Cutubka

Istraatiijiyadda Suuqgeynta

"Marketing takes day to learn. Unfortunately it takes a lifetime to master"
Philip Kotler
"Business has only two functions - marketing and innovation."
Milan Kundera

Asbaabo isugu jira: aqoonta oo yar, waqtiga oo ciriir ah, iyadoon la fahansanayn ahmiyadda suuqgeynta iyo dhaqaale xumo ayaa keena in sharikaad badani aysan lahayn wax istaraateejiyad suuqgeyn ah. Intaas waxa sii dheer in sharikaad badani tiradaba aysan ku darsan in ay sameeyaan wax suuq-baaris ah ama qorshe suuqgeyn marka ay bilaabayaan ganacsi cusub. Arimahaas oo ah kuwo dhammaantood laga taxadari karo waxay sharikaadka mutaysiiyaan dhibaatooyin ay ka mid yihiin: in ay dhinac maraan fursado badan oo u furnaa, iibka oo yaraada, faa'iido xumo, dhimasho iwm.

Cutubkan waxa uu ugu horayn kormar ku samaynayaa suuqgeynta. Qaybta labaad waxay ka hadlaysaa sida loo sameeyo suuqbaaris. Qaybta saddexaadna sida loo sameeyo qorshe suuqgeyn.

> **Markaad akhridid cutubkaan waxaad:**
> - Muuqaal fiican ka qaadan doontaa suuqgeynta.
> - Wax ka fahmi doontaa go'aanka gadashada ee macaamiisha iyo sharikaadka.
> - Wax ka fahmi doontaa sida loo sameeyo suuq-baaris.
> - Wax ka fahmi doontaa sida loo saadaaliyo iibka
> - Ka haqab-beeli doontaa sida loo bilo badeecadda/adeegga ama shirkadda.

Waa maxay 'suuq-geyn'?

"Marketing is not an event, but a process . . . It has a beginning, a middle, but never an end, for it is a process. You improve it, perfect it, change it, even pause it. But you never stop it completely"

- Jay Conrad Levinson

In kastoo filasaafiyiintii, Giriiga sida Plato iyo Aristotle; odayaashii ugu waaweynaa Kaniisadaha Kiristaanka xilligii dhexe, sida St. Thomsa iyo Martin Luther; iyo aabayaashii cilmiga dhaqaalaha sida, Adam Smith iyo ardaygiisii David Ricardo, dhammaantood ka hadleen suuq-geynta, haddana waxa la oran karaa, suuqgeyntu, sida maanta loo yaqaan waxay soo ifbaxday bilowgii qarnigii dhammaaday. Waxaba la yiraahdaa buuggii u horreeyey oo ka hadla suuqgeynta waxaba la daabacay 1901-dii[18].

Suuq-geyntu waa nidaam maammul oo *daaha ka roga dabadeedna daboola baahida macaamiisha* (CIM). Daah ka rogista iyo daboolida baahida macaamiisha ayaa lagu tilmaamaa lafdhabarta suuq-geynta. Drucker (1974) wuxuu yiraahdaa, ujeeddada ugu weyn ee suuqgeyntu waa in *la ogaado lana fahmo macaamiisha* si badeecadda ama adeeggu u noqdo mid ku habboon baahidooda. Isku soo duuduuboo, hawsha suuqgeyntu waa *'in la fahmo baahida suuqa, dabadeedna la daboolo baahidaas iyadoo laga fiicnaanayo tartamayaasha'.*

Inkastoo suugeyntu leedahay qeexido kala duwan, waxyaabaha qeexiddahaasi ka siman yihiin waxa ka mid ah:

* In la *raaligeliyo* macaamiisha.
* In *tilmaan* laga dhigto macaamiil sax ah.
* In *xiriir* lala yeesho macaamiisha.
* In *tartamayaasha* laga fiicnaado.
* In si fiican loo isticmaalo *hantida* shirkadda.
* In sare loo qaado *saamiga* shirkaddu ku leedahay suuqa.
* In sare loo qaado *faa'iidada*.

Waxa dad badani garanayaan ama maqleen: sharikaad gatay dhul, ka dhisay warshad ama bakhaar, ka buuxiyey qalab iyo shaqaale, dabadeedna suuqa soo dhigay badeecad ay aamminsanaayeen in la gadanayo. Sharikaadkaasi waxay aamminsan yihiin in shaqadoodu tahay in ay suuqa soo dhigaan badeecad ama adeeg tayo fiican leh, hawsha inta hartay, oo ah in la gatona macaamiishu masuul ka yihiin. Waxa laga yaabaa sharikaadka noocaas u dhaqma; daba jooga badeecad aysan u sahamin 'product led', in badidoodu cirib xumo ku danbeeyaan.

Si looga badbaado khasaarooyinka noocaas oo kale ah waa in Sharikaadku suuqa soo dhigaan badeecad/adeeg daboolaysa baahida

---

[18] Report of the Industrial commission on the distribution of farm product (1901)

macaamiisha isla markaasna shirkadda gaarsiinaysa ahdaafteeda. *Raalligelinta* macaamiishu waa muhimadda ugu weyn ee suuqgeynta. Si loo raali geliyo macaamiishana, waa in marka hore la ogaado waxa macaamiisha raaligelinaya. Marka laga hadlayo 'raalligelinta macaamiisha', waxa laga hadlayaa raaligelin dhamaystiran, laga soo bilaabo marka naqshadda la samaynayo, ilaa marka macaamiishu badeecadda gataan, wixii ay kala kulmaan xallinteedda (after sale service). Sidoo kale in hal mar la ogaado oo kaliya kuma filna, waa in si joogto ah isha loogu hayo is beddelada ku imaanaya macaamiisha, si markasta baahidooda loo daboolo.

Taariikhdii suuqgeynta

Suuqgeyntu waxay soo martay maraaxil kala duwan. Wixii ka horeeyey kacaankii warshadaha baahi looma qabin suuqgeynta gebi ahaanba. Kacaankii warshadaha ayaa waxa uu sahlay in badeecad badan suuqa la soo dhigi karo iyadoo laga faa'iidaysanyo horummarkii tiknoolajiyo ee xilligaas. Baahida oo aad u balaarnayd, wax kasta oo suuqa yimaada si sahal ah ayaa loo gadi jiray. Wixii ka danbeeyey sanadkii 1920-kii ayaa la dareemay baahida suuqgeynta. Xilligaas waxa batay tartanka warshadaha, waxa suuqa yimid badeecadooyin isku mid ah oo ay sameeyeen warshado kala duwan. Waxa sidoo kale hoos u dhacay awoodii iibsiga macaamiisha asbaabo la xiriiray burburkii Suuqa Saamiyada (stock market) ee Maraykanka. Xilligaas sharikaadku waxay bilaabeen in ay awooda saaraan sidii iibka ay sare ugu qaadi lahaayeen. Xilligaas aaladda kaliya ee la isticmaalo ahaa xayaysiinta ayaa loogu yeeraa casrigii iibka (sales era).

Bilwgii kontonaadkii ayaa sharikaad badani dareemeen in suuqa la soo dhigo badeecad/adeeg, dabadeedna la xayaysiiyo oo kaliya aysan ku filnayn. Xilligaas ayaa sharikaad badani awooda saareen in ay marka hore ogaadaan baahida macaamiisha, dabadeedna isku dayaan in ay daboolaan baahidaas. Xilligan danbe, ahmiyadda suuqgeyntu waa in xiriir waqtigiisu dheer yahay ah lala yeesho macaamiisha (marketing relationships).

Isku soo duuduuboo waxan oran karnaa haddaad rabtid in aad ka badbaadid debinnada dadka intooda badani ku dhacaan waa in aad: (1) ka jawaabtid su'aalaha hoos ku qoran; (2) samaysid qorshihii aad ku hirgelin lahayd jawaabaha su'aalahaasna:

1. Muxuu ganacsigaagu ku saabsan yahay? Maxaad ku fiican tahay? Maxaad ku liidataa?
2. Maxay macaamiishaadu rabaan? Sidee ku ogaanaysaa in aad dabooshay baahidii macaamiishaada? Sidee ku xaqiijinaysaa in aad fahmi kartid baahidooda mustaqbalka?
3. Yaa kula tartama? Maxaad kaga fiican tahay? Sidee u xaqiijinaysaa in aad ka horaysid tartamayaashaada?
4. Sidee kuu arkaan macaamiishaadu?
5. Jihadee shirkaddaadu u socotaa? Waa maxay 'hiraalkaagu' (vision)? Maxaadse u baahan tahay si aad u xaqiijiso hiraalkaaga?
6. Maxaa isbeddel ah oo aad samaynaysaa marka aad gaartid meesha shirkaddaadu u socoto?

158

Bay'adda suuqgeynta (marketing environment)

Markaan ka hadlayno horummarka shairkaadka, waxa la kala saaraa waxyaabo shirkadda ku xiran (internal factors) iyo waxyaabo shirkadda aan ku xirnayn (external factors). Waxyaabahaas aan shirkadda ku xirnayn, haddana saamaynta weyn ku yeesha, waxay ka kooban yihiin: siyaasadda, dhaqaalaha, shuruucda, mujtamaca, tiknoolojiyada iyo tartanka. Waxyaabahaas oo marka la soo gaabiyo loo yaqaanno (PEST) ama (LE PEST C), waa waxyaabo aan taagnayn (static) oo si joogto ah isu bedbeddelaya (dynamic). Waxyaabahaasi waxay abuuri karaan khatar, cabsi iyo fursado intaba.

Sawirka 10.*1 Bay'adda*

Inkastoo mustaqbalka Ilaahay kaliya ogyahay, haddana Sharikaadku waxay wax iska waydiin karaan saamaynta isbeddel ku yimaada dhaqaalaha ama tiknoolojiyada uu ku yeelan karo shirkaddoodu. Marka ay ogaadaan nooca saamaynta (inay tahay mid cabsi leh iyo inkale) ayay samayn karaan qorshihii ay ku wajihi lahaayeen. Sharikaadka aan sii odorosin isbeddellada shirkadda bannaanka ka ah iyo saamaynta ay ku yeelan karaan shirkaddooda waxay noqdaan kuwo u nugul dhibaha ama khataraha imaan kara.

Si loola socdo isbeddellada waaweyn ee saamaynta ku yeelan kara shirkadda, waxa muhiim ah in si joogto ah isha loogu hayo bay'adda. In isha lagu hayo ama la ururiyo xogaha bay'adda oo kaliya kuma filna ee waxa sidoo kale loo baahan yahay in la kala furfuro (analyse) macluumaadkaas, si loo fahmo isbeddellada hadda jira ama imaan kara mustaqbalka iyo nooca saamaynta ee ay ku yeelan karaan shirkadda.

Sharikaadka ururiyaa xoggtaas bannaanka ka ah shirkadda (macroenvironment) dabadeedna furfura waxay awooddaan in ay arkaan meelaha fursaduhu ku jiraan. Markay arkaan meelahaasna, way ka faa'iidaysan karaan marka loo fiiriyo sharikaadka aan wax culays ah iska saarrin hawshaas.

Waxyaabahaas bannaanka ka ah shirkadda ee loo baahan yahay in si joogto ah isha loogu hayo waxay noqon karaan baahi mustaqbalka imaan doonta. Waxay sidoo kale noqon karaan kuwo ka dhalanaya isbeddelo ku imaanaya koboca aadamaha (population growth). Waxay sidoo kale noqon karaan kuwo ku imaanaya dhaqaalaha, dhaqanka bulshadda, bay'adda dabiiciga ah (natural environment), siyasadda, shuruucda, iwm.

Isteraatiijiyada suuqgeynta

"You must have mindshare before you can have marketshare"
- Christopher M. Knight

Sidaan hore ku soo tilmaanay, waagii hore Sharikaadku waxay ka duuli jireen xikmad tiraahda '*samee, dabadeedna iibgee'*. In kastoo xikmaddaasi wali ka shaqayso meelo ka mid ah dunida saddexaad, dhinaca waddammada dakhligoodu sareeyo ama dhexdhexaadka yahay qaab fekerkaasi waa ka dhinatay. Meesha dunida saddexaad dalabku ka badan tahay badeecadda suuqa taala, dunida kale badeecadda suuqa taala ayaa ka badan dalabka, taasina waxay keenaysaa in qofku leeyahay xulasho ballaaran. Dhinaca kale Sharikaadku waxay u tartamayaan macaamiil isku mid ah.

Casrigan, ciddii rabta in ay faa'iido dhaliso, waa in ay yool ka dhigato suuq ay si fiican u calaamadsatay (well defined target market). Meesha waagii hore badeecadda ama adeegga suuqa la soo dhigi jiray, casrigan, waa in inta aan waxba la samayn suuqa la qayb-qaybiyo (segmentation), dabadeedna la doorto ama la tilmaansado qayb ka mid ah suuqaas (targeting). Xikamadda ugu weyn ee ka danbaysa suuq-baaristuna waa in la arko qayb suuqa ka mid ah oo fursadi wali ka furan tahay.

Qayb-qaybinta suuqa (Market segmentation)

Qayb-qaybintu, hilin macaamiisha loogu qaybiyo koox-koox, waxay sahashaa in la fahmo baahiyaha kala duwan ee macaamiisha si loo sameeyo badeecad/adeeg ku habboon baahida macaamiil kasta. Ujeeddada loo sameeyo qaybinta, waa in la helo macaamiil isku dabeecad iyo dookh ah. Haddii la helo macaamiil noocaas ah, way fududahay in la daboolo baahidooda.

In la helo koox macaamiil ah oo isku dabeecad iyo dookh ah micneheedu ma aha in aad shaaca ka qaaday suuq dihin ama markii hore daboolnaa. Waxa muhiim ah in: macaamiishu badan yihiin tiro ahaan; laga sooci karo macaamiisha intooda kale; farriin la gaarsiin karo; waxna laga gadi karo

Faa'iidooyinka qayb-qaybinta suuqa:
1. Waxay fududaysaa in la fahmo baahida macaamiisha
2. Waxay fududaysaa in la fahmo tartanka. Marka suuqa la qayb-qaybiyo way fududahay in la arko qayb kasta oo ka tirsan suuqa iyo sharikaadka ka qaybqaata.

3. Waxay fududaysaa in Sharikaadku si fiican u maareeyaan hantidooda.
4. Waxay fududaysaa in la sameeyo istraatiijiyo suuqgeyn oo dhamaystiran

Saddex marxaladood baa la maraa marka suuqa la qayb-qaybinayo. Ugu horayn suuqa ayaa la qaybqaybiyaa (segmentation). Ka dib hal qayb oo ka mid ah suuqa ayaa la tilmaansadaa (targeting). Ugu danbayn waxa la is wafajiyaa baahida macaamiisha iyo muuqaalka badeecadda/adeegga (positioning).

Qaybqaybinta suuqa macaamiisha (segmentation)

Qaabab kala duwan baa suuqa loo qayb-qaybiyaa. Laba qaab ayaan si kooban mid walba wax uga tilmaamaynaa. Halka qaabka hore ka duulo dabeecadaha macaamiisha, qaabka danbe wuxuu ka duulaa ujeeddooyinka macaamiishu badeecadda ama adeegga u gataan. Marka laga duulayo qaabka hore waxa macaamiisha laga fiiriyaa dhinacyo kala duwan sida: demograafiyada (da'da, jinsiga, qoyska, diinta, iwm) , dhaqaalaha (dakhliga, xirfadda, waxbarashada, dabaqadda), degaanka (waddanka, gobolka, degaanka), dabeecadaha u gaarka ah qofka (dookha iyo dabeecadda). Marka laga duulayo qaabka danbe waxa la fiiriyaa: xilliyada gadashada, ujeeddada gadashada, faa'iidooyinka laga helo, qaabka isticmaalka, iyo fikradda laga haysto badeecadda/adeegga.

Qayb-qaybinta salka ku haysa *demograafiyada* waxa isticmaala badanaa sharikaadka gada dharka, waxyaabaha la isku qurxiyo, buugta, cuntada iwm.

Qayb-qaybinta salka ku haysa *dhaqan-dhaqaalaha* (socio-economic) waxay leedahay muhimad gaar ah maaddaama ay qayb weyn ka qaadato awoodda iibsiga. Sharikaadka isticmaala noocaan waxay badanaa gadaan: guryaha, gogosha guryaha, dharka, gawaarida, qaar ka mid ah badeecadda isboortiga.

Kala duwanaanshaha *degaanku* waxa uu keenaa kala duwaansho baahida macaamiisha. Tusaale ahaan isku baahi dhar, guryo iyo cunto ma aha macaamiisha degan dhulka qaboobaha ah iyo kuwa degan dhulka kulaylaha. Dhinaca kale waxa isna muhiim ah baaxadda magaalada, i.e. in ay tahay magaalo weyn iyo in kale.

Sida macaamiisha loo qayb-qaybiyo ayaa sharikaadkana loo qaybqaybiyaa. Marka sharikaadka la qayb-qaybinayo waxa laga duulaa waxyaabo ay ka mid yihiin: degaanka shirkadda, nooca shirkadda, baaxadda macaamiisha, iyo isticmaalka badeecadda/adeegga.

Marka suuqa la qayb-qaybinayo waxa lakala saaraa laba nooc. Halka nooca hore isticmaalo hal halbeeg, nooca danbe waxa uu isticmaalaa dhowr halbeeg. Tusaale ahaan waxad arkaysaa sida ka muuqata sawirka hoose in la isticmaali karo saddex halbeeg. Saddexda halbeeg ee aan isticmaalnay tusaalahan waxay kala yihiin: dakhliga, degaanka iyo isticmaalka. Qaybta

161

shirkaddani dooratay waxad arkaysaa in ay tahay dad dakhligoodu ka sareeyo $10,000, degan magaalo weyn, isla markaasna aad u isticmaala badeecadda/adeegga. Markasta oo halbeegyada la isticmaalayo la badiyo waxa fududaanaysa in si fiican loo fahmo macaamiisha.

Sawirka 7.1 *Qayb-qaybinta suuqa*

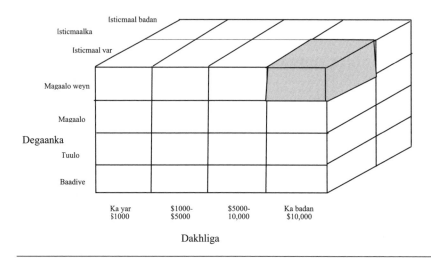

In kastoo halbeegyada badani ka fiican yihiin halka halbeeg, haddana mar-mar waxay keenaan ilduuf sababa in fursado badan la arki waayo ama si fiican looga faa'iidaysan waayo. Si looga fogaado ilduufyadaas, waxa muhiim ah in qaybta la xushay noqoto mid la cabbiri karo (measurable), baaxad leh, degan (stable), isla markaasna la gaari karo (accessible).

Tilmaansashadda qayb ka mid ah qaybaha suuqa

Tilmaansasho, waa go'aan xulasho oo la xiriira qaybta awoodda la saarayo. Go'aankaasi ha noqdo in la tilmaansado hal qayb ama dhowr qayboode, waxa muhiim ah in markasta shirkaddu garanayso awoodeedda, tartanka iyo dabeecadaha suuqa iyo badeecadda ay tilmaansanayso. Tilmaansiga hal qayb wuxuu shirkadda ka dhigaa mid caan ku ah halkaa qayb. Tusaale ahaan shirkadda tilmaansata in ay dhar ka gado dumarka da'doodu u dhexayso 35-55, dakhligoodu ka sareeyo $10,000 sanadkii, degana magaalo weyn, waxay noqonaysaa mid caan ka ah suuqaas ay tilmaansatay. Dhinaca kale istiraatiijiyada noocaan ihi waxay leedahay khatar aad u weyn. Haddii qaybta aad tilmaansatay isbeddel ku yimaado shirkaddana waxa ku imaanaya isbeddel. Waa meesha laga yiraahdo 'ukuntaada oo dhan hal danbiil laguma rido'.

162

Go'aanka gadashada

Go'aanka gadashada ee macaamiisha

"In the factory we make cosmetics; in the drugstore we sell hope"
- Charles Revson

Aqoon loo leeyahay suuqa laga ganacsanayo iyo badeecadda laga ganacsanayo oo kaliya kuma filna. Waxaa sidoo kale loo baahan yahay in aqoon fiican loo leeyahay dhaqanka cidda wax laga gadayo, i.e. macaamiisha. Waxa ugu muhiimsan ee la rabo in la ogaado waa sida macaamiishu u gaaraan go'aanka waxgadashada (buying decesion making). Sida ka muuqata shaxda hoose, hilinka go'aan gaarista macaamiishu waxa uu ka kooban yahay shan qaybood: (1) aqoonsiga dhibta; (2) wardoon; (3) qiimayn; (4) gadasho; (5) gadashada gadaasheed.

Haddaan si gaar ah u fiirinno midda ugu danbaysa. Marka macaamiishu gataan badeecad/adeeg, waxa ugu horeeya ee ay fiirinayaan waa in waxa ay gateen daboolayo baahidooda. Waxa ay kala kulmaan badeecaddaas/adeeggaas ayaa go'aamminaya in ay mar labaad iyo saddexaad gataan, aysan dib danbe u gadan iyo in ay cabasho gudbiyaan. Si loo ogaado in macaamiishu ku qanceen badeecadda/adeegga iyo in kale waa in jawaab celis (feed back) la waydiiyo macaamiisha.

Waxa sidoo kale muhiim ah in la fahmo in ay jiraan waxyaabo saamayn weyn ku leh go'aan gaarista macaamiisha. Waxyaabahaasi waxay noqon karaan kuwo *shaqsi* ah (personal), kuwo *ijtimaaci* ah (social), iyo kuwo *nafsi* ah (psychological). Kuwa shaqsiga ah waxa ka mid noqon kara da'da, jinsiga, dakhliga, xirfadda iwm. Kuwa nafsiga ah waxa ka mid noqon kara aragtida qofka (perception), waxa dhaqaajiyey qofka (motive), dabeecadda iwm. Dhinaca waxyaabaha ijtimaaciga ah waxan ka magacaabi karnaa: meesha uu kaga jiro qoyska, dadka uu wax ka qaato, dabaqada iyo dhaqanka.

Sawirka 7.2 *Hilinka go'aan qaadashadda macaamiisha*

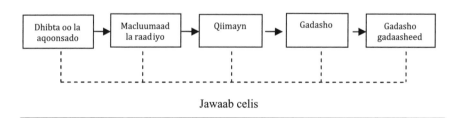

Jawaab celis

163

Go'aanka gadashada ee sharikaadka

Sharikaadku, ha noqdeen kuwa qof leeyahay ama kuwo dawli ah, waxay maraan hilin ka duwan hilinka macaamiisha shaqsiga ah. Ugu horayn, Sharikaadku waxay hayaan xog (macluumaad) ka badan kan macaamiisha shaqsiga ah; waa marka xigee waxay gataan mug ka weyn kan macaamiisha shaqsiga ah; waxay sidoo kale ahmiyad wayn siiyaan waxyaabo ay ka mid yihiin: tayada, adeegga iyo qiimaha.

Badanaa Sharikaadku waxay leeyihiin xafiis qaabilsan wax soo gadashada, baaxadda xafiiskaasina waxa uu ku xiran yahay baaxadda shirkadda. Sidii macaamiisha oo kale, soo gadshadu waxay martaa hilin. Hilinkaasi waxa uu ka bilaabmaa in dhibta la aqoonsado. Dhibtaas hal qof ayaa aqoonsan kara ama dad badan. Tallaabada labaad waa in la cayimo wixii lagu dabooli lahaa dhibtaas. In la baadigoobo waxa la cayimay ee xallin kara dhibtaas ayaa noqota tallaabada saddexaad. Waxa badanaa laga baaraa diwaanada sharikaadka, internetka iwm. Baaritaankaasi badanaa waxa ka soo baxa liis ay ku qoran yihiin sharikaad kala duwan iyo badeecadooyin kala duwan oo dabooli kara dhibtaas. Tallaabada afraad ayaa noqota in la qiimeeyo liiskaas iyadoo loo fiirinayo cayimaadii lagu sameeyey tallaabada labaad. Qiimayntaas waxa ka soo baxa in la doorto wixii lagu dabooli lahaa dhibtaas iyo ciddii laga soo gadan lahaa. Tallaabada lixaad waxay la xiriirtaa in la qiimeeyo wixii la soo gatay in uu buuxinayo ujeeddadii loo soo gatay iyo in kale.

Suuq-baaris (marketing research)

Research is to see what everybody else has seen, and to think what nobody else has thought"

Albert Szent-Gyorgyi

Rag uu ka mid yahay Wellington (78) ayaa suuq-baarista kala mid dhiga sahanka, *'in la ogaado buurta dhinaceedda kale'*. Suuq-baaristu waa magac loogu yeero hilinka: *qaabaynta* (design), soo *ururinta* (collection), *turjumidda* (interpretation) iyo *warbixinta* (reporting) macluumaad la xiriira macaamiisha, tartamayaasha ama wax kale oo saamayn ku yeelan kara iibka. Waa hilin lagu soo ururiyo xog ka maqan go'aan gaarayaasha.

Dadka ku cusub ganacsiga, waxa laga yaabaa in ay cabsi weyn ka qabaan suuq baarista ama aysan fahansanayn suuq-baarista gebi ahaanba. Qaar kale meeshii ay suuq-baaris buuxda samayn lahaayeen waxay iska dhaadhiciyaan in macaamiil diyaar ah albaabka taagan yihiin oo ay sugayaan in loo gacan haadiyo oo kaliya. Sida waaya'aragnimadu na bartay, suuqu waa bay'add aan naxariis aqoon. Waa bay'add u baahan in aqoon buuxda loo leeyahay intaan lugta lala gelin. Si looga badbaado dhibaatooyinkaas, waxa lama huraan ah in ganacsi kasta oo cusub fahansan yahay waxyaabo badan oo ay ka mid yihiin: suuqa uu gelayo; tartamayaasha; sidii badeecadiisa/adeegiisa looga aqoonsan lahaa badeecadda/adeegga tartamayaasha; qiimaha uu ku gadayo badeecadiisa; iyo farriinta uu u dirayo macaamiishiisa.

Suuq-baaristu waxay martaa hilin tallaabo tallaabo ah. Sida ku cad sawirka hoose, hilinkaasi waxa uu ka bilaabmaa in la qeexo lana ogaado dhibta. Waxa xiga in la qaabeeyo sidii daraasadda loo samayn lahaa (research methodology). Marka la qaabeeyo sida daraasadda loo samaynayo, waxa la soo ururiyaa xog. Waxa xiga in la falanqeeyo lana turjumo xogihii la soo ururiyey. Ugu danbayntii waxa laga diyaariyaa warbixin.

Sawirka 7.3 *Hilinka suuq-baarista*

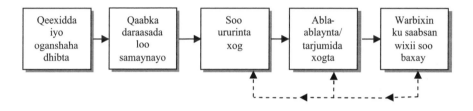

Qeexista iyo ogaanshaha dhibta

Waxa la yitaahdaa *'dhibaatada oo si fiican loo qeexo waa xalka barkeed'*. Oraahdani si gooni ah bay u taabataa suuqbaarista, waayo ilaa si fiican loo qeexo, loona ogaado dhibtu waxay tahay way adag tahay in laga hadlo tallaabooyinka kale ee suuqbaarista. Dhibta la kor-istaagayo (si fiican loo qeexayo) waxay noqon kartaa carqalad hor taagan shirkadda ama fursad (opportunity). Guud ahaan carqalada hortaagan shirkadda ama fursaddu saddex arrimood midkood bay ku imaan kartaa: (1) isbeddel aan lagu xisaabtamin; (2) isbeddel la qorsheeyey; (3) fursad.

Isbeddellada aan la qorshayn, sida qaalibka ah waxay ka yimaadaan bay'adda. Isbeddelladaasi waxay noqonkaraan kuwo ku dhaca tirada dadka, dhaqaalaha, tiknolojiyada, tartanka, siyaasadda, shuruucda iwm. Isbeddellada la qorsheeyey waxay noqon karaan kuwo la xiriira sidii shirkaddu u kobci lahayd, wax uga beddeli lahayd wax soo saarkeedda, ama isbeddel u abuuri lahayd mustaqbalka. Ugu danbayn fursadduhu waxay ka imaan karaan meelo laga filayo iyo meelo aan laga filayn. Meelaha aan laga filayn waxa ka mid noqon kara cabasho ka timaadda macaamiisha.

Si kastaba ha ahaatee, waxa muhiim ah in lagu baraarugsanaado in suuqbaaristu aysan bannaanka soo dhigin jawaabo. Suuqbaaristu waxay bannaanka soo dhigtaa xog (data). Xogtaas ayaa loo baahan yahay in la

165

turjumo loona beddelo tallaabooyin ay qaadi karaan maammulka shirkaddu si ay u xalliyaan dhibta.

Qaabka Daraasadda loo sameeyo (research mthedology)

Sida qaalibka ah, aqoon fiican looma laha waxa la baarayo. Si looga gungaaro waxa la baarayo waa in la xusho qaabkii daraasadda loo samayn lahaa. Tusaale ahaan haddii la rabo in shaaca laga qaado aragti cusub ama si fiican loo fahmo aragti daah ku rogan yahay waxa la sameeyaa daraasad *sahan* ah (exploratory research). Haddii la rabo in la fahmo dabeecadaha dhibta ama inta jeer ee dhibtaasi dhacdo (frequency) ama xiriirka ka dhexeeya laba shay, waxa la sameeyaa daraasad *bayaamisa* (descriptive study). Ugu danbayn haddii loo baahdo in la ogaado waxa keenay dhibta ama xiriirka ka dhexeeya dhibta iyo xalka waxa la sameeyaa daraasad la xiriirta waxa *sababay* dhibtaas (causal studies).

Daraasadda sahanka ah (exploratory) waxa la isticmaalaa marka la rabo in wax aan qeexnayn la kala dhig-dhigo. Kala dhig-dhigaasi waxa uu badanaa noqdaa qaab su'aal oo kale ah (hypothetical question). Daraasadda noocaan ihi waxay sare u qaadaa fahanka loo leeyahay dhibta.

Nooca labaad oo aan ugu yeernay daraasad bayaamisa (descriptive research) waxa la isticmaalaa marka: la darsayo dabeecadaha koox; marka la qiyaasayo tirada dadka ah ee u dhaqanta si gooni ah; marka wax la saadaalinayo. Daraasaadka noocaan ahi waxay badanaa ku dhisan yihiin aqoon dheeraad ah oo loo leeyahay dhibta la baarayo.

Daraasadda nooca saddexaad oo la isticmaalo marka la ogaanayo waxa sababay dhibta (causal studies) way ka duwan tahay labada nooc oo hore. Daraasadda noocaan ahi waxay isku daydaa in ay koristaagto waxa sababay dhibta. Si loo ogaado waxaasna waxa badanaa la sameeyaa tijaabo (experiment).

Waxa dhaci kara in laba nooc oo daraasada ka mid ah la isku lifaaqa. Tusaale ahaan in waxa laga bilaabi karaa daraasad sahan ah, dabadeedna loo gudbi karaa daraasad bayaamisa ama bid baarta asbaabaha.

Xog soo ururin (data collection)

Marka dhibta la qeexo, la doorto nooca daraasadda, waxa xiga waa in xogtii loo baahnaa la soo ururiyo. Marka laga hadlayo xogta laba nooc oo xog ah ayaa la kala saaraa. Mid waa mid diyaarsan una baahan in la soo ururiyo oo kaliya. Xogta noocaan ah waxa loogu yeeraa *xog guud* (secondary data). Nooca kale, oo ah mid aan diyaarsanayn loona baahan yahay in markaas la soo ururiyo, waxa loogu yeeraa *xog gaar ah* (primary data).

Xogta guud (secondary data) waxay noqon kartaa mid ku firirsan shirkadda dhexdeedda (sida, xisaabaadka shirkadda iwm), ama mid laga heli karo meelo shirkadda ka baxsan (sida, Daraasadaha kale, tiro-koobyada iwm). Xogta laga helo shirkadda meelo ka baxsan (external sources) waxay noqon kartaa mid daabacan (published) oo lacag la'aan ah cid kastana isticmaali karto ama mid iib ah (commercial data). Meelaha laga helo xogaha noocaan ah waa badan yihiin waxana ka mid ah xarumaha tiro koobka, xarumaha ururiya xogaha sharikaadka, diiwaanada sharikaadka, sharikaadka ururiya macluumaadka macaamiisha iyo suuqa, iwm.

Qaabka loo soo ururiyo xogta gaarka ah (primary data), oo ah xog aan diyaarsanayn, waa ka duwan tahay qaabka loo soo ururiyo xogta guud (secondary data) oo ah xog diyaarsan. Xogta gaarka ahi waxay noqon kartaa mid guud sida isbeddel la xiriira mujtamaca; ama mid gaar ah sida dookha iyo qaab-dhaqanka macaamiisha. Marka la soo ururinayo xogta noocaan ah laba waddo midood baa la qaadaa: in dadka la waydiiyo su'aalo si looga helo xogta loo baahan yahay (communication) ama in korka laga daawaddo (observation). Waxa kale oo macquul ah in labada hab la isku daro.

Maaddaama ay adag tahay in dhammaan dadka macaamiisha ah oo dhan xog laga soo ururiyo (population), waxa muhiim ah in la xusho tiro go'an oo la darso (sampling). Marka la xusho tiradii la darsi lahaa, waxa iyana muhiim ah in la xusho qaabkii loo darsi lahaa. Tusaale ahaan ma su'aalo baa la waydiinaynaa, haddii su'aalo la waydiinayose sidee loo waydiinaynaa (ma waxa loo dirayaa warqado, ma la booqanayaa marka la waydiinayo, mise waxa lagu waydiinayaa telefoon).

Falanqaynta/turjumida xogta

Marka la soo ururiyo xogtii loo baahnaa waa in la abla-ableeyo lana turjumo xogtaas si loo arko jawaabta ay ka bixisay dhibtii la darsayey. Marka la abla-ablaynayo waxa la isticmaalaa nidaamyo kala duwan. Nidaamka la isticmaalayana waxa uu ku xiran yahay nooca xog ee hortaada taal iyo ujeeddada laga leeyahay baarista. Marka la turjumayo wixii ka soo baxa daraasadda waxa muhiim ah in laga fiirsado oo aan lagu deg-degin.

Warbixin qoraal ah (repport)

Ugu horayn warbixinta qoraalka ahi waa in ay noqoto mid qofka akhrinaya u sheegta waxa uu u baahan yahay in uu ogaado. Qoraalku waa in uu noqdo mid la fahmi karo lana fulin karo. Xusuusnow markasta xikmadda tiraahda *'waxa la door bidaa in lala noolaado dhibaato aan la xallin karin, intii la aqbali lahaa xal aan la fahmi karin'*. Qoraalku waa in uu ka duulo duruufta iyo baahida dadka loo qoray. Tusaale ahaan waa in heerka aqooneed ee qofka akhriyaya qoraalka la siiyaa muhimad, maaddaama ujeeddadu tahay in la fahmo, laguna camal falo wixii ka soo baxa daraasadda. Sidoo kale maaddaama warbixintu xanbaarsan tahay farriimo saldhig u noqon doona go'aamo waa in si hufan loo qoro.

Saadaalinta iibka (sales forecast)

80% ganacsiyada cusub cimrigoodu ma dhaafo hal sano. 10 kii ganacsi ee fashilma, 9 ka mid ihi waxay u fashilmaan asbaabo la xiriira maammul xumo. Mid ka mid ah waxyaabaha ka qayb qaadan kara badbaadinta ganacsiyada yay-yar ayaa ah waxa loogu yeero saadaalinta iibka (sales forecasting). Saadaalinta iibku waxay cabbirtaa baaxadda iib ee suuq ee waqti cayiman. In kastoo saadaalinta iibku gooni isu taagi karto, haddana waxa la dhiirrigeliyaa in ay qayb ka noqoto qorshaha suuqgeynta.

Muhimad ballaaran ayaa saadaalinta iibku leedahay. Muhimaddahaas waxa ka mid ah:

- Waxay saldhig u tahay saadaalinta iyo maaraynta dhaqdhaqaaqa lacagta (cash-flow)
- Waxay saldhig u tahay qorshaynta hantida loo baahan yahay, gadashada loo baahan yahay iyo soo saarka intaba.

Marka la saadaalinayo iibka waxa muhiim ah in tixgelin la siiyo: aqoonta loo leeyahay sayladda; aqoonta loo leeyahay macaamiisha; awoodda wax soo saarka; heerka tartanka; waxyaabaha kale ee saamyn ku yeelan kara iibka.

Saadaalinta iibku ma aha wax fudud oo cid kasta samayn karto. Sidoo kale, ma aha mid u fudud sharikaadka cusub maaddaama aysan lahayn waaya'aragnimo ku filan, macluumaadka ay u baahan yihiina aad u guda ballaaran yahay, waxna aysan ka hayn. Waxa sidoo kale dhici kara in milkiile-maammuluhu uusan aqoon u lahayn nidaamyada la isticmaalo marka la samaynayo saadaalinta noocaas ah.

Saadaalinta iibku waxay sharikaadka dhaxalsiisaa faa'iidooyin aan la soo koobi karin oo ay ka mid yihiin: lacagta soo gelaysa oo sare u kacda; waxay fahmaan goorta wax la soo gato iyo inta la soo gato markiiba; waxay si fiican u fahmaan macaamiishooda; waxay saadaalin karaan faa'iidada soo gelaysa. Isku soo duuduuboo saadalinta iibku: waxay sare u qaadaa faa'iidada; waxay shirkadda u fududaysaa in ay ku gacan adaygto macaamiisha, waxay hoos u dhigtaa hallaabadaha (costs), waxayna sare u qaadaa waxqabadka.

Inta aadan bilaabin iswaydii su'aalo ay ka mid yihiin: intee macaamiil cusub ah ayaa sanadkaan kugu soo xirmi doonta, inteese kaa tegi doonta; celcelis ahaan imisa ayay macaamiishu gataan; mase jiraan bilo ama xilliyo ka duwan xilliyada kale (seasonality). Waxa sidoo kale muhiim ah in macluumaad ballaaran laga hayo isbeddellada ku dhacaya suuqa (in uu kobcayo, in saamigaagu isbeddelay, iwm); hantida aad haysato siiba dhanka iibiyayaasha (sales force) iyo miisaaniyadda suuqgeynta; sidii looga gudbi lahaa xannibaadyada (in loo guuro meeshii hore meel ka fiican iwm).

Marka la saadaalinayo iibka waxa sidoo kale muhiim ah in aan wax is huwan oo duuduuban la saadaalin ee loo kala jejebiyo: shay-shay; degaan-degaan; iwm.

Ugu danbayn, khaladaadka lagu dhaco oo ay mudan tahay in lagu baraarugsanaado waxa ka mid ah: in la aammino in iibkaagu aad u sarayn doonno; in aan tirada lagu darsan isbeddellada ku dhacaya suuqa ama macaamiisha; in aan hanka sare loo qaadin; in aan lala tashan shaqaalaha iibka iyo macaamiisha.

Bilid (promotion)

"To convince others, first convince youself"
Anon

Biliddu waa nidaam sare loogu qaabo, dadkana lagu jeclaysiiyo, badeecadda ama adeegyada shirkadda. Inkastoo noocyo badan oo badeecadaha ama adeegyada loo bilo jiraan, haddana xayaysiinta (advertising) iyo iibinta (selling) ayaa lagu tilmaamaa labada nidaam ee ugu magaca dheer. Laba ujeeddo ayaa loo sameeyaa bilidda: in sare loo qaado saamiga ama la xagsado saamiga shirkaddu suuqa ku leedahay. Sida qaalibka ah, sharikaadka yar-yari waxay bilidda u sameeyaan si ay sare ugu qaadaan saamigooda. Marka ay himiladaas gaaraan, ayay u gudbaan sidii ay saamigooda u xagsan lahaayeen.

Ferexa suuqgeynta (marketing mix)

Sawirka: ferexa suuqgeynta

Marka la diyaarrinayo qorshaha bilidda, waxa laga duulaa ferexa[19] suuqgeynta si loo sunto tallaabooyinka muhiimka ah ee mudan in la qaado. Ferexa suuqgeyntu waa waxa kulmiya istaraateejiyada shirkadda ee la xiriira: badeecadda (product), sicirka (price), meesha (place), iyo bilidda (promotion). Waxyaabahaas ayaa loogu yeeraa 4-ta 'P'.

Marka shirkaddu go'aamiso waxa ay gadayso (product), meesha ay ku gadayso (place), iyo inta ay ku gadayso (price), ayay u soo jeensataa bilidda. Tusaale ahaan haddii badeecadu tahay mid cusub, biliddu waxay macaamiisha u sharraxdaa faa'iidooyinka badeecadda iyo waxa ay ku soo kordhinayso noloshooda. Haddii badeecadu tahay mid leh tartan xooggan, biliddu waxay awoodda saartaa asbaabta macaamiishu u gadanayaan badeecadda shirkaddan oo aysan u gadanayn badeecadda sharikaadka kale.

Xayaysiinta

> *Advertising is the principal reason why the business man has come to inherit the earth."*
> ### *James Randolph Adams*

Sida qaalibka ah, qofku wuxuu maalintii la kulmaa kumanaan xayaysiin ah. Xayaysiimahaas qaarkood waxa loo soo mariyaa TV-ga ama Raadiyaha; qaar kale warsidayaasha maalinlaha ah iyo kuw asbuuclaha ah; qaar kalena waxa lagu dhejiyaa derbiyada ama sabuurado waaweyn. Xayaysiintu kuma koobna kuwaas sare ku xusan oo kaliya: marka shaqaaluhu salaamaan macaamiil oo soo dhoweeyaan waxay samaynayaan xayaysiin; marka badeecad la dhigo meel laga arki karo sida daaqada waxa la samaynayaa xayaysiin; marka macaamiil maqsuud noqotay war farxad leh oo ku saabsan shirkadda gaarsiiyaan qof kale, waxay sameeyeen xayaysiin.

Noocyada wax loo xayaysiin karo waa fara badan yihiin. Qaarkood waxay u baahan yihiin aqoon, dhaqaale iyo waqti, meesha qaarka kale u baahan yihiin shaqaale carbisan iyo goob hufan oo soo dhowaynaysa macaamiisha.

Faa'iidooyinka xayaysiinta lama soo koobi karo, haddiise aan laba ka magacawno, waxan oran karnaa:

1. Xayaysiintu waa awood sida bir-labta (megnet) u *soo jiidata* macaamiisha;
2. Xayaysiintu waxay sida birlabta u *qabataa* macaamiisha.

In kastoo labadaas, soo-jiidashada iyo ku-dhegiddu, ugu waaweyn yihiin faa'iidooyinka xayaysiinta, haddana waxa jira faa'iidooyin kale oo aan la soo koobi Karin.

---

[19] Ferex waa kalmad ay isticmaalaan dadka ka shaqeeya dhismaha. dadkaasi ferex waxay u yaqaanaan marka la isku daro shamiitada, biyaha, ciida iyo wixii kale.

Waxa xusuusin mudan in lagu baraarugsanaado in xayaysiintu aysan badeecad xun ama hab-dhaqan xun badiil u noqon karin. Waxa sidoo kale mudan in la xusuusnaado, in xayaysiintu aysan wax gadin ee waxa wax gada yahay shaqaalaha. Hawsha xayaysiintu waa in ay macaamiisha albaabka shirkadda keento, haddii hab-dhaqanka iyo hab-soo-dhowaynta shirkaddu khaldan yahay ama xun yahay, macaamiishu ama ilinkay ka noqonayaan, haday soo galaana dib u soo noqon mayaan. Ugu danabyan, xayaysiintu ma aha wax hal mar la sameeyo, waa wax u baahan in si joogto ah loo sameeyo iyadoo la raacayo wadiiqooyin kala duwan.

Marka xayaysiinta la samaynayo waxa muhiim ah in lagu baraarugsan yahay arrin muhiim ah. Arrintaasi waxay la xiriirtaa asbaabta dadku u gataan waxa ay gadanayaan. Dadku waxay gadanayaan uma gataan wuxuu yahay ee waxay u gataan faa'iidada ay ka helayaan. Tusaale ahaan, gaariga waxa loo gataa: in lagu xarragoodo, in lagu shaqaysto, in dalxiis lagu tago, iwm. Haddaan si kale u qoro, xayaysiintu waa in ay taabataa baahida qofka, si qofku markuu xayaysiinta arko u yiraahdo, 'haddaan helay wixii iga maqnaa'.

Arrimo kale oo muhiim ah oo xayaysiinta sare u qaada waxa ka mid ah:

- In ay tahay wax fudud oo si sahal ah loo fahmi karo
- In ay dadka ku wargeliso qiimaha shayga ama adeegga
- In ay noqoto mid run ah lana rumaysan karo
- In ay jawaab ka bixinayso su'aalaha qofku iswaydiin karo oo dhan.

Marka xayaysiinta la sameeyo, waxa iyana muhiim ah in la doorto qaabkii xayaysiinta lagu gaarsiin lahaa macaamiisha. Waddooyinka la isticmaali karo waxa ka mid ah: warsidayaasha, TV-ga, raadiyaha, derbiyada, diiwaanadda (directories), bandhigyada iyo carwooyinka. Nooca aad xulanaysid wuxuu ku xiran yahay nooca macaamiishaadu sida aadka ah u isticmaalaan.

Xiriirka dadweynha (public relations)

Dhammaan dhaq-dhaqaaqyada Sharikaadku sameeyaan oo ujeeddadoodu tahay: in lagu abuuro, sare loogu qaado, laguna hantiyo sumcad fiican ayaa loogu yeeraa xiriirka dadwaynaha ama PR. Waxyaalaha sharikaadka yar-yari sameeyaan si ay sumcadooda sare ugu qaadaan waxa ka mid ah: ka qayb qaadashada mucaawimooyinka (charities), iyo kafaalo qaadista dhacdooyinka waaweyn sida kuwa waxbarashada, ciyaaraha iwm.

Iib-geynta

"For every sale you miss because you're too enthusiastic, you will miss a hundred because you're not enthusiastic enough."
Zig Ziglar

171

Meesha waagii hore la isticmaali jiray nidaam ku salaysan wax gadid oo kaliya, casrigan, waxa awoodda la saaraa in xiriir dheer oo kalsooni ku dhisan lala yeesho macaamiisha (trust based relationship). Labada nidaam kuma kala duwana magaca oo keliya ee waxay ku kala duwan yihiin wax kasta: laga bilaabo sida macaamiisha loola xiriiro; sida wax loogu sharraxo; sida iibka loo gabagabeeyo; iyo xiriirka lala yeesho iibka dabadii.

Waqtiga loo isticmaalo macaamiisha oo hoos u dhacay ayaa waayahan danbe iib-geynta ka dhigtay xirfad u baahan aqoon iyo waaya'aragnimo ka duwan kuwii hore. Sharikaadku badanaa waxay tababbaro isdabajooga u diraan shaqaalohooda si ay u bartaan nidaamyada casriga ah ee wax loo iibiyo. Nidaamyada casriga ahi waxay ku salaysan yihiin: in qofku yaqaanno naftiisa, shirkadiisa, badeecadda, iyo macaamiisha uu wax ka gadayo.

Soomaalida iyo suuqgeynta

"Setting an example is not the main means of influencing others;
it is the only means."
-Albert Einstein

Suuqgeynta waxa lagu daraa waxyaabaha ganacsatada Soomaalidu ugu aqoonta yar-yihiin, uguna isticmaal khaldan yihiin. Ugu horayn waxan isku daynay in aan muuqaal ka qaadano waxa ganacsatada Soomaalidu u yaqaaniin suuqgeynta iyo in ay isticmaalaan suuqgeyn sax ah. Marka labaad waxan baarnay in ganacsiyada Soomaalidu leeyihiin istaraatiijiyo suuqgeyn. Waxa iyana aan fiirinay in Soomaalidu sameeyaan suuq-baaris.

Arrinta la xiriirta micnaha suuqgeynta, waxa soo baxay in wax ka badan 65% aysan aqoon micnaha dhabta ah ee suuqgeynta. Qaar, suuqgeyntu agtooda waxay ka tahay iibka, qaar kale xayaysiinta, qaarna waxa markiiba maskaxdooda ku soo dhacay wax been laga sheegayo oo meel uusan joogin la gaarsiinayo.

Arrinta la xiriirta istaraatiijiyadda suuqgeynta, wax ka yar 4% sharikaadka waaweyn iyo kuwa dhexe ayaa sheegay in ay leeyihiin istaraatiijiyo suuqgeyn oo dhamaystiran, meesha 85% aysan lahayn wax suuqgeyn ah. Qaar ayaa ka dhawaajiyey in ay leeyihihiin qof u qaabilsan suuqgeynta, laakiin, markaan waydiiyey hawsha qofkaasi qabto way adkaatay in ay qeexaan hawsha maalinlaha ah ee qofkaasi qabto. Xantoobada leh qorshe suuqgeyn laftigooda waxa ka muuqatay in aan la isku waafaqsanayn in waxa qorani yahay waxa dhabta ah ee lagu socdo iyo in waxa lagu socdo yahay qof ama laba qof maskaxdood.

Suuq-baaristu waxay noqotay waxyaabaha ay aadka u adkaatay in loo sharraxo oo la fahansiiyo maammulka sharikaadka dhexe iyo kuwa waaweyn. Qaar badan suuq-baaristu waxay agtooda ka tahay indha-indhayn. Laakiin waa indha-indhayn aan la garanayn waxa la baarayo, ujeeddada loo baarayo, iyo sida loo baarayo midkoodna. Isku soo duuduuboo, sharikaadka dhexe iyo kuwa waaweyn 5% ayaa sameeyey wax

172

iyaga agtooda suuq-baaris ka ah saddexdii sano ee la soo dhaafay. Waxa naxdinta lihi waxay noqotay, in qaar ka mid ah sharikaadka ku andacooday in ay leeyihiin istaraatiijiyo suuqgeyn iyagoo aan samayn wax suuq-baaris ah.

Bilidda, ayaa iyana noqotay wax sharikaadka xoogoodu si khaldan u fahmeen. Tusaale ahaan, xayaysiimaha sharikaadka Soomalidu samaystaan, wax ka badan 75% farriinta ay macaamiisha gaarsiinayso ma qeexna. Dabcan asbaabta keentay in farriin khaldan la diro waxay salka ku haysaa aqoonta loo leeyahay macaamiisha oo aad u yar. Asbaabta keentay in aan aqoon fiican loo lahayn macaamiishuna waa suuq-baaris la'aan. Dhinaca iib-geynta aad bay u liitaan sharikaadka Soomaalidu, asbaabo la xiriira: shaqaalaha iib-geynta oo aan lahayn wax aqoon ah oo la xiriirta la dhaqanka macaamiisha iyo shirkadda oo aan lahayn istaraatiijiyo iib-geyn oo qeexan.

Xiriirka dadweynaha (PR) ayaan ku tilmaami karnaa waxa kaliya ee sharikaadka dhexe iyo kuwa waaweyni aad u isticmaalaan. In kastoo qaabka ay uga qaybqaataan su'aalo ka taagan yihiin, haddana sharikaadkaasi waxay ka qaybqaataan ta'kulaynta dadka dhibaataysan, dhismayaasha goobaha waxbarashada, caafimaadka iyo cibaadada.

Cutubka

Tartanka (competition)

The ability to learn faster than the competition is often the only sustainable competitive advantage a company can have"
-- Arie de Geus

Qarnigii la soo dhaafay bartamihiisii ayaa Joseph Schumpeter wuxuu tartanka ku tilmaamay 'dabayl aan kala go' lahayn'. Dabayshaan aan dhammaanayn oo uu ugu yeerey 'hal-abuur wax burburiya' (creative destruction), wuxuu caddeeyey in ay fursado abuuraan, islamarkaasna dib u bur-buriyaan fursadihii ay abuureen.

Laga soo bilaabo xilligaas Schumpeter tartanka ku tilmaamay mid wax bur-buriya, waxa muuqatay in dabaysha tartanku maalinba maalinta ka danbaysa sii xoogaysanaysay. Sida Grim et al. (2006) iyo rag kaleba tilmaameen waqtiga Sharikaadku kaga jawaabaan cadaadiska kaga yimaada sharikaadka kale si aad ah ayuu hoos ugu dhacay. Wajigan cusub ee tartanku galay wuxuu sababay in xogta tartamayaasha la raadiyo habeen iyo maalinba.

Qaybta hore ee cutubkaani waxay muuqaal ka bixinaysaa waxyaabaha shirkadi kaga fiicnaan karto sharikaadka kale. Qaybta labaadna waxay qaadaadhigaysaa qaababka loo difaacdo suuqa.

Markaad akhridid cutubkaan waxaad:

- Si fiican u fahmi doontaa waxa shirkadi kaga fiican tahay shirkad kale (competitive advantage).
- Muuqaal fiican ka qaadan doontaa qaacidada Porter ee shanta quwadood.
- Fahmi doontaa sida loo qiimeeyo tartamayaasha iyo sida loo ilaashado suuqaaga.

Maxay shirkadi ku fiican tahay

"The ability to learn faster than your competitors may be only sustainable competitive advantage"
Arie de Geus

Si shirkadi meekhaan u gaarto, waa in ay jirto wax ay kaga fiican tahay sharikaadka kale. Waxa shirkadi kaga fiican tahay sharikaadka kale ayaa loogu yeeraa 'competitive advantage'. In kastoo Michael Porter (1985) qaddarin badan lagu siiyo, haddana ma uusan ahayn qoraagii ugu horreeyey ee isticmaalaa weedhaas[20]. Porter waxa kaliya oo uu isu keenay kana dhigay wax si fudud loo fahmi karo waxyaabaha shirkadi kaga fiicnaan karto sharikaadka kale, qaybna ka noqon kara waxyaabaha shirkadda ka dhiga mid gaarta faa'iido.

Lefebvre and Lefebvre (1993) daraasad ay sameeyeen waxa ay heleen in shirkadi kaga fiican tahay sharikaadka kale saddex walaxood oo ay ugu yeereen: *tayada, kharashka* iyo ka *duwanaanta*. Cobbenhagen (2000) isbarbardhig isna uu ku sameeyey sharikaadka ku fiican dhinaca tartanka iyo kuwa aan ku fiicnayn waxa uu soo saaray in ay ku kala duwan yihiin saddex shay oo kala ah: *suuqa, tiknoolojiyada* iyo *nidaamka*. Dhinaca suuqa waxa uu tibaaxay arrimo ay ka mid yihiin xiriirka macaamiisha; dhinaca tiknoolojiyda waxa uu tilmaamay kharashka cilmibaarista; dhinaca nidaamkana waxa uu tilmaamay wadashaqaynta. Wickham (2000) wuxuu isna ku doodaa in afar walaxood awoodda tartanku ku xiran yahay. Afartaas walaxoodna wuxuu ugu yeeraa: *kharashka, aqoonta, xiriirka* iyo *muuqaalka*. Rag kale oo Man and Chan (2002) ka mid yihiin waxay carrabka ku xoojiyaan in *antrabranoor*-ka laftiisu door weyn ku yeelan karo awoodda tartan ee shirkadeed.

Xiriirka shirkadi la leedahay sharikaadka kale ayaa isna qayb weyn ka qaata awoodda tartan ee shirkad. Xiriirkaasi waxa uu noqon karaa mid adag (hard) ama mid jilicsan (soft). Sharikaadka leh xiriir adag waxay iska kaashadaan soo saarka, suuq geynta iyo iibinta intadaba, halka sharikaadka leh xiriirka fudud wadaagaan macluumaadka suuqa oo kaliya.

Waxyaabaha kale oo badanaa la soo bandhigo sharraxana awoodda tartan ee shirkad waxa ka mid ah: istaraatiijiyadda *suuqgeynta* (Bharadwaj and Menon, 1993); awoodda tartan ee *maammulka* (Martin and Staines, 1994) iyo *nidaamka maammul* (Yusuf, 1995)

Qaabka suuqa (stracture of the market) – macaamiisha, sharikaadka badeecadda qaybiya (suppliers), tartamayaasha (competitiros); *baddiillada* suuro gelka ah (potential substitutes); iyo *xannibaadyada gelista* (barriers to entry) ayaa qayb weyn ka qaata heerka tartanka iyo faa'iidada macquulka

---

[20] Waxa la wariyaa in Penrose (1959), Ansoff (1965) iyo Andrews (1971) ay dhammaantood isticmaaleen kelmada 'Competitive Advantage'. Klein (2001) waxa isagu kuba doodaa in Porter uusanba weedhaas isticmaalin ka hor 1985. Waxa sidoo kale la soo guuriyaa in rag kale oo ay ka mid yihiin Caves (1984), Day (1984) Spence (1984) iyo Barney (1986) dhammaantood isticmaaleen oraahdaas isla xilliga Porter isticmaalay.

ah ee shirkadi gaari karto. Porter (1985) ayaa soo bandhigay qaab lagu abla-ableeyo, laguna fahmo tartanka. Qaabkaasi waxa uu Porter ku doodaa in uu sharrixi karo faa'iidada sharikaadka. Porter waxa uu ku doodaa in ujeeddada ugu weyn ee tartanku tahay in 'lala talaabsado suuqa, hadday macquul tahayna dhankaaga loo soo loodiyo xeerarka tartanka'. Sida qaalibka ah sharikaadka yar-yar way ku adagtahay in ay dhankooda u soo loodiyaan xeerarkaas, marka waxa muhiim ah in ay fahmaan sidii ay ula noolaan lahaayeen.

Sida ka muuqata sawirka 10.1, qaabka Porter soo bandhigay waxa uu ka kooban yahay shan waaxood. Shantaas waaxood ayuuna Porter ugu yeeray shanta awoodood (five forces):

1. **Awoodda iibsadayaasha** (the power of buyers): awooddaasi waxay ku xiran tahay baaxadda iibsadayaasha iyo isku-ururursanaantooda (concentration). Waxa kale oo awooddaas qayb ka ah macluumaadka ay ka hayaan tartamayaasha iyo/ama qaybiyayaasha (suppliers) iyo kharashka beddeleshada (switch costs). Kharashka beddelashadu waa kharashka la gelayo marka laga guurayo qaybiye (supplier) ama badeecad oo loo guurayo qaybiye kale ama badeecad kale. Haddii iibsadayaashu yihiin sharikaad waaweyn oo gata caddadd aad u ballaaran, kaharashka beddelashadu yaryahay, macluumaadka iibsadayaashu hayaanna aad u badan yahay waxa sare u kacaya awoodda iibsadayaasha. Awoodda iibsadayaasha oo sare u kacda waxay hoos u dhigaysaa awoodda shirkadda gadaysa badeecadda.

2. **Quwadda qaybiyayaasha** (the power of suppliers): awoodda qaybiyayaashu waxay iyana ku xiran tahay baaxadda shirkadda iyo waxyaabaha kale ee aan sare ku xusnay. Haddii qaybiyayaashu yihiin sharikaad waaweyn, badeecadooduna tahay badeecad ka duwan badeecadooyinka kale (differentiated products), muhiimna u tahay sharikaadka yar-yar, waxa sharikaadka yar-yari istaagayaan meel hoose oo ah inaysan waxba ka beddeli karan qiimaha iibka. Haddii aysan waxba ka beddeli karin qiimaha iibkana waxba kama beddeli karaan kharashka shirkaddoodu.

3. **Cabsi laga qabo sharikaad cusub oo soo gala suuqa** (the threat of new entrents): Cabsidaasi waxay ka dhalan kartaa sababo la xiriira isbeddel ku yimaada shuruucda ilaalinta (legal protection); wax soo saarka, isaga oo kharashku hoos aado ama uusan is beddelin (economies of scale); summadda aqoonisga (brand identity); qaybiyayaasha; siyaasadda dawladda (government policy); kharashka beddelashada (switch costs); kharashka raasummaalka (capital costs); iwm. Marka cabsida soo galayaal cusubi sare u kacdo, waxa hoos u dhacaya awoodda sharikaadka yaryari ku kantarooli karaan sicirka.

4. **Cabsida baddiillada** (the threat of substitutes): arrintani waxay ku ag-wareegtaa sicirka, kharashka beddelashada, iyo macquulnimda in macaamiishu bedeshaan asbaabo la xiriira isbeddel ku yimid

177

dhadhankooda iwm. Marka cabsida beddelashadu sare u kacdo, waxa hoos u dhacaysa awoodda shirkadi sare ugu qaadi karto sicirka.

5. **Hardanka ka dhexeeya tartamayaasha**: hardankaasi waxa uu ku xirnaanayaa tirada iyo baaxadda sharikaadka; cusaybnimada suuqa iyo kobiciisa; iyo awoodda soo jiidasho ee suuqaas. Waxyaabaha muhiimka ah oo shirkad siin kara awood dheeri ah waxa ka mid ah: kala duwanaanshaha badeecadda; summadda aqoonsiga; iyo kharashka beddeleshada. Marka hardanku sare u kaco waxa hoos u dhacaya awoodda shirkadi sare ugu qaadi karto sicirka.

Sawirka 11.1 *shanta awoodood ee Porter*

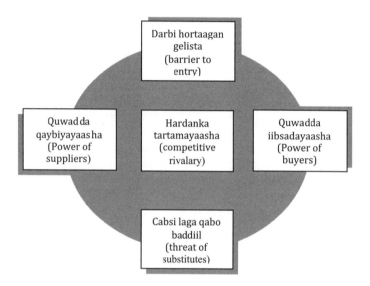

Source: *Porter (1985) Competitive advantage, 1985, The Free Press. New York*

Shantaan walxood ayaa go'aamiya faa'iidada shirkad iyo qaabka suuq u shaqeeyo labadaba. In la darso shantaan walaxood waxay sare u qaadaysaa xulashadda suuq laga fiirsaday. Waxay sidoo kale bilow fiican u tahay guul shirkad daasi gaarto mustaqbalka.

Aasaaska waxa shirkadi kaga fiican tahay sharikaadka kale

"In business, the competition will bite you if you keep running; if you stand still, they will swallow you"
William Knudsen

178

Si loo fahmo waxa shirkadi kaga fiicnaan karto shirkadd kale, waa in marka hore la fahmo bay'adda shirkadi ka hawlgasho. Haddii la darso jihada ganacsigu u socdo iyo isbedbeddelka tartanka way fududaanaysaa in la arko fursado si fiican looga faa'iidaysan karo. Haddii si kale loo dhigo, markasta oo daraasad lagu sameeyo bay'adda iyo awoodda shirkadda, waxa fududaanaysa in ay soo ifbaxaan fursado aan hore loo ogayn/arkin. Sida ka muuqata sawirka 11.2, in shirkadi yeelato awood tartan ma aha wax iska yimaada ee waa wax u baahan in qiimayn joogto ah oo lagu sameeyo: *bay'adda, shirkadda iyo isteraatiijiyadda.*

Aasaaska qiimaynta

Qiimaynta Bay'adda

Bay'addu saamayn ballaaran ayay ku leedahay heerka koboc iyo faa'iido ee shirkaaddka. Sidaas aawadeed markasta oo daraasad lagu sameeyo bay'adda, waxa shaaca laga qaadaa fursado, waxaana sidoo kale la koristaagaa cabsiyo. Qiimayntaan waxay badanaa ka kooban tahay laba qaybood. Qaybta hore waxay la xiriirtaa waxyaabo guud oo si aan toos ahayn saamayn ugu yeelan kara horummarka shirkadda (macro environment), halka qaybta danbe la xiriirto waxyaabo gaar ah oo si toos ah saamayn ugu yeelan kara horummarka shirkadda (industry environment).

Waxyaabaha guud waxay u badan yihiin waxyaabo shirkaddu aysan waxba ka qaban kiarrin sida: isbeddellada ku dhaca dhaqaalaha (sida: koboca dhaqaalaha, dulsaarka, sicir-bararka, sarifka lacagaha qalaad, iwm); isbeddellada ku dhaca mujtamaca iyo dhaqanka; isbeddellada ku dhaca siyaasadda iyo shuruucda; isbeddellada dhaqan dhaqaale ee adduunka.

Qiimaynta shirkadda

Kuma filna in la fahmo waxyaabaha shirkadda bannaanka ka ah oo kaliya. Waxa iyana muhiim ah in la darso awoodda shirkadda. Sida ugu habboon ee loo darso shirkadda waa in la fiiriyo waxa ay ku fiican tahay (strengths) iyo waxa ay ku liidato (weaknesses).

Si antrabranoor-ku u qiimeeyo shirkadda, waa in uu kala fahansanyahay laba arrimood oo muhiim ah: awoodda shirkadda (capabilities) iyo hantida shirkadda ama waxa ay haysato (resources). Hantida shirkaddu waa waxyaabaha shirkaddu isticmamasho si ay u gudato hawlaheeda ganacsi. Hantidaasi waxay noqon kartaa mid la taaban karo (tangible) ama mid aan la taaban karin (intangible). Hantida la taaban karo waxa ka mid ah: warshadaha, dhismaha, lacagta iwm. Halka kuwa aan la taaban karin ay ka mid noqon karaan: sumcada, magaca iyo xuquuqaha u gaarka ah shirkadda.

Sawirka 11.2 *waxyaabaha aasaaska u ah awoodda tartanka*

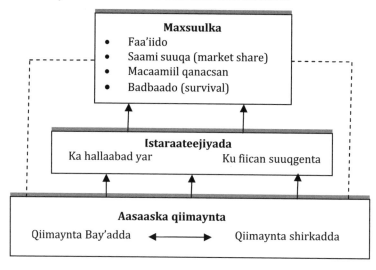

Istraatiijiyada

Istraatiijiyo waa qorshaha haga shirkad si looga faa'iidaysto fursad. Istaraatiijiyadda shirkad gaarsiin karta horummar waa mid salka ku haysa xaaladda dhabta ah ee shirkadda. Sida ka muuqata sawirka sare, istaraatiijiyooyin fara badan ayaa shirkad ka dhigi kara mid ka fiican sharikaadka kale. Istaraatiijiyooyinkaas laba ayaa lagu soo ururiyaa: (a) in shirkaddu ku fiican tahay dhanka hallaabada[21] (cost advantage); (b) in ay ku fiican tahay dhinaca suuqgeynta (marketing advantage).

Sharikaadka ku fiican dhinaca hallaabadu waa sharikaadka awooddaa in ay suuqa alabtooda/adeegyadooda ku soo dhigaan qiime ka jaban qiimaha sharikaadka kale. Dhinaca kale sharikaadka ku fiican dhanka suuqgeyntu, waa sharikaad badeecadooda/adeegooda ka sooca badeecadooyinka kale (differentiation).

Maxsuulka

Qiimayn buuxda oo lagu sameeyo bay'adda shirkaddu ka hawlgasho iyo shirkadda gudeheedda waxay fududaysaa in shirkadi doorato istaraatiijiyo gaarsiin karta himilooyinkeeda. Sida aan sare ku soo sheegnay istaraateejiyadaasi waxay noqon kartaa in shirkaddu awoodda saarto hallaabada (cost) ama suuqgeynta.

---

[21] Hallaabad (cost) waa xaddiga lacagta ah ee la bixiyo marka walax ama shay la soo gato ama la soo saaro. Sharraxaad intaas ka badan fiiri Cabdisalaam (1997)

180

Maxsuulada la gaaro haddii la maro dariiqa toosan waxa ka mid ah: faa'iido, saamiga suuqa oo sare u kaca, macaamiisha oo noqota kuwo qanacsan, iyo in laga badbaado fashil

Sidee lagu yeeshaa awood tartan

Porter (1985) waxa uu ku doodaa in laba hab miduun lagu gaari karo awood tartan (competitive advantage). Labadaas hab waxa uu u kala bixiyey: *qiime jaban* (low price) iyo *ka duwanaansho* (differentiation). Waxa mar-mar lagu saddexeeyaa macaamiisha oo ahmiyad balaaran la siiyo (customer focus). Labadaas hab oo ku cad sawirka hoose, waxa ka dhasha afar waddo. Waddo walbana waxay leedahay qaab loo wajaho. Tusaale ahaan, shirkadi hadday doorato qiime jaban iyadoo isla markaasna badeecad eedda ka gadaysa suuq guud waxa loogu yeeraa 'badeeco qaybiye'. Sidoo kale haddii shirkad xulato in ay badeecaddeeda ka gado suuq gaar ah iyadoo ku gadaysa qiime sare waxa loogu yeeraa 'wax-gaar-ah-gade'.

Sawirka 11.3 *hababka lagu yeelan karo awood tartan*

Badeeco qaybiye (commodity supplier):

Shirkadka noocaan ahi waxay suuqa keenaan badeecad raqiis ah, oo aan ka duwanayn kuwa suuqa yaala, waxayna awoodda saaraan in ay badeecaddaas ka gadaan macaamiisha oo dhan. Marka aad rabtid in aad gadid badeecad noocaas oo kale ah, waxa lama huraan ah in kharashkaagu aad u hooseeyo. Sharikaadka suuqa noocaan ah badeecadda gaarsiin kara waa kuwo wax soo saarka sare u qaadi kara iyagoo kharashka aanu isbeddelayn (economies of scale).

Sida ka muuqata sawirka hoose (11.4) shirakadi waxay yeelan kartaa awooddaas haddii kharashka lagu soo saarayo halkii shay hoos u dhaco, marka tirada badeecadda la soo saarayaa sare u kaco. Tusaale ahaan, haddii kharashka halkii shay ahaa A3, marka tirada la soo saarayo ahayd B3,

181

marka tirada la soo saarayo sare u kacdo, B2, waxa kharashku gaarayaa A2. In kharashku hoos uga sii dhaco, oo tusaale ahaan gaaro A1, marka waxsoosaarku gaaro B1, waxa uu ku imaan karaa ikhtiraac tiknoolojiyo.

Strategiyada noocaan ah badanaa ma aha mid ay gaari karaan sharikaadka yar-yar maaddaama aysan lahay awood ay ku kordhiyaan wax soo saarka iyo awood ay ku maalgeliyaan teknolojiyo cusub labadaba

Sawirka 11.4 *hoos u dhigida kharashka iyada oo wax soo saarka la kordhinayo*

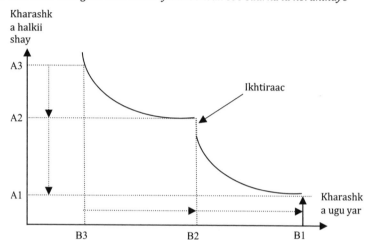

Gedisle (market tradet):

Haddaad booqato suuqa xaafaddaada waxad arkaysaa sharikaad yar-yar oo ka badbaaday tartanka sharikaadka waaweyn. Waxa is weydiin leh sida sharikaadka as yaryari u badbaadeen. Kharashkooda oo hooseeya ayaa badanaa sharikaadkaas intooda badan ka badbaadiya tartanka kaga imaan kara sharikaadka waaweyn. Waxa marmar saacida suuqooda oo aad u yar ama aan muhiim u ahayn sharikaadka waaweyn.

Wax gaar ah gade (niche player):

Ka duwanaanshaha shirkadi kaga duwanaanto sharikaadka kale waxyaabo macaamiisha agtooda qiime ka leh, waxa loogu yeeraa *Uniqu Selling Proposition* (USP). Marka shirkad leh USP ay awoodda isugu geyso suuq yar oo ay xulatay ayaa waxa lagu magacaaba *'niche strategy'*. Istaraatiijiyooyin fara badan ayaa la isticmaalaa marka shirkadi rabto in ay noqoto wax gaar ah gade. Waxa istaraatiijiyooyinkaas ka mid ah:

- in awoodda la isugu geeyo hal suuq (single market);
- in awoodda la saaro meel si fiican loo sahamiyey (single geographical region);
- in awoodda la isugu geeyo hal shay ama adeeg (single product/service);

182

- in la muujiyo badeecadu/adeegu wuxuu kaga fiican yahay badeecadaha/adeegyada kale (superiority).

Si shirkadi u hesho ugana faa'iidaysato niche market, waa in ay awood u leedahay in ay qayb-qaybiso suuqa (segmentation). Furaha qaybqaybintuna waa in la aqoonsado faaiidooyinka goonida ku ah badeecad/adeeg kasta.

Side loo fahmaa tartamayaasha

Inta aan la fahmin sharikaadka sida tooska ah kuula tartama, waa in la fahmo sharikaadka aad waxa isku midka ah ka shaqaysaan. Sharikaadkaas ayaa intii isku istiraatiijiyo ahba dhinac la isu raaciyaa (strategic grouping). Shaandhaynta noocaan oo kale ahi waxay sharraxdaa asbaabta sharikaad isku wax ka shaqaysta qaarna faa'iido u sameeyaan qaarna khasaare ugu dhacaan. Waxay sidoo kale fududaysaa in la aqoonsado sharikaadka aad isku istiraatiijiyada tihiin iyo kuwa aydaan isku istiraatiijiyada ahayn. Haddaan soo ururiyo waxa la oran karaa iyadoo guud ahaan sharikaadka isku waxa ka shaqaysta ay wajahaan duruufo isku mid ah, ayaa haddana intii istaraatiijiyo isku mid ah raaca, waxay wajahaan duruuf u gooni ah. Istiraatiijadaas ayaa qaarna siisa jaanis faa'iido qaarna ku rida bohol khasaare ah.

Marka la fahmo sharikaadka aad isku istaraatiijiyadda tihiin, wajiga xiga waa in la fahmo waxa aad kala mid tahay, ama kaga fiican tahay ama kaga liidato sharikaadka aad isku istaraatiijiyadda tihiin (pair-wise advantage). Sharikaadka macaamiil isku mid ah oo ku sugan degaan isku mid ah diiradda ku haya ayaa waxa loogu yeeraa tartamayaal toos ah. Sharikaadka noocaas ah badanaa way is ogyihiin, mid walbana waxay isu diyaarisaa tartan ay la gelayso sharikaadkaas. Si loo ogaado sharikaadkaas waxa la isticmaalaa nidaam ay sameeyeen MacMillan, Vna Putten iyo McGrath oo loogu yeero *'competing under strategic interdependence framework'*. Marka la isticmaalayo nidaamkaan ugu horayn waxa la xushaa sharikaadka aad isleedahay si toos ah ayay kuula tartamaan. Marka xiga waxa la qiimeeyaa in sharikaadkaas aad degaano isku mid ah iyo macaamiil isku mid ah diiradda ku wada haysaan. Ugu danbayn waxa la fiiriyaa qiimaha degaanadaas isku midka ah iyo macaamiishaas isku midka ahi sharikaadkaas agtooda ka leeyihiin.

Si loo fahmo tartamayaasha waa in la hayo macluumaad lagu kalsoon yahay. Waxa lagu heli karaa macluumaadka dhowr waddo midkood:

1. **Aqoon loo leeyahay tartamaha**: waa in aqoon loo leeyahay wax kasta oo tartamuhu samaynayo iyo sida waxaasi saamayn ugu yeelan karaan shirkaddaada. Waxa iyana muhiim ah in la fahansanyahay saamaynta ay dhaq-dhaqaaqyadaadu ku yeelan karaan tartamaha iyo jawaabaha macquulka ay tahay in ay ka bixiyaan. Sida kaliya ee arrintaas lagu gaari karo waa in si joogto ah loo ururiyo xog dhamaystiran. Qaabka ugu

183

fudud oo lagu ururin karo xogtaasna waa in daraasad buuxda lagu sameeyo tartamayaasha muhiimka ah.

2. **Daraasad khaas ah**: Kuma filna oo kaliya in daraasado guud lagu sameeyo tartamayaasha, waxa sidoo kale muhiim ah in mar-mar daraasado khaas ah lagu sameeyo tartamayaasha. Daraasadaha khaaska ihi waxay daboolka ka rogaan waxyaabaha qarsoon oo daraasadaha guud dhinac maraan.

3. **Is-bar-bar-dhig**: waxa iyana la samayn karaa in isbarbardhig joogto ah oo lagu sameeyo tartamayaasha iyo shirkadda. Ujeeddada isbarbardhigu waa in aad ogaatid waxa aad ku fiican tahay iyo waxa lagaaga fiican yahay.

Qaabka ugu fiican oo loo fahmo tartamayaasha waa in la soo ururiyo xog la xiriirta tartamaha sida: maaliyadda, badeecadda/adeegyada, suuqgeynta, waxa uu ku fiican yahay. Marka laga hadlayo maaliyadda waxa la soo ururiyaa waxyaabo ay ka mid yihiin: iibka, koboca iibka, faa'iidada, iwm. Marka laga hadlayo waxa uu ku fiican yahay waxa la fiiriyaa waxyaabaha shirkadda bila (sare u qaada) kana dhiga mid awood tartan leh.

In la ogaado magacyada sharikaadka sida tooska ah kuula tartama ujeeddadu ma aha. Ujeeddadu waxa weeye in la helo wax aad kaga fiican tahay sharikaadkaas. Baaritaano badan dabadeed waxa la isku raacay in *hantida shirkad ku gaarka* ah (firm-specific resources) uu yahay waxa ugu muhiimsan ee shirkadi kaga fiican tahay shirkad kale. Hantidaasi waxay noqon kartaa *dad* (human capital), waxay noqon kartaa *maaliyad* (financial capital), waxay noqon kartaa mid *muuqaal* leh (physical capital), waxay kaloo noqon kartaa mid *mujtamac* (social capital). In shirkadi ka faa'iidaysato fursad ama iska caabiso weerer, waxay labaduba ku xiran yihiin hantidaas aan sare ku soo jibaaxnay.

Parson (2006) waxa uu soo jeediyey hab Sharikaadku iyagoo ka duulaya hantida ay haystaan ay sare ugu qaadi karaan awooddooda tartanka. Habkaas wuxuu ugu yeeray aragtida ficilka (theory of action). Parson wuxuu ku doodaa in hardanka ka dhexeeya Sharikaadku indhaha u furo sharikaadka. Indho-furkaasina abuuro fiicnaanta shirkad ka fiican tahay shirkad kale.

Sidee loo ilaashaddaa suuqa

In shirkadi yeelato awood tartan iyo inay xagsan karto ama difaacan karto suuqeedda waa laba arrimood oo kala duwan. Qaabka shirkadi ku yeelan karto awood tartan sare baan ku soo tilmaanay. Qaybtan, waxan ku qaadaadhigaynaa qaababka shirkadi u xagsan karto ama u difaacan karto suuqeedda. Sida ka muuqata ciwaankana waxay noqon karaan afar miduun: Cabsi gelin, weerar, difaac ama wadashaqayn.

Cabsiin (deterrence)

Cabsiintu waa istiraatiijiyo la isticmaalo marka laga hortagayo tartame soo gelaya sayladdaada ama la difaacanayo boos lagaga jiro saylad. Cabsiinta ugu wanaagsan waa in la xirto boos fiican oo cabsigeliya cid kasta oo isku dayda in ay soo weearato suuqa. In la xirto boos fiican waxay ku xiran tahay saamiga shirkaddu ku leedahay suuqa, horummarka tiknoolojiyada iyo in macaamiishu helaan qiimayn dhinackasta leh. Sharikaadku marka ay booskooda xagsanayaan signaal ama seenyaale ayay u diraan sharikaadka kale. Signaalkaasi waxa uu noqon karaa mid run ah ama mid been ah. Signaalka beenta ahi waa mid looga gon leeyahay in tartamayaasha lagu marin habaabiyo. Poret (1980) waxa uu buugiisa ku soo guuriyey tusaalooyin badan oo signaalo ah. Waxa ka mid ah: in lagu andacoodo in la bilaabayo badeecad/adeeg cusub; in la sheegto in awoodda waxsoosaarka ee shirkaddu sare u kacday; in suuqa la soo geliyo dacaayado cabsi gelinaya tartamayaasha sida in qiimihii badeecadda qeeriin sare u kacay, iwm.

James (1985) wuxuu ku doodaa in cabsiintu yeelato afar walxood si ay u shaqayso:

1. Waa in ay tahay mid la rumaysan karo.
2. Shirkadda wax cabsiinaysaa waa in ay leedahay awood la ogyahay oo ay ku samayn karto waxay wax ku cabsiinayso.
3. Waa in cabsi gelintu si toos ah u gaartaa ayna u fahmaan sharikaadka la cabsi gelinayo.
4. Sharikaadka la cabsigelinayo waa in aan looga cabsiqabin in ay sameeyaan fal jar-iska-xoornimo ah oo suuqa oo dhan kharibi kara.

Signaalada runta ah ee Sharikaadku sameeyaan waxa ka mid ah in sicirka hoos loo dhigo, si faa'iidadu u yaraato, ama marmar sicirka laga hoos mariyo qiimaha shaygu ku fadhiyo si tartamuhu khasaare u dhadhammiyo.

Weerar

Sun Tzu, markuu ka hadlayay weerarka buugiisa 'The Art of War', wuxuu yiri: nooca ugu fiican weerarka waa in la weeraro istaraatiijiyadda cadowga. In saaxiibadiis la kala jejebiyo ayaa ah tan labaad. Tan saddexaad waa in la weeraro ciidankiisa. Tan ugu liidata waa in la weeraro magaalooyinkiisa[22]. Anagoo ka duulayna aragtida Sun Tzu waxan leenahay:

*   **In la weeraro istraatiijiyada tartamayaasha**: habab badan ayaa loo weerari karaa istaraatiijiyadda tartamaha, inta aan weerarka la qaadin waxa muhiim ah in si fiican loo yaqaanno istaraatiijiyadiisa.

---

[22] Sun Tzu, The Art of War, translated byThomas Cleary, 1988

Tusaale ahaan, waxa looga hormari karaa suuq la ogyahay in uu istraatiijiyo ahaan agtiisa muhiim ka yahay.

- **In la weeraro saaxiibada tartamayaasha**: tusaale fiican waxa noqon kara gadashaddii shirkadda gawaarida ee BMW gadatay shirkadii Rover iyadoo ujeeddada ugu weyni ahayd in Honda aysan saaxada soo gelin.
- **In la weeraro ciidankiisa**: Qaabka ugu fiican waa in laga weeraro tartamaha meel uu ka jilicsan yahay, ama ay ku adagtahay in uu difaaceedda xagsado.
- **In la weeraro magaalooyinkiisa**. Weerarka noocaan oo kale ah oo badanaa khatar badan huwan, waa in tartamaha lagu weeraro meel uu ku xoog badan yahay.

Mar labaad Sun Tzu waxa uu yiri *'haddaad rabtid in aad noqotid mid marwalba guulaysta waa in aad cadowgaaga iyo naftaadaba si fiican u taqaanid; haddaad rabto in aad noqoto mid marna guulaysta marna laga guulaysto waa in aad ama cadowgaaga ama naftaada si fiican u taqaano; haddaad rabto in aad noqoto mid aan marna guulaysan waa in aadan naftaada iyo cadowgaaga midna aqoon'*. Si kastaba ha ahaatee inta aadan tartamaha weerarrin waa in aad si fiican u taqaanid suuqa iyo tartamaha labadaba. Haddii la garanayo tartamuhu meelaha uu ku liito iyo radi-ficilka uu samaynayo, waxay u badan tahay in laga guulaysan karo tartamaha. Suuqa waxa lagu metelaa goobta dagaalka. Sida aqoonta loo leeyahay goobta dagaalku faa'iido weyn ugu leedahay Janaraalka samaynaya qorshaha dagaalkaas ayaa aqoonta loo leeyahay suuquna faa'iido weyn ugu leedahay maammulaha diyaarrinaya istaraatiijiyadii uu ku difaacan lahaa suuqiisa.

Kotler (1994) iyo James (1985) waxay soo jeediyeen qaabab loo weerari karo tartamayaasha. Inkastoo qaababka ay soo jeediyeen kala duwan yihiin haddana wax badan ayay wadaagaan:

1. **Weerer fool-ka-fool ah**: weerarka noocaan ahi wuxuu la mid yahay weeraradii Sun Tzu ku tilmaamay kan ugu liita. Weerarkan waa mid la weeraryo meelaha tartamuhu ugu awoodda badan yahay. Tusaale fiican waxa noqon kara, in la weeraro istaraatiijiyadda suuqgeyn ee shirkadda kula tartamaysa ama in hoos loo dhigo sicirka shirkadda kula tartamayso badeecadeedda ku gado.
2. **Doc-ka-weerar**: Marka tartamaha laga weeraro meelaha uu ku liito ayaa loogu yeeraa doc-ka-weerar. Waxaa dhici karta in la weeraro waddan ama gobol tartamuhu uusan awood fiican ku lahayn, ama badeecad/adeeg uusan aad ugu fiicnayn. Badanaa marka la samaynayo weerarada noocaan oo kale ah waxa loo fuliyaa si dhuumaalaysi ah.
3. **Hareerayn**: marka la isticmalayo weerarka noocaan oo kale ah, hal mar ayaa jihooyin badan laga soo weeraraa tartamaha. Ujeeddada ugu weyn ee laga leeyahay weerarka noocaan oo kale ah waa in macaamiisha

lagala wareego tartamaha iyadoo wax kasta oo tartamuhu ku fiicnaa lagaga fiicnaanayo.

4. **Jamhaddayn** (guerrilla warfare): waa weeraro isdaba joog ah oo lagu qaado meelaha tartamuhu ka jilicsan yahay (liito). Ujeeddadu waa in maalinba waxoogaa sare loo qaado xoogga suuqa aad ku leedahay, si marka danbe aad suuqa xooggiisa ula wareegto. Sharikaadka sameeya weerarka noocaan oo kale ah waxay isticmaalaan aalado ay ka mid yihiin sicir-dhin.

Noocyada weerarada ah ee aan sare ku soo xusnay waxay ka hadlaan oo kaliya sida wax loo weeraro, ee kama hadlaan aaladdaha la isticmaalayo (nooca hubka ama ciidanka). Mar kale Kotler (1994) aan ka faa'iidaysano aaladdaha (tools) la isticmaalo marka wax la weerarayo:

- **Sicir-jebin** (price discounting): Ujeeddada ka danbaysa waa in suuqa la soo dhigo badeecad/adeeg la mid ah badeecadda/adeegga tartamaha iyadoo sicirkuna ka hooseeyo. Marka aaladdaan la isticmaalayo waxa muhiim ah in macaamiisha laga dhaadhiciyo in labada shay isku mid yihiin waxa kaliya ee ay ku kala duwan yihiin yahay sicirka.
- **Sicir-jaban, tayo hoose**: Marka la rabo in la soo jiito macaamiisha sicirka kaliya uu agtooda muhiimka ka yahay, waxa la sameeyaa alaab tayadeeda iyo sicirkeeduba hooseeyo. Alaabta noocaas ihi waa mid muuqaal ahaan soo shabahda alaab tayo fiican leh, sicirkeeduna sareeyo.
- **Sicir la mid ah, tayo ka saraysa**: In suuqa la soo dhigo badeecad ka tayo saraysa badeecadii suuqa taalay, sicirkuna uu la mid yahay kan tartamaha ma aha wax fudud in la dhaqan geliyo, waayo waxay wax badan ku xiran yihiin hadba sida macaamiisha looga dhaadhiciyo arrintaas.
- **Tayo sare, sicir sare**: badanaa istiraatiijiyadaan waxa la isticmaalaa marka la daboolayo baahida suuq gaar ah, sida badeecadda ay qaataan dadka dabaqada sare.
- **Halkii shay oo laga dhigo dhowr nooc**: marka la isticmaalayo aaladdaan halkii shay ayaa waxa laga dhigaa dhowr nooc oo midwalba suuq gooni ah ama macaamiil gooni ah awoodda saarayo.
- **Hal-abuurnimo**: hal-abuurnimadu waxay ku imaan kartaa qaabab kala duwan. Waxa laga yaabaa in isla shaygii la casriyeeyo ama isticmaalkiisa wax laga beddelo. Waxa sidoo kale laga yaabaa in si ka duwan sidii hore loo soo xir-xiro (package).
- **Xayaysiinta oo sare loo qaado**: ugu danabayn waxa iyana sare loo qaadi karaa miisaaniyadda xayaysiinta.

187

Difaac

Si loo sameeyo difaac buuxa, waxa muhiim ah in la ogyahay goorta lagu soo weerarayo. Sida kaliya ee lagu ogaan karona waa in la hayo xog dhamaystiran. Waxa iyana muhiim ah in xogtaasi tahay mid lagu kalsoonaan karo. Waxyaabaha iftiimin kara in weerar lagugu soo yahay waxa ka mid ah:

- Sharikaad cusub oo suuqaaga soo galay.
- Sharikaad aad isku suuq ku jirteen oo bilaabay in ay macaamiishaada bartilaameed ka dhigtaan.
- Isku day la isku dayayo in wax laga beddelo qaabka suuqu u shaqeeyo. Isku daygaasi waxa uu noqon karaa tiknoolojiyadii oo wax laga beddelo, qaabkii badeecadda loo gaarsiin jiray macaamiisha oo wax laga beddelo, iyo in xiriir cusub lala yeesho macaamiisha.
- Dhaqdhaqaaq aan dabiici ahayn sida in la badiyo shaqaalaha, sicirka oo hoos loo dhigo, wax soo saarka oo la badiyo iyo in miisaaniyadda cilmibaarista la kordhiyo.

Marka la dareemo in weerer lagugu soo yahay ama weerarkii bilaabmayba, waxa ugu horeeya ee laga wada hadlo, go'aana laga gaaro, waa in difaac la galo iyo in kale. Waxa muhiim ah in qiimayn buuxda lagu sameeyo awoodda shirkadda iyo hantida ay haysato si loo ogaado in aad difaac geli karto iyo in kale. Waxa iyana muhiim ah in lagu baraarugsanaado in dib-u-gurasho keeni karto in lagugu soo durko/dhiirado ilaa ugu danbayn suuqa lagaa saaro.

Mar kale aan dib u booqano Qoraallada ciidanka si aan u fahanno qaababka difaaca.

1. **Difaac buuxa:** Ujeeddada ka danbeysa difaaca noocaan ah waa in la dhiso layman difaac oo cadowgu uusan sina u soo dhaafi karin. Marka laga hadlayo ganacsiga, ka duwaanshaha ayaa ah tusaalaha ugu fiican (differentiation). Waxyaabaha aad kaga duwan tahay tartamuhu waxay noqon karaan: muuqaalka, sicirka, tayada, qaabka, iwm.
2. **Weerar celis:** weerar-celiska ugu fiican waxa lagu tilmaamaa in tartamaha laga weeraro meel uu ka jilicsan yahay.
3. **Weerar curyaamin ah:** Marka la fahmo nooca weerarka ee tartamuhu maagan yahay, waxa lagu qaadi karaa weerar fajiciso ah.

Wadashaqaysi

Marka shirkadi aysan awoodin in ay ka itaalroonaato shirkad kale, waxa badanaa sharikaadka dhexmara wadashaqayn (cooperation). Wadashaqaysi wuxuu yimaadaa marka labada shirkadood isku awood yihiin dhanka hantida. Wuxuu sidoo kale imaan karaa haddii ay ogyihiin in khasaaraha ka soo gaaraya iskahorimaadku keeni karo suuq ka bax (failure). Sharikaadka noocaas ah badanaa waa iska ilaaliyaan in ay ku tartammaan sicir.

Cutubka

Maaliyadda shirkadda

Mid ka mid ah culaysyada aadka u waaweyn ee soo wajaha sharikaadka yar-yar ayaa lagu tilmaamaa helitaanka maalgelin ku filan. Dhibaatada lagala kulmo helitaanka maalgelin waxa loo tiiriyaa maalgeliyayaasha oo maalinba maalinta ka danbaysa baranaya nidaamyo cusub oo ay ku kala ogaan karaan fikradadaha fursado maalgelin leh iyo kuwa aan lahayn. Helitaanka maalgelin, waxa sidoo kale, saldhig u ah qorshe ganacsi oo lagu kalsoonaan karo.

Cutubkan waxa uu ka kooban yahay laba qaybood. Qaybta hore waxay qaadaa dhigaysaa guud ahaan meelaha sharikaadka yar-yari ka heli karaan maalgelin, gaar ahaan meelaha laga helo maalgalin xalaal ah (waafaqsan diinta Islaamka). Waxay sidoo kale qaybtani dul istaagaysaa dhibta sharikaadka yar-yari la kulmaan markay baadigoobayaan maalgelin. Qaybta labaad waxay sawir ka bixinaysaa waraaqaha xisaabaadka maaliyadda

Markaad cutubkaan dhamaysid waxaad:

- Muuqaal fiican ka qaadan doontaa noocyada maalgelin ee sharikaadka yar-yari u baahan yihiin iyo meelaha laga helo.
- Aragti ka qaadan doontaa noocyada maalgelimaha xalaasha ah.
- Dareemi doontaa dhibta sharikaadka yar-yari la kulmaan markay baadigoobayaan lacag maalgelin ah.
- Si fiican u fahmi doontaa meertada maaliyadda ee sharikaadka.
- Fahmi doontaa sida loo xisaabiyo saamigalada kala duwan.

Xaggee laga helaa maalgelin?

"Wall Street people learn nothing and forget everything"
Benjamin Grah

Meelo kala duwan ayaa sharikaadka yar-yari ka heli karaan maalgelin. Meelahaas waxa loo kala saaraa: gudaha (internal) iyo dibedda (external). Gudaha, waxa hoos yimaada hantida qofku leeyahay, sida wixii marax ama kayd uu meel dhigtay, iyo wixii deeq, dayn ama kaalo uu ka heli karo qoyskiisa/ehelkiisa ama saaxiibadiis. Meelaha dibedda ah ee sharikaadka yaryari lacag maalgelin ah ka heli karaan waxa ka mid ah: bangiyada iyo maalgeliyayaasha (ha noqdeen hal qof ama sharikaad). Waddammada qaarkood waxa jira lacago dayn ama deeq ama labadaba isugu jira oo ay bixiyaan dawladdu, looguna talogalay sharikaadka yar-yar.

Daymaha, oo inta badan ay bixiyaan bangiyadu, waxay noqon karaan kuwo waqtigoodu dhow yahay (short-term loan) ama kuwo waqtigoodu dheer yahay (long-term loan). Daymaha nooce hore, waa kuwo bixintooda lagu jaangooyey sanad iyo wixii ka yar. Daymaha noocaas waxa ugu caansan daymaha lagu qaato alaabta (trade credit). Daymaha noocaan ah waxa baahi wayn loo qabaa marka si ku meelgaar ah loogu baahdo maalgelin. Daymaha nooca danbe oo waqtigoodu ka badan yahay 1 sano waxa sida qaalibka ah loo isticmaalaa in ganacsiga lagu kobciyo, sida in lagu soo gato mashiino, qalab, dhisme, iwm.

Daraasado badan ayaa muujiyey in sharikaadka yar-yari dhib kala kulmaan bangiyada markay dayn ka dalbadaan. Marka sharikaadka yar-yari dayn waydiistaan bangiyada, laba arrimood ayaa bangiyadu ka baqaan. Meesha tan hore la xiriirto cabsi ay ka qabaan in ay lacag deymiyaan shirkad aan mudnayn in lacag la daymiyo (adverse selection), tan danbe waxay la xiriirtaa cabsi laga qabo in shirkaddu wixii lacagta ay u daymatay wax aan ahayn u isticmaasho ama ku samayso (moral hazard). Arrinta hore waxa badanaa loo aaneeyaa xog xumi (asymmetric information), meesha arrinta danbe loo tiiriyo dhibaato la xiriirta sidii loola socon lahaa waxa shirkaddu u adeegsanayso lacagtii ay daymatay. Daraasado badan oo la sameeyey ayaa muujiyey in labadaas arrimoodba ka jiraan waddammada Midowga Yurub oo dhan (Deakins and Hussain, 1992).

Dad badan ayaa soo jeediya in sharikaadka yar-yari rahmad dhigtaan bangiyada, si loo xalliyo dhibaatooyinka sare ku xusan. In kastoo bangiyadu soo dhoweeyaan arrinta rahmadda, haddana dadka oo dhan ma haystaan hanti ma guurto ah sida guri iwm. Dadka haysta qudhoodu kuma jacsana arrintaas, sababo la xiriira qiimaynta (valuation) iyo kharashaadka fuulaya aawadood.

Daraasado badan oo lagu sameeyey meelaha ganacsatada yar-yari ka helaan maalgelimaha ayaa muujiyey in meesha ugu muhiimsani tahay lacago kayd u ahaa (personal saving) ama lacago ay ka heleen dad qaraabadooda ama saaxiibadooda ah. Daraasado kale ayaa muujiyey in dumarka iyo dadka laga tiro badan yahay (minorities) ee ku dhaqan waddammada galbeedku wajahaan dhibaato ka fara badan tan ay wajahaan ganacsatada kale.

Anagoo ka duulayna dhibaatooyinka dadka ajaanibta ah ee ku dhaqan galbeedku kala kulmaan helitaanka maalgelin ayaan ganacsatada Soomaalida waydiinay su'aal la xiriirta sida ay ku helaan lacagta maalgelinta ah ee ay u baahan yihiin. Xogtaas oo aan ka soo ururinay 5 waddan (Boqortooyada Ingiriiska, Kanada, Maraykanka, Norway, iyo Ustaraaliya) ayaa muujisay inn farqi wayni uusan u dhexayn meelaha ay ka helaan lacagaha maalgelinta. Sida ka muuqata shaxda hoose, isha ugu weyn ee Soomalidu ka helaan maalgelinta waa dhigaal ama kayd ay samaysteen. In kastoo ay aad isugu dhow yihiin, haddana waxad arkaysaa in Norway xaga dhigaalka ugu roontahay meesha Kanada ay ugu hoosayso. Arrimo la xiriira helitaanka shaqooyinka, heerka dakhliga iyo lacagaha kale ee caawimada ah ee qofka soo gala ayaa laga yaabaa in arrintaas lagu sharrixi karo.

Haddaad fiiriso daymaha laga qaato bangiyada, waxad arkaysaa in Kanada (11%) ugu horayso, meesha Norway ugu hoosayso. Waqtiga dadkaasi joogeen, heerka dhex-galka, fudaydka lagu heli karo lacagahaas iyo heerka wacyi ee dhinaca diinta ayaa lagu sharraxaa asbaabta keenta in la macaamilka bangiyadu ku badan yahay Kanada marka loo fiiriyo waddammada kale.

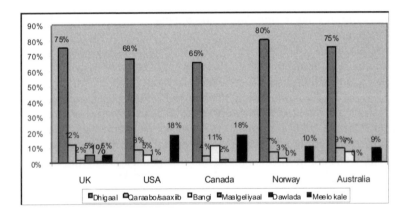

In kastoo dadka qurbaha jooga aad uga cawdaan helitaan maalgein, haddana waxa muuqata in ay adagtahay in cabashadooda la garawsado. Garawsho la'aantaasi waxay salka ku haysaa daraasad Shire (2005) ku sameeyay Soomaalida ku dhaqan Boqortooyada Ingiriiska. Daraasaddaas oo la xiriirtay helitaanka maalgelin (access to finance) waxay muujisay in Soomaalidu aamminsan yihiin, in loo baahan yahay maalgelin saddex jeer ka badan tan dadka kale u baahan yihiin marka la bilaabayo ganacsi. Daraasaddaasi waxay muujisay in xog iyo xirfad la'aan saldhig u tahay aamminaadaas.

191

Maalgelin xalaal ah

Guud ahaan dadka Muslimiinta ah, gaar ahaan kuwa ku nool waddammada nidaamka bunuugta islaamku uusan horummarsanayn ama wali gahayrin waxay la kulmaan dhib dheeri ka ah tan ay la kulmaan Muslimiinta kale. Dhibtaasi waxay la xiriirtaa sidii ay ku heli lahaayeen maalgelin xalaal ah. Maalgelinta xalaasha ahi waa mid ka fayow dhammaan waxyaabaha xaaraanta ah oo dhan. Mid ka mid ah waxyaabaha xaaraanta ah, oo casrigan danbe nolosha ka mid noqday, dadka qaarkiisna la arko in ayba la yaabaan, waa waxa loogu yeero *ribada*. Ribada luqa ahaan waxa lagu micneeyaa: siyaado, dheeri, koboc. Marka laga hadlayo dhinaca dhaqaalaha, ribadu waa dheeri ama siyaado la siiyo qofkii daynta laga qaatay. Dayntaasi ha noqoto lacag caddaan ah ama badeecad sida cunto.

Ribada waxa loo kala saaraa laba nooc: ribada deynta iyo ribada dheeriga ah. Nooca hore oo loogu yeero ribada daynta ama *riba-al-nasia* ama *riba-al-jahilya*, waxay badanaa dhalataa marka qof deyn ka qaato qof kale ama bangi, dabadeedna lacagtii asalka ahayd (principle) iyo dheeri (dulsaar) uu ku bixiyo waqti cayiman. Ribada noocaas ah oo ah tan maata bunuugta caalamka intooda badani ku dhaqmaan waxa xaaraantimeeyey Quraanka Kariimka ah. *Aayaadka xaaraantimeeyey oo soo kala degay afar jeer, waxa ugu horeysay aayada 39-aad ee Suuratul ar-Ruum, waxa xigtay aayada 161-aad ee suuratul an-Nisa, dabadeedna aayada 130-aad ee Suuratul al-Cimraan. Waxa ugu danbaysay aayaadkaas, aayadaha 275-79 ee Suuratul al-Baqarah.*

Nooca labaad ee ribada oo loogu yeero ribada dheeriga ah ama *riba-al-fadl*, waxa xaaraantinimeeyey Rasuulka (nabadgeliyo iyo naxariisi korkiisa ha aaatee). Ribadaas waxay qaadataa laba muuqaal. Midda hore oo caanka ah waxay dhacdaa marka laba shay, sida timir, lacag, ama dahab, la isku bedesho iyadoo mid la siinayo dheeraad. Isbeddelkaasi waxa uu noqon karaa mid markaas dhacaya (spot) ama mid waqti u dhexeeyo (time lag). Nooca danbe waxa uu dhacaa marka uu qof qofkale wax deymiyo isagoon ku xirin shardi ribo, laakiin uu si aan toos ahayn uga faa'iido dayntii. Arrintaas oo ku cad axadiithta Rasuulka (SCW) sida xadiithkii *Anas Ibn Maalik*, Rasuulka (SCW) wuu reebay in wax abaal ah aad ku hesho wax aad qof daymisay ha noqdeen cunto lagu siiyo ama daabad (gaadiid) lagugu qaado ama hadiyad.

Diinta Islaamku waa xaaraantinimaysay ribada nooc ay tahay iyo qaabkasta oo ay leedahay intaba. Culimada casrigaan iyo kuwii hore dhammaantoodna way ku kulansan yihiin xaaraanimada ribada. Waxay sidoo kale ku kulansan yihiin in ribada bunuugtu tahay tii Ilaahay iyo Rasuulkiisu xaaraantinimeeyeen.

Haddii la xaaraantinimeeyey ribada, micnuhu ma aha in aan la heli karin maalgelin. Maalgelin xalaal ah waxa laga heli karaa meelo badan oo ay ka mid yihiin maalgeliyayaasha ku shaqeeya nidaamka aan ribada ku dhisnayn. Waxa sidoo kale laga heli karaa Bunuugta Islaamiga. Bunuugtaas oo maalgelimo siiya ganacsatada, waxay ku shaqeeyaan nidaamyo fara badan oo ay ka mid yihiin: *Mudaraba, Mushaaraka, Murabaxa, Bayc-u-salam, Istisna, Ijara, Al-muqarada* iyo nidaamyo kale oo fara badan. Inkastoo ay fiicnaan lahayd in mid walba xoogaa laga yiraahdo, haddana boggagga oo nagu yaraaday aawadeed, waxan ku ekaysanaynaa saddexda ugu caansan. Nidaamyadani ma aha kuwo ku kooban bunuugta oo kaliya ee waxa sidoo kale isticmaala cid kasta oo rabta in ay maalgelin siiso qof kale.

Musharakah

Musharakah oo lagu tilmaamo nooca ugu caansan nidaamyada maalgelimaha Islaamiga, waxa uu dhex maraa bangiga iyo qofka raba in uu bilaabo ganacsiga. Wuxuu sidoo kale dhexmari karaa dad raba in ay ganacsi wada bilaabaan. Waa nidaam wax isku darsi ah. Waxa la isku darsanayo waxa culimada badankeedu qabaan in uu noqdo lacag caddaan ah ama caddaan loo rogi karo. Marka wax la isku darsado, ka shaqaynta ganacsiga, qofkasta xaq ayuu u leeyahay in uu ka qaybqaato. Haddii faa'iido timaaddo waxa loo qaybsadaa sidii lagu heshiiyey. Haddiise khasaare yimaado, qof walba waxa ku soo aadaya in u dhiganta lacagtuu maalgashadday.

Musharakadu waxay noqotaa laba nooc miduun: Mid ku kooban mashruuc cayimman oo la dhammaanaysa mashruucaas iyo mid yaraanaysa (dimishing). Nooca danbe oo badanaa loo isticmaalo guryaha, warshadaha iwm, waa nooc qofku maalinba qayb ka mid ah saamigii bangiga ama qofka kale gadanayo ilaa hantidu ku wada wareegto. Tusaale ahaan, qof ayaa raba in uu bilaabo warshad yar oo soo saarta raashinka diyaarsan. Waxa bangigu shirkaddaas ku darsaday 40%, qofkuna 60%. Waxa ku heshiiyeen in qofku sanadba 10% ka mid ah saamiga bangiga gato ilaa uu gato dhammaan saamiyada bangiga, shirkadduna ku wareegto qofka.

Inta aynaan mawduucaan ka bixin, aan hal nooc oo mushaarakada ka mid ah, oo meelo badan laga adeegsado, si khaldana loo adeegsado, tusaale ka soo qaadano. Ka soo qaad in la dhisayo guri ama warshad qiimeheedu noqonayo $10,000,000 (toban milyan), sidoo kale ka soo qaad in dhismahaas ay uga qaybgalayaan si isle'eg 10 qof. Qof kasta saamiga uu mashruuca ku darsaday wuxuu noqonayaa $1,000,000. Ka soo qaad in qof rabo in uu saamigiisa gado, su'aashu waxay tahay goormee gadi karaa, inteese ku gadi karaa?

Sidaan sare ku soo sheegnay qofku mushaarakada markuu rabo ayuu ka bixi karaa, saamigiisana ama suuqa ayuu ka gadi karaa ama dadka shirkadda kula jira ayaa ka gadan kara. Marka laga hadlayo iibka noocaan ah laba xaaladood ayaa la kala saaraa: (1) in hawshii dhismuhu bilaabmatay oo lacagtii la maalgeliyey; iyo (2) in hawshii wali aysan bilaamin lacagtiina sideedii loo hayo. Xaaladda hore qofku saamigiisa inta uu rabo ayuu ku gadi karaa. Laakiin xaaladda danbe wax ka badan inta saamigiisu ahaa kuma gadi karo, waayo Islaamka lacag sideedda lacag uma dhasho ee waxay wax ku dhashaa in ay shaqayso.

Mudaaraba

Nooca labaad oo loo yaqaan mudaarabada waxa uu dhex maraa bangiga ama qof haysta lacag (*rabul maal*) iyo qof haysta xirfad (*mudarib*). Meesha *rabul-maalku* miiska keenayo lacag, qofku wuxuu keenaa xirfad. Dhowr walxood ayaa noocaan iyo noocii hore, mushaarakah, ku kala duwan yihiin: meesha mushaarakada labada dhinacba la yimaadaan lacag, noocaan hal dhinac ayaa la yimaada lacagta, dhinaca kalena xirfad; meesha noocii hore labaduba ka qayb qaataan maammulka, noocaan rabul-maalku kama qayb qaato maammulka; meesha mushaarakada labada dhinac wadaagaan khasaaraha, noocaan khasaaruhu wuxuu korka uga dhacayaa maalgeliyaha (rabul maal); meesha mushaarakada hantida la wada wadaagey, mudaarabada, wixii hanti ah waxa leh maalgeliyaha.

Mudaarabadu waxay noqon kartaa mid xaddidan (*al-mudarabah al-muqayyadah*) ama mid aan xaddidnayn (*al-mudarabah al-mutlaqah*). Meesha nooca hore maalgeliyuhu xaddido nooca ganacsi ee maalgelinta lagu samaynayo, nooca danbe waxa uu hawshaas u dhaafaa xirfadlaha.

Si mudaarabadu u noqoto mid waafaqsan sharciga, waa in sida loo qaybsanayo faa'iidada lagu heshiiyo inta aan ganacsiga la bilaabin. Qaabkii ay rabaan ayay u qaybsan karaan faa'iidada, marka laga soo reebo: in qof la siiyo lacag g'an oo faa'iidada ka mid ah ama in qof loo cayimo faa'iido go'an. Tusaale ahaan, haddii lacagta la maalgeshay tahay $100,000, lama oran karo $10,000 oo faa'iidada ka mid ah ama 20% oo faa'iidada ka mid ah waxa la siinayaa maalgeliyaha, inta kalana waxan u qaybsanayanaa sidii aan ku heshiinay.

Si la mid ah mushaarakada, labada dhinac kii doona ayaa soo afjari kara heshiiska. Waxa kaliya oo la shardiyaa in uu kan kale siiyo waqti ku filan (notice).

Waxa dhacda marmar in labada nidaam ee hore, musharaka iyo mudaaraba, la isku daro. Tusaale ahaan, meesha mudaarabada, maalku ka imaanayey maalgeliyaha, nidaamkan, qayb ka mid ah maalka ayaa ka imaanaysa farsamayaqaanka. Tusaale ahaan, Saacid ayaa Cali siiyey $50,000 oo mudaaraba ah. Cali, oo hawsha ganacsiga wadi lahaa ayaa lacagtii wuxuu ku darsaday $5,000 ka dib markuu ogolaansho ka helay Saacid. Heshiiska noocaas ah ayaa noqda mudaaraba iyo mushaaraka isla socda. Hadii khasaare yimaado, Cali waxa ku soo aadaya 9%, meesha 91% ay ku soo aadayso Saacid. Hadii faa'iido timaaddo, marka hore Cali waxaa gooni loo dhigayaa 9% faa'iidada, inta soo hartana waxay u qaybsanayaan siday ku heshiiyeen.

Muraabaxa

'Muraabaxa', luqa ahaan waa iib (sale). Waxa kaliya oo iibkani kaga duwan yahay iibyada kale, waa in la sheego qiimaha shayga markii hore laga soo bixiyey. Waayahan danbe, muraabaxada waxa si aad ah u isticmaala bangiyada Islaamka ah. Waxayna badanaa isticmaalaan marka la soo

194

gadanayo qalab warshadeed ama wax lala soo degayo (import). Waxa sidoo kale waayahan danbe aad loogu isticmaalaa marka la gadanayo hanti ma guurto ah siiba guryaha. Marka nidaamkaan la isticmaalayo, ganacsadaha ayaa bangiga u gudbiya waxa uu u baahan yahay. Dabadeedna bangiga ayaa soo gata shaygii, ka dibna ka sii gada ganacsadaha isagoo ku darsanaya faa'iido marka uu ku wareejinayo shayga ganacsadaha. Waxa loo shardiyaa in bangigu u sheego qiimaha uu shayga ka soo bixiyey si loo kala arko qiimaha shayga iyo faa'iidada.

Sidaan sare ku sheegnay, muraabaxa waa iib. Si iibku u noqdo mid xalaal ah, i.e., waafaqsan haddyiga Rasuulka (SCW) waxa loo shardiyaa dhowr shay: in waxa la kala gadanayo yahay wax jira marka la kala gadanayo; in dhinaca wax gadaya uu isagu leeyahay mulkigiisana yahay waxa uu gadayo; in iibku dhaco markaas (instant); in waxa la gadayo qiimo leeyahay; waa in waxa la gadayo uusan ahayn wax aan loo isticmaali karin wax xaaraam ah mooyee wax kale; waa in uu yahay wax la fahansiiyey loona caddeeyey gataha; waa in uu yahay waxa la gatay wax keenistiisa la hubo; in qiimaha la hubo; in iibku uusan ahayn mid shardi ku xiran yahay.

Culimo badan ayaa dareen ka muujiyey qaabka bunuugta islaamku u isticmaalaan muraabaxada. Culimadaas qaarkood waxay sheegaan in faa'iidadu aysan wax xiriir ah la lahayn qiimaha shayga laga soo bixiyey ee ku salaysan tahay dulsaarka. Nienhaus (1983) daraasad uu ku sameeyey sida muraabaxada looga isticmaalo waddanka Pakistan, waxa uu sheegay in aysan wax weyn ka duwanayn nidaamka ribada ku salaysan marka laga reebo magaca.

Qorshaha maaliyadda (financial plan)

Maaliyaddu waa tiir la'aantiis ganacsi uusan istaagi karin. Cid kasta oo fududaysata maaliyaduna waxay u badan tahay in ay ku danbeeyaan fashil. Qorshaha maaliyaddu waa aalad milkiile-maammulaha ama antrabranoor-ka u fududeysa sidii uu maammul buuxa u maammuli lahaa shirkadda. Si maammul buuxa loo maammulo sharikaadka waxa lama huraan ah in xog maaliyadeed oo dhamaystiran, nidaamsana maammulka la hor dhigo. Xogta nidaamsan waxay maammulka u fududaysaa in ay ogaadaan xaaladda maaliyadeed ee shirkaddoodu ku sugan tahay.

Nasiib daro, dad badani ma siiyaan qorshe maaliyadeedka ahmiyadda uu mudan yahay, marka ay ganacsiga bilaabayaan. Tusaale ahaan, daraasad dhowaan lagu sameeyey waddanka Maraykanka (USA) ayaa muujisay in saddexdii ganacsi oo cusub mid ka mid ihi sameeyo qorshe maaliyadeed, halka labada kale aysan tiradaba ku darsan[23]. Daraasad kale

[23] 'Odds and ends', Wall Street Journal, July 25, 1990, p. B1

ayaa muujisay in wax ka yar 11% ay si fiican u dhuuxaan macluumaadka xisaabaadka maaliyaddu xanbaarsan yihiin[24].

Xog aan ka soo ururinay ganacsatada Soomaaliyeed ee ganacsiga ku leh gudaha Soomaalia iyo meelo ka baxsan Soomaaliya ayaa muujisay in:

- Sharikaadka yar-yari ee ka dhisan gudaha Soomaaliya gebi ahaanba aysan lahayn nidaam maaliyadeed. Waxa intaas weheliya in aysan niyadda ku hayn in ay samaystaan nidaam maaliyadeed mustaqbalka dhow.
- Sharikaadka yar-yar ee ka dhisan waddammada Galbeedka waxa khasab ku ah in ay sameeyaan xisaab xir sanadle ah. Marka laga reebo wax u muuqaal eg xisaabaad maaliyadeed oo loogu talo galo hay'adaha canshuuraha, sharikaadkaas laftigoody ma laha nidaam maaliyadeed iyo mid xisaabeed oo dhamystiran midna.
- Sharikaadka dhexe iyo kuwa waaweyni inkastoo ay leeyihiin nidaam maaliyadeed, haddana nidaamkaasi ma aha mid dhamaystiran. Nidaamka maammulka oo aan fiicnayn, heerka aqoonta shaqaalaha oo hooseysa, iyo iyadoo aysan jirin wax cadaadis ah oo kaga imaanaya waddammada ay ka diiwaangashan yihiin ayaa sabab u ah in aysan sharikaadkaasi lahan nidaam maaliyadeed oo dhamaystiran.

Asbaabo la xiriira nidaam maaliyadeed la'aan ayaa ka dhiga wax aad u adag, ama aan macquul ahayn, in la falanqeeyo maaliyadda xisaabaadka ee sharikaadkaas. Falanqayn la'aantaasi waxay keentaa in sharikaad badani ku dhacaan debin ay ka badbaadi lahaayeen haddii ay lahaan lahaayeen nidaam maaliyadeed oo fiican.

Meertada maaliyadda ee shirkadda

Sida ka muuqata sawirka hoose, meertada maaliyadda ee shirkadi waxay ka bilaabmataa maalgelin. Maalgelintaasi waxay noqon karaan lacag kayd ahayd oo qofka u tiilay;saami laga gaday qof kale (share capital); ama dayn la soo dayntay. Lacagtaas waxa loo isticmaalaa in lagu soo gato wixii hanti loo baahnaa, waxaasi ha noqdeen guurto ama maguurto.

Sida ka muuqata sawirka 12.1, tallaabada saddexaad waa in shirkaddu bilowdo in ay wax gado. Lacagaha ka soo xerooda iibka waxa laga jaraa gadashooyinka (purchase), waxaad markaas gaaraysaa faa'iidada dhafan (gross profit). Faa'iidada dhafan waxa ka go'a kharashaad fara badan oo ay ka mid yihiin: kharashka hawlgalka iyo kharashka dulsaarka. Kharashaadka hawlgalka (operating costs) waxa ka mid noqda: mushahaarooyinka, suuqgeynta, adeegyada, iwm. Faa'iidadii isku dhafnayd marka laga jaro kharashaadka waxa la gaaraa faa'iido sugan (net profit).

---

[24] Richard Mamahon and Scot Holmes (1991), Small financial management: a literature review, Journal of small business management

Faa'iidada sugan dhammaanteed dib uguma noqoto khasnada shirkadda iyadoo gumarti ah ee waxa laga jaraa dhowr lacagood oo ay ka mid yihiin: canshuuraha, dheefta saamileyda (dividends) haddii shirkaddu tahay saamiley, ama lacagta milkiiluhu qaato hadday tahay gedisley. Lacagtaas wixii ka soo hara waxay dib ugu noqotaa khasnada shirkadda

---

Sawirka 12. 1 *meertada lacagta*

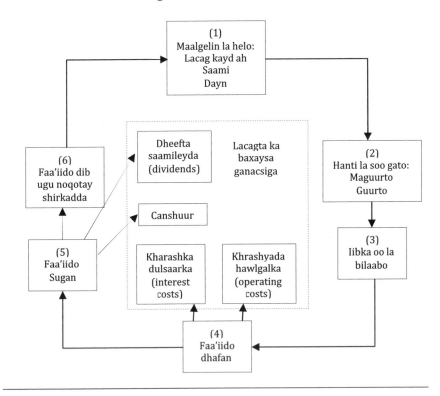

Warqadaha xisaabaadka maaliyadda

Ujeeddada loo diyaariyo warqadaha xisaabaadka maaliyaddu waa: in la akhriyo, la falanqeeyo, lagalana soo baxo xog gundhig u noqota go'aamada shirkadda. Warqadaha xisaabaadka maaliyadda ee aan halkan ku lafagurayno waxay ka kooban yihiin saddex warqadood: warqadda miisaanka (balance sheet), warqadda dakhliga (income statement) iyo warqadda dhaq-dhaqaaqa lacagta (cash flow).

Si loo fahmo ahmiyadda falanqaynta warqadahaas, aan ku bilowno mid ka mid ah cabbirada ugu muhiimsan marka la cabbirayo heerka maaliyadeed ee shirikaadka cusub. Cabbirkaas oo loogu yeero, xawaaraha

197

gubidda (burn rate), waa xawaaraha shirkaddu ku isticmaasho lacagta si ay u daboosho kharashaadka. Xawaaraha gubiddu wuxuu sawir ka bixyaa meesha shirkaddu u socoto iyo waxa la qaban karo inta aysan shirkaddu cidla isi soo taagin. Haddii si kale loo qoro, Xawaaraha Gubiddu wuxuu sheegaa inta biilood ee ka haray cimriga shirkadda. Marka la xisaabinayo Xawaaraha Gubidda, waxa loo xisaabiyaa bil-bil.

$$MO = (COH + I) \div BR$$

COH = cash in hand (lacagta la hayo); **I** = Income from all sources (dakhliga soo xeroonaya oo dhan); **BR** = Monthly burn rate (Xawaaraha Gubidda Bishii); **MO** = remaining months of operation (bilaha shiraddu sii shaqayn karto)

Marka la xisaabinayo Xawaaraha Gubidda waxa la isticmaalaa Warqadda Dhaqdhaqaaqa Lacagta (cash flow statement). Warqaddaasi waxay sheegtaa isbeddelka ku dhacaya lacagta shirkadda. Marka xawaaraha gubitaanka loo fiiriyo lacagta la hayo waxa soo baxaysa inta ka hartay cimriga shirkadda. Marka la xisaabinayo waqtiga u haray shirkadda waxa la isticmaalaa qaaciddada hoose:

Waqtiga ka haray = kaydka lacagta $\div$ xawaaraha gubidda

Tusaale, ka soo qaad in shirkad cusub: COH + I = $30,000, meesha BR = $36,000. Si aan u helno bilaha u haray shirkaddaas, waa in aan marka hore BR helno. Marka aan BR helno waxan u qaybinaynaa COH + I. waxa kuu soo baxaya in waqtiga u haray shirkaddaas yahay 10 biilood oo kaliya.

Badanaa waxa u baahan in ay xisaabiyaan Xawaaraha Gubidda sharikaadka cusub oo aan garanayn waqtiga ay ku qaadanayso in ay suuqa si fiican u galaan. Ujeeddada ugu weyn ee ka danbaysa xisaabinta Xawaaraha Gubiddu waa in marka la ogaado cimriga u haray shirkadda la beekhaamiyo lacagta caddaanka ah ee shirkaddu ganacanta ku hayso. Waxa sidoo kale iyadoo laga duulayo waqtiga u haray shirkadda baadigoob loo geli karaa maalgelimo kale.

Warqadda miisaanka (balance sheet)

Warqaddan oo sawir kooban ka bixisaa: sida shiarkadda loo maalgeliyey; baaxadda maalgelinta; iyo sida hantida loogu rogi karo lacag, waxay ka kooban tahay laba qaybood: qaybta hore, waxay muujisaa hantida (guurtada iyo maguurtada); qaybta labaadna, waxay muujiso daymaha (daymaha dhow iyo kuwa fog) iyo gumartida.

Labada qaybood ee warqaddaani waa in ay isu miisaaman yihiin (waa meesha laga qaatay magaca miisaanka). Haddii mid isbeddel ku yimaado, waa in kan kalena isbeddelkaasi saameeyo. Haddaan qaacido ahaan u qoro, waxay u qormaysaa:

hanti (asset) = daymaha (liability) + gumartida (equity)

Muuqaal ahaan warqadda miisaanku ama waxay u ekaataa midda hoos ku taal, ama hantidana waxa lagu qoraa dhanka bidixda, daymaha iyo gumartidana dhanka midigta.

Shaxda 12. 2 *Warqadda miisaanka*

		SASH Group	2007	2006
	Warqadda Miisaanka			
	31st March 2008			
Hantida			2007	2006
Hantida Guurtda:			$	$
Lacagta caddaanka ah			30,000	15,000
Maalgelimaha			35,000	20,000
Sheegashadda la sugayo			135,000	150,000
Kharash la qadimay			5,000	5,000
Wadarta hantida guurtada			320,000	310,000
Hantida maguurtada				
Dhul (land)			60,000	60,000
Dhisme, qalab, mashiino			355,000	315,000
-baaliga (depreciation)			-125,000	-95,000
Wadarta maguurtada			290,000	280,000
Sumcad (goodwill)			5000	5,000
Wadarta Hantida			615,000	595,000
Daymaha				
Daymaha dhow			140,000	160,000
Daymaha fog			90,000	100,000
Wadarta Daymaha			230,000	160,000
Gumartida				
Saamiyada (share capital)			155,000	150,000
Kaydka (reserves)			230,000	185,000
Wadarta gumartida			385,000	335,000
Wadarta gumartida iyo daymaha			615,000	595,000

Haddaan u fiirsano shaxda 12.1, waxan arkaynaa in shirkadda SASH hantideedu ka kooban tahay laba nooc: mid guurta ah iyo mid maguurto ah. Midda guurtada ihi waa lacag ama caddaan ah ama markiiba caddaan loo rogi karo, sida sheegasho la sugayo. Meesha hantida ma guurtada ihi tahay

199

hanti ay adagtahay in si sahal ah caddaan loogu beddelo sida: dhul, dhismo, warshad. Hantida ma guurtada ah badanaa waa baaliyowdaa. Baaliyowga micnihiisu waxa weeye qiimihii lagu soo gaday sanad walba hoos bay wax uga dhacaan.

Dhinaca daymaha waxay noqdaan kuwo dhow ama kuwo fog. Daymaha dhow waa daymo muddadooddu xaddidan tahayn. Meesha daymaha fog yihiin daymo waqtigoodu fog yahay. Gumartidu waa hantida sugan ee jiritaanka ganacsiga marka laga jaro deymaha jiritaanka lagu leeyahay (Xuseen, 1997).

Warqadda dakhliga (income statement)

Shaxda 12.3 *warqadda dakhliga*

SASH Group Ltd Warqadda Dakhliga 31st March 2008		
	2007	2006
	$	$
Dakhliga iibka (sales revenue)	810,000	750,000
Hallaabada iibka (cost of goods sold)	-560,000	-520,000
Faa'iidada dhafan (gross profit) (A)	250,000	230,000
Kharashaadka hawlgalka (operating expenses)	-140,000	-140,000
Kharashaadka baaliga	-30,000	-25,000
Wadarta kharashaadka (B)	-170,000	-165,000
Faa'iidada hawlgalka (A-B)	80,000	65,000
Dakhliga dulsaarka	+3,000	+2,000
Kharashka dulsaarka	-13,000	-14,000
Wadarta dulsaarka (C)	-10,000	-12,000
Kasabka canshuurta ka hor ((A-B)-C)	70,000	53,000
Canshuuraha	-20,000	-18,000
Faa'iidada sugan (net income)	50,000	35,000

Warqadda dakhliga, ama xisaabta faa'iidada iyo khasaaaraha (profit and loss account), waxay muujisaa faa'iidada/khasaaraha shirkad soo gashay mudo cayiman. Mudadaasi waxay badanaa noqtaa sanad. Xisaab ahaan qaaciddada warqadda dakhliga waxaa loo qoraa:

Faa'iido = dakhliyada – kharashaadka

Dakhligu waa lacagaha shirkadda ka soo gala iibka. Lacagahaasi waxay noqon karaan kuwo ka yimaada hal il ama dhowr ilood. Tirada iyo baaxadda ilaha lacagahaasi ka soo galaan shirkadda waxay ku xiran yihiin: inta qaybood ama waaxood ee shirkaddu ka kooban tahay iyo baaxadda waax kasta.Kharashkuna waa laba nooc. Meesha nooca hore ku eg yahay hallaabada iibka. Nooca labaad waxa hoos yimaada kharashaadka kale oo dhan.

Badanaa warqadda dakhligu waxay ka jawaabtaa su'aasha ah: ganacsigeenu ma yahay mid faa'iido dhalinaya? Si looga jawaabo su'aashaas waa in warqaddaas lagu soo guuriyo:

- Wixii dakhli shirkadda soo galay dhammaan
- Wixii hallaabad ay shirkaddu gashay si ay wax u soo saarto ama u soo gadato waxa ay sii iibinayso.
- Kharashaadka joogtada ah ee la xiriira suuqgeynta, maammulka iwm.
- Kharashaadka maaliyadda oo badanaa ah dulsaarka
- Canshuuraha
- Sadaqadda iyo Zakadda

Warqadda dhaq-dhaaqa lacagta (cash flow statement)

Inkastoo warqadda dakhligu muuqaal ka bixiso faa'iidada shirkadda, haddana, faa'iidadaasi badanaa ma noqoto cabbir fiican. Ugu horayn, warqadda dakhliga waxaa la xisaabiyaa aakhirka sanadka, waxayna tustaa faa'iidadii soo gashay shirkadda sanadkii la soo dhaafay. Marka xiga, dakhliga warqaddaas ka muuqda ma aha mid shirkadda caddaan ahaan u soo galay, maaddaama ay dhici karto in shirkaddu dayn wax ku gaday. Sidoo kale, waxa dhici karta in waxyaabaha la soo gadanyo lagu soo gato dayn waqtigeedu gaaban yahay.

Asbaabahaas aan sare ku xusnay iyo kuwo kale ayaa keena in marar badan dadku ku kadsoomaan warqadda dakhliga, maaddaama warqadda dakhligu aysan muujin lacagta caddaanka ah ee shirkaddu haysato waqti cayiman. Haddii lacag caddaan ah shirkaddu aysan haysan, mushahaar ma bixin karto, mana dabooli karto kharashaadka joogtada ah, taasina waxay keenaysaa in shaqada oo dhammi istaagto. Shirkaddu markay marxaladdaas gaarto waxa la yiraahdaa waa musaliftay ama kacday (insolvency).

Arrimahaa aan sare ku soo sheegnay iyo kuwo kale oo badan ayaa warqadda dhaqdhaqaaqa lacagta ka dhiga warqad ka mid ah warqadaha ugu muhiimsan shirkadda. Warqaddaasi waxay muujisaa lacaga soo gelaya shirkadda (cash inflow) iyo lacagaha ka baxaya shirkadda (cash outflow). Meesha lacagaha soo gelaya ka soo galaan iibabka, daymaha laga qaato bunuugta, deeqaha iwm, lacagaha ka baxayaa waxay ku baxaan kharashaadka shirkaddu gelayso sida mushahaarooyinka, badeecadda ceeriin ee loo isticmaalayo wax soo saarka iwm.

201

Shaxda 12. 1 *warqadda dhaq-dhaqaaqa lacagta*

SASH Group Ltd
Warqadda Dhaq-dhaqaaqa lacagta
31st March 2008

Dhaq-dhaqaaqa lacagta	2007	2008
Lacagta soo xerootay (Cash inflow):	$	$
Iibabka (sales)	825,000	760,000
Dulsaar (interest)	3,000	2,000
Saamiyo (shares)	5,000	10,000
Wadarta lacagta soo xerootay (A)	**833,000**	**772,000**
Lacagta baxday (cash outflow)		
Ballaabadaha badeecadda iibsamay	555,000	515,000
Kharashaadka hawlgalka	160,000	150,000
Kharashaadka dulsaarka	13,000	14,000
Canshuur	20,000	18,000
Dhismo, qalab iyo mashiino	40,000	50,000
Kharashaadka daymaha fog	10,000	5,000
Dheefta saamileyda (dividends)	5,000	5,000
Wadarta lacagta baxday (B)	**803,000**	**757,000**
Dhaqdhaqaaqa lacagta (A_B)	**30,000**	**15,000**
Isbeddellada ku dhacay xisaabaadka		
Isbeddelka guurtada caddaanka		
Lacag (cash)	15,000	5,000
Maalgelimaha (investment)	15,000	10,000
Wadarta isbeddellada	**30,000**	**15,000**

Dhaq-dhaqaaqa lacagta oo si fiican loo maammulo waxay leedahay faa'iidooyin fara badan oo ay ka mid yihiin:

- Waxaa mar walba lala socdaa ama laga warhayaa meesha lacagta la fadhida (where your cash is tied up);
- Waxaa la arki karaa meelaha ciriirigu ka soo socdo (bottleneck);
- Waxaa la sii qorshayn kartaa, lana yarayn kartaa ku tiirsanaanta daymaha bunuugta;
- Waxaa si fiican loo kantarooli karaa shirkadda.

Sharikaadka yar-yar xilliga ay bilowga yihiin waxaa soo wajaha dhibaato la xiriirta lacagta oo ku yar. Xilligaas in lacagi ka baxdo maahee badanaa lacagi ma soo gasho. Waxaba marmar badan dhaca in iibka u horeeyaa noqdo dayn. Xilligaas wax ka baxa maahee aysan wax lacag ihi soo gelin sharikaadka yar-yar waxa loogu yeeraa goshii geerida (death valley). Inta goshaasi hoos u godan tahay waxay ku xiran tahay hadba inta maalgelinta loo baahan yahay le'eg tahay.

202

Nidaamka maaliyadda

Sidaan sare ku xusnay, nidaamka maaliyaddu wuxuu xanbaarsan yahay macluumaad fara badan. Macluumaadkaasina wuxuu gundhig u noqdaa go'aamada shirkaddu gaarto maalin walba. Si loo gaaro go'aamo taabbogal ah waxa muhiim ah in la sameeyaa wax loogu yeero saamigalladda maaliyadda 'financial ratios'. Saamigal (ratio) waa saamiga quman ee tiro u tahay tiro kale. Iyadoo la isticmaalayo saddexda warqadood ee xisaabaadka maaliyadda ayaa waxa la xisaabin kartaa saamigalo fara badan. Saamigalladda aan halkan dulmarka ku samaynayno waxay wax ka ishaarayaan sidii loola socon lahaa, go'aana looga gaari lahaa arimaha la xiriira: masuuliyada xilliga dhow; mas'uuliyadda xilliga fog; iyo faa'iidooyinka

Mas'uuliyadda xilliga dhow

Marka laga hadlayo mas'uuliyadda xilliga dhow, waxa loola jeeddaa deymaha waqtigoodu dhow yahay, sida biilasha iwm. haddii lacagta caddaanka ah ee wareegaysa yaraato waxa adkaanaysa in shirkaddu daboosho daymaha dhow. Shirkadda oo dabooli wayda daymaha dhow waxay badanaa hordhac u tahay fashil. Si loo ogaado xaaladda shirkaddu ku sugan tahay guud ahaan iyo gaar ahaan in ay dabooli karto daymaha dhow, saddex nooc oo saamigalo ah ayaa la xisaabiyaa:

Saamigalka guurtada (current ratio)

Sida qaalibka ah daymaha dhow waxa lagu daboolaa hantida guurtada ah. Hantida guurtada ihi waa lacag caddaan ah ama hanti si sahal ah loogu beddeli karo caddaan. Marka la xisaabinayo saamigalka guurtada waxa la isu qaybiyaa hantida guurtada iyo daymaha dhow. Haddii saamigalku ka sareeyo 2.0, shirkaddu waxay ku sugan tahay xaalad fiican. Haddii saamigalku ka hooseeyo 1.0 shirkaddaadu waxay ku jirtaa xaalad qallafsan. Saamigal ka hooseeya 1.0 micnihiisu waxa weeye, hantida guurtadu ma dabooli karto daymaha dhow. Sidoo kale saamigal aad u sareeya micnihiisu waxa weeye gumarti badan ayaa ku jirta hantida guurtada ah, tusaale ahaan daymo fara badan oo la bixiyey.

Saamigalka guurtada = Hantida guurtada ÷ daymaha dhow

Haddaad dib u fiiriso Warqadda Miisaanka (balance sheet) ee SASH Group waxad arkaysaa in hantideedda guurtada ihi tahay $ 320,000 meesha daymaha dhow yihiin 140,000. Waxa markaas saamigalka guurtadu noqonayo 2.3:1.

Saamigalka deg-dega ah (quick ratio)

Meesha saamigalka guurtadu isticmaalo hantida guurtada ah oo dhan, saamigalka deg-dega ahi wuxuu ka reebaa badeecadda iyo waxyaabaha kale ee haddii ay timaaddo xaalad deg-deg ah aan si fudud lacag caddaan ah loogu beddeli karin. Ujeeddada ka danbaysa saamigalkan waa in la ogaado, in guurtada caddaanka ah ama caddaan xigeenka ahi awood u leedahay in ay daboosho daymaha waqtigoodu dhow yahay

Saamigalka deg-dega ah = *(Lacagta caddaanka + maalgelimaha + daymaha) ÷ daymaha dhow*

Haddaan dib u fiirinno SASH waxad arkaysaa in saamigalka deg-dega ahi noqonayo: 200,000 ÷ 140,000, ama 1.4. In kastoo uusan jirin sharci sugan, haddana waxa habboon in markasta saamigalku ka sareeyo 1.0

Socodka badeecadda (stock turnover)

Socodka badeecadu wuxuu maammulka siiyaa xog muhiim ah oo la xiriirta xawliga badeecadu ku soconayso ama loogu beddeli karo lacag cad (lagu gadi karo).

Socodka badeecadda = hallaabada badeecadaha iibsamay ÷ badeecadda (stock)

Haddaad dib u fiiriso SASH Group waxad arkaysaa in socodka badeecadu ahaa: 560,000 ÷ 115,000, ama 4.9. Saamigalkaasi waxa uu ku tusayaa in SASH Group shan jeer badeecadiisu isbeddeshay sanadkaas guddihiisa. Haddii aan maalin u beddelno (360 ÷ 4.9) waxad arkaysaa in badeecadu isbedesho 75 maalmood. In badeecadu isbedesho 75-tii cisho, ma arrin fiican baa mise waa arrin xun. Su'aashaas jawaabteedu waxay ku xiran tahay nooca badeecadda ee shirkadda ay ka baayacmushtarto iyo sayladda ay ka ganacsato.

Mas'uuliyadda xilliga fog (long-term responsibilities)

Helitaanka gumartiyaha caddaanka ah, ama caddaan xigeenka ah, waxay shirkaadka u fududeeyaan in ay gutaan mas'uuliyadaha waqtigoodu dhow yahay, sida daymaha waqtigoodu dhow yahay. Sidaas si la mid ah ayay Sharikaadku dhabarka ugu ritaan mas'uuliyado waqtigoodu dheer yahay sida daymaha waqtiga dheer (long term debts).

Laba saamigal ayaa badanaa la xisaabiyaa si loo ogaado xaaladda shirkadda ee mas'uuliyadda waqtiga fog. Saamigalka hore wuxuu muujiyaa in shirkaddu bixin karto kharashaadka dulsaarka. Saamigalka danbena waxa uu muujiyaa in raasummaalka dayntu (principle amount of your debt) khatar ku jiro iyo inkale.

Awoodda bixinta kharashka dulsaarka = Faa'iidada canshuurta ka hor ÷ kharashka dulsaarka

Haddaad dib ugu laabato warqadda dakhliga ee SASH, waxad arkaysaa in awoodda bixinta kharashka dulsaarku tahay: 57,000 ÷ 13,000, ama 4.4. Saamigalkaas micnihiisu waxa weeye SASH waxa uu iska bixin karaa dulsaarka daymaha afar jeer. Bangiyada iyo hay'adaha bixiya daymaha fog aad bay u saluugaan haddii saamigalkaasi ka yaraado 1.0, waayo marka shirkaddu gaarto xaaladdaas, faa'iidada oo dhan waxay aadaysaa dulsaarka.

Saamigalka daymaha iyo guurtada = daymaha fog ÷ gumartida

Saamigalka daymaha iyo guurtada SASH wuxuu noqonayaa 90,000 ÷ 385,000, ama 0.23. saamigalkaasi waxa uu ku tusinayaa in gumartidu afar jeer ka badan tahay daymaha fog.

Warkaan waxa si fiican u dhuuxa bangiyada iyo hay'adaha kale ee daymaha bixiya, waayo waxay arkayaan in haddii shirkaddu khasaarto aysan lacagtoodii marna waayeyn oo ka helayaan gumartida.

Faa'iidada dhafan

Saamigalka faa'iidooyinku wuxuu sharikaadka u sahlaa in ay la socdaan xaaladdooda faa'iido ee sanadlaha ah. Waxay sidoo kale sahashaa in bar-bar dhig lagu sameeyo shirkadda iyo kuwa ay la tartamayso. Saamigalladda faa'iidada ee aan halkaan ku magacaabayno waa saddex: midda kowaad waxay isbarbar dhigtaa faa'iidada iyo iibka; midda labaadna waxay isu fiirisaa faa'iidada iyo hantida; halka midda saddexaad faa'iidada u fiiriso gumartida milkiilaha.

Siyaadada faa'iidada sugan (net profit margin)

Faa'iidada sugani waa lacagta harta marka hallaabada iyo kharashaadka hawlgalladda oo dhan la bixiyo/daboolo marka laga reebo dulsaarka iyo canshuuraha. Saamigalkani wuxuu isu fiiriyaa kharashaadka la gelayo iyo sicirka badeecadda la gadayo.

Haddii siyaadada faa'iidada sugan ay aad u yar tahay marka loo fiiriyo sharikaadka kale ee aad isku sayladda ka shaqaysataan, waxay u badan tahay laba arrimood miduun: (1) In sicirkaagu hooseeyo; ama (2) In kharashyadaadu sareeyaan marka loo fiiriyo sharikaadka kale.

Saamigalka hoose waxa la aqbali karaa haddii uu sabab u noqonayo: iibka oo sare u kaca; saamiga sayladda oo sare u kaca; ama faa'iido baaxad weyn.

Siyaadada faa'iidada sugan = faa'iidada sugan ÷ iibka

Haddaan dib u qooraansano tusaalihii SASH, waxad arkaysaa in siyaadada faa'iidada sugan tahay: 50,000 ÷ 810,000, ama 6.2%.

Waxa muhiim ah in la kala fahansan yahay farqiga u dhexeeya sharikaadka gedislaha (sole trade) ah iyo kuwa xudduuda leh (limited companies). Tan hore waxay faa'iidada sugan la muujiyaa inta aan milkiiluhu waxba ka qaadan shirkadda (drawings), meesha tan danbe, mushahaarku ka mid yahay kharashaadka hawlgalladda. Haddaad is bar-bardhig ku samaynasid laba shirkadood oo kala duwan, ama waa in aad mushahaarka ku wada darto ama ka wada saarto.

Noqodka maalgelinta (return on investment)

Noqodka maalgelintu wuxuu sawir ka bixiyaa waxa ka soo noqoday lacagtii la maalgeliyey. Badanaa saamigalkani waxa uu muujiyaa faa'iido-dhalka shirkadda. Wuxuu sidoo kale muujiyaa heerka khatarta loo bareeray. Ogow markasta oo khatartu sarayso waa in faa'iidadu sarayso, haddii kale ma jirto xikmad khatartaas loogu bareero. Maaddaama maalgelimaha lagu maalgelin karo meelo kala duwan sida in saamiyo la gato, in bangiga la dhigto, iwm, saamigalkani waxa uu muujiyaa in maalgelintu fiican tahay marka loo fiiriyo maalgelimaha kale.

Noqodka maalgelinta = faa'iidada sugan ÷ wadarta hantida

Bangiyadu waxay jecel yihiin in ay isticmaalaan faa'iidada sugan oo laga jaray canshuuraha iyo dulsaarka. Marka waxa muhiim ah in lagu baraarugsan yahay arrintaas. Haddaan dib ugu noqono warqadihii xisaabaadka ee SASH, waxad arkaysaa in noqodka maalgelintu ahaa: 50,000 ÷ 475,000, ama 10.5%. waxad arkaysaa in boqoleydaasi sanadkii hore ahayd 7.1%, ayna sanadkan sare u kacday 3.4%.

Noqodka gumartida (return on equity)

Ujeeddada ka danbaysa saamigalkaan waa in milkiiluhu is bar-bar dhigo faa'iidada ka soo gashay gumartida uu ku maalgeliyey shirkadda iyo haddii uu gumartidaas ku maalgelin lahaa meel kale. Sidaan kor ku soo aragnay, marka hore waxa la bixiyaa kharashaadka maalgelimaha sida kharashka dulsaarka iwm, intaan la xisaabin wixii lacagtaada kuugu darsamay.

Noqodka gumartida = Faa'iidada sugan ÷ gumartida

Haddaad dib u milicsato warqaddaha xisaabta waxad arkaysaa in noqodka gumartida SASH yahay: 50,000 ÷ 385,000, ama 13%.

Barta isbixinta (break-even point)

Barta is bixintu waa barta dakhliga iibku la mid yahay hallaabada. Haddii iibku ka hooseeya bartaas shirkaddu waxay samaynaysaa khasaare, haddiise uu ka sareeyo bartaas waxay samaynaysaa faa'iido. Si loo xisaabiyo barta isbixinta waxa muhiim ah in la fahansan yahay laba nooc oo hallaabad ah: hallaabad negi (fixed costs) iyo hallaabada doorsoonta (variable costs). Meesha nooca danbe isla beddelo wax soo saarka, nooca hore islama beddelo hawlmaalmeedka shirkadda. Hallaabada negi waxa ka mid ah: caymiska, mushahaarka xoghaynta, ijaarka, iwm. Hallaabada guurguurta waxa ka mid ah: hallaabada alaabta wax soo saarka. Markasta oo wax soo saarku sare u kacaba, hallaabadaasina sare ayay u kacdaa.

Sawirka 12.2 *Barta isbixinta*

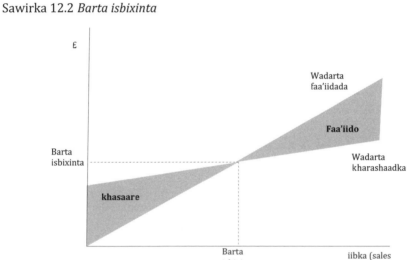

Qaacido ahaan marka barta isbixinta la xisaabinayo waxa loo qoraa:

Barta isbixinta = *kharashka joogtada ah ÷ dhowrtada (contribution)*

Dhowrtada waxa lagu helaa faa'iidada dhafan oo loo qaybiyey dakhliga iibka, ama 250,000 ÷ 810,000, ama 31%. Barta isbixintu waxay noqonaysaa: 170,000 ÷ 0.31 = 548,387. Si shirkadda SASH u daboosho karashaadka oo dhan waa in iibkeedu ka sareeyo $548,387.

Meesha tusaalaha kore aan xisaabinay barta isbixinta ee shirkadda, waxa marmar la xisaabiyaa barta isbixinta ee halkii shay. Nidaamkan oo badanaa ay isticmaalaan sharikaadka wax soo saarku, marka la xisaabinayo waxa la isticmaalaa qaacidda hoos ku taala:

207

Barta isbixintu = *(wadarta hallaabada fadhida)* ÷ *(sicirka halkii shay–hallaabada guur-guurta)*

Tusaale: ka soo qaad in hallaabada fadhida ee shirkadda BM tahay $50,000, meesha sicirka halkii shay yahay $150, hallaabada guurguurtana tahay $60.

Barta is bixintu = $50,000 ÷ ($150 -$60) = 555.55 ama 556 shay

Si shirkaddu isu bixiso waxay u baahan tahay in ay gado 556 shay. Dakhli ahaan, barta is bixintu waxay noqonaysaa (556 x $150) ama $83,000. Haddii shirkaddu gado wax ka yar intaas waxay samaynaysaa khasaare. Haddii ay gado wax ka badan intaas waxay samaynaysaa faa'iido.

Cutubka

Horummarrinta istaraatiijiyada shirkadda

However beautiful the strategy, you should occasionally look at the results.
Sir Winston Churchill

Strategy without tactics is the slowest route to victory. Tactics without strategy is the noise before defeat.
Sun Tzŭ

Istaraateejiyada waxa lagu daraa waxyaabaha antrabranoor-adu badanaa fududaystaan ama aysan siin ahmiyadda ay mudan tahay. Badanaa antrabranoor-adu waxay ku mashquulsan yihiin hawl maalmeedka, waqti ku filana uma helaan si ay u horemariyaan wixii lagaga sooci lahaa shirkaddoodu sharikaadka kale. Qaar kalena waxayba la tahay in aan loo baahnayn in waqti lagu lumiyo horemarinta istaraateejiyad. Siday rabto ha ahaatee waxa maanta la isku raacsan yahay 'shirkadii aan u fikirin una dhaqmin qaab istaraateeji in ah ay isu diyaarrinayso fashil'.

Cutubkan oo muuqaal kooban ka bixinaya horummarinta isteraatiijiyada shirkadda wuxuu soo bandhigayaa hilinka la qaado marka la horummarinayo istaraatiijiyad shirkadda gaarsiin karta guul.

Markaad cutubkaan dhamaysid waxaad:
- Fahmi doontaa macnaha iyo ahmiyadda istaraatiijiyadda
- Awoodi doontaa in aad istaraatiijiyo u samayso sharikaadka.
- Adigoo maraya wado istaraatiiji ah qiimayn ku samayn doontaa istaraatiijiyadda sharikaadka.
- Awoodi doontaa in aad SWOT ku samayso sharikaadka.

Waa maxay istaraatiijiyo?

"What's the use of running if you are not on the right road"
German proverb

Maaddaama cutubkani ka hadlayo horummarinta istaraatiijiyadda ganacsiga, inta aynaan dhexgelin mawduuca aan bayaamino qaar ka mid ah kelimaadka ama weeraha loo isticmaalo istaraatiijiyadda. Ugu horayn, *istaraatiijiyo,* waa kalmad Giriig ah, asal ahaan loo isticmaali jiray ciidanka, macneheeduna ahaa Janaraalnimo (genralship). Dhinaca ganacsiga, istaraatiijiyo waa qorshe isu keena iskuna duba rida himilooyinka (goals), siyaasaddaha (policies), iyo hawliha (actions) shirkadda. *Himilo*, waxay sheegtaa waxa la higsanayo iyo goorta la rabo in la gaaro. *Siyaasad* (policies), waa shuruucda qeexda xudduudaha waxa la qabanayo. *Barnaamijyo* (programmes) waxay qeexaan qaabka hawsha loo qabanayo si loo gaaro himilooyinka.

In kastoo marka istaraatiijiyadda la samaynayo aan la hubin in ay noqon doonto mid meel fog shirkadda gaarsiisa iyo in kale, haddana Quinn (1980) waxa uu soo guuriyaa walxo lagu miisaami karo heerka istraatiijiyadaasi gaarsiin karto shirkadda. Quinn waxa uu yiraahdaa si istaraatiijiyo meel fog u gaarsiiso shirkad waa in ay:

- Leedahay himilooyin qeexan;
- Jihayso shirkadda;
- Xoogga saarto wax laga miro dhalin karo;
- Tahay mid la socon karta waqtiga iyo duruufaha;
- Tahay mid ka yaabisa tartamayaasha;
- Tahay mid iska caabin karta weerar lagu soo qaaday.

Mintzberg (1987), wuxuu qeexidda istrataatiijiyada ku soo koobaa shan walxood. Wuxuu yiraahdaa: Istaraatiijiyo waa *qorshe* (plan); istaraatiijiyo waa *xeelad* (ploy); istaraatiijiyo waa *naqshad* (pattern); istaraatiijiyo waa *rug* (position) ama waxa isku xira shirkadda iyo bay'adda ay ka falgasho; istaraatiijiyo waa *muuqaal* (perspective).

Qorshe ahaan, istaraatiijiyadu way jihaysaa shirkadda, waxayna samaysaa waddadii la raaci lahaa si loo gaaro hadafka; xeelad ahaan, istaraatiijiyadu waxay shirkadda gaarsiisaa in ay ka guulaysato tartamayaasheeda; naqshad ahaan, shirkad kasta waxay leedahay hal istiraatiijiyo; rug ahaan, istaraatiijiyadu waxay fududaysaa in la isku xiro shirkadda iyo bay'adda ay ka falgasho; muuqaal ahaan, istaraatiijiyadu waxay iswaydiisaa su'aalo aasaasi ah.

Sidee loo sameeyaa istaraatiijiyad?

"For every complex problem there is a simple solution that is wrong"
George Bernard Shaw

Istraatiijiyadu waxay ka haddashaa wax aan si hubanti ah loo ogaan karin (unknowable), waxaana qaabeeya waxyaabo badan oo isu tegey. Waxyaabahaas qaarkoodna waxay lug ku leeyihiin shirkadda (internal), qaarka kalena bay'adda (external). Waa waxyaabo xoog badan, is bed-beddel badan, qaarkoodna ay adag tahay in la saadaaliyo. Marka istaraatiijiyo laga soo dhexsaarayo waxyaabahaas, waxa muhiim ah in la muujiyo taxadar fara badan. Quinn (1980) wuxuu ku doodaa sida kaliya ee istarattijiyo loogala soo dhex bixi karo waxyaabahaas taxaddarka u baahan waa in la qaado qaab *tallaabo-tallaabo* ah (incremental). Haddii la qaado nidaamkaas tallaabo tallaabada ah waxa fudud in la dhiso istaraatiijiyo buuxisa shuruudihii aan sare ku soo taxnay oo dhan.

Mintzberg (1987), qaabka istaraatiijiyo loo sameeyo wuxuu barbar dhigaa qaabka farsamo yaqaanadu wax u sameeyaan. Si uu u bayaamiyo arrintaas, wuxuu tusaale u soo qaataa qaabka farsamo yaqaanadu weelasha dhoobada uga sameeyaan. Farsamo yaqaanku waxa uu soo qaataa ciid qoyan (clay), wuxuu saaraa maxdinka wareegaya. Farsamayaqaanka maskaxdiisa iyo maankiisu waxay ku sii jeedaan dhoobada, waxay sidoo kale dhex mushaaxayaan wixii la soo dhaafay iyo waxa soo socda. Wuxuu garanayaa waxa macquulka ah iyo waxa aan macquulka ahayn, waxa shaqayn kara iyo waxa aan shaqayn karin. Wuxuu aqoon fiican u leeyahay waxa uu awoodo iyo sayladda uu weelka geyn doonno. Inkastoo farsamayaqaanku uu gacanta dhoobada kula jirto, haddana maskaxdiisu waxay ku mashquulsan tahay waxyaabaha aan sare ku soo xusnay. Weelka uu sameeyo muuqaal ahaan wuxuu u ekaan karaa kuwii uu horey u samayn jiray, waxa sidoo kale dhici kara in uu muuqaal cusub yeesho.

Inagoo ka duulayna tusaalahaas sare waxan oran karnaa maammulku waa farsama yaqaanka, istaraatiijiyaduna waa dhoobada. Sida farsamayaqaanka, maammulku waxay dhex taagan yihiin wixii la soo dhaafay iyo waxa soo socda (fursado). Waxay garanayaan wixii hadda ka hor u shaqeeyey iyo wixii u shaqayn waayey. Iyagoo maraya waddada farsamo yaqaanka ayay marka samayn karaan istaraatiijiyad.

Istaraatiijiyadda laba hab mid uun baa loo sameeyaa: in ay sameeyaan madaxda sare (umbrella strategy), ama in ay hoos ka soo bilaabmato (grass-root strategy). Meeshay rabto ha ka timaaddo, waddaday rabtona ha ku timaadee waxa muhiim ah in istaraatiijayadu isla beddeli karto waqtiga iyo duruufta. Inkastoo isbeddel wayn (quantum leaps) uusan badanaa iman, haddana waxa jira isbeddelo yar-yar oo marwalba shirkaddu ku khasban tahay in ay la jaanqaado.

Hilinka horummarinta istaraateejiydda

"If the only tool you have is hammer, you treat everything like a nail"
Abraham Maslow

Albbaabka laga galo horummarinta istaraatiijiyadda waxa lagu tilmaamaa 'SWOT analysis'. 'SWOT' oo ah kalmado la soo gaabiyey, waxay u taagan yihiin: '**s**trengths (waxa aad ku fiican tahay); **w**eaknesses (waxa aad ku liidato); **o**pportunities (fursadaha); iyo **t**hreats (khataraha)'. Istraatiijiyo lama qaabayn karo iyadoo aan sii fiican loo falanqayn SWOT.

Sida ka muuqata sawirka hoose, diyaarrinta iyo hirgelinta istaraateejiyadu waxay martaa hilin (process). Hilinkaasi wuxuu ka bilaabmaa qaabaynta hiraalka (vision). Lafagurida waxa shirkaddu ku fiican tahay iyo waxay ku liidato ayaa ah tallaabada labaad. Qaabaynta iyo dhaqangelinta ayaa iyana kala ah tallaabada saddexaad iyo afraad.

Sawirka: 13.1 *Hilinka horummarinta istaraatiijiyadda*

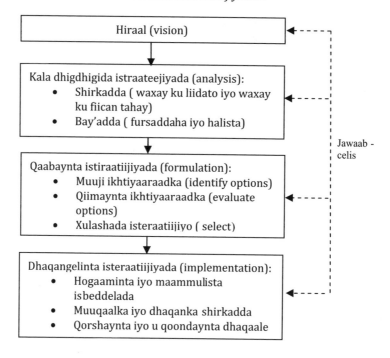

Source: P. *Burns (2005) Corporate antrabranoorship: Building and antrabranoorial organisation, Basingtoke: Palgrave*

212

Hiraal

*'Vision without action is a dream; Action without vision soon fades
But vision with action can change the world'*
Nelson Mandela
*All successful people have a goal. No one can get anywhere unless he knows
where he wants to go."*
- Norman Vincent Peale

Qaamuuska Oxford wuxuu hiraal ku micneeyaa *'sawir maskaxeed ku tusiya
muuqaalka mustaqbaka'*. Hiraalka wuxuu la mid yahay jiheeye. Sida
jiheeyuhu dadka u tuso dhinaca jihadu ka jirto, ayuu hiraalkuna shirkadda u
tusaa dhinaca loo socdo. Ujeeddada hiraalku waa in uu dhiirrigeliyo
qofkasta oo ka shaqeeya ama xiriir la leh shirkadda. Waa in hiraalku u
fududeeyo dadkaas sidii ay sawir quruxbadan oo mustaqbalka ah u sawiran
lahayeen. Si arrintaasi ku dhacdana waa in hiraalku yahay mid kooban,
qeexan, macquul ah, lana gaari karo. Waa in uu muujiyo sida mustaqbalku u
dhadhammi doonno, u ekaan doonno, u uri doonno. Waa in uu ku
nashqadaysan yahay dhammaan dokumentiga shirkadda. Hiraalku waa
waxa aad higsanasid, waa waxa aad rabtid in aad noqtid, waa sawir ka
turjumaya riyadaada mustaqbalka.

Hiraalka la xayaabo tiray, saddex qaab ayuu shirkadda u caawiyaa:

- Wuxuu u noqdaa jiheeye tusa jihada loo socdo;
- Wuxuu qayb ka noqdaa sidii go'aan sax ah loo gaari lahaa;
- Wuxuu bilaa niyadda iyo mooraalka shaqaalaha.

Hiraalku waa inuu sharraxo nooca ganacsi ee aad gelayso iyo ujeeddada aad
u gelayso. Haddaan soo koobo hiraalku waa in uu ka jawaabo shantan
su'aalood:

- Yay noqon doonaan macaamiishaydu, adeeg/alaab noocee ah ayaanse
  ka iibin doontaa macaamiisha si aan u daboolo baahidooda?
- Waa maxay dheefta ama faa'iidada macaamiishu ka heli doonaan
  alaabta/adeegga aan ka iibinyo?
- Maxaan kaga duwanaan doonaa tartamayaasha?
- Suuqgeyn noocee ah ayaan isticmaali doonaa si aan u iibiyo
  alaabta/adeegga?
- Balanqaad noocee ah ayaan siin doonaa macaamiisha, shaqaalaha iyo
  saamileyda?

Jawaabaha shantaas su'aalood ayaa saldhig u noqon doona jihada
shirkaddaadu aado. Haddaad fiirisid su'aasha 1aad, waxay ka hadlaysaa
macaamiishaada mustaqbalka. Markasta oo aad saadaalisid

213

macaamiishaada mustaqbalka waxa kuu soo baxaya sawir ka duwan kii shalay ama kan maanta, waayo baahida macaamiisha iyo qaabdhaqankooduba waa isbed-beddelaa.

Su'aasha labaad oo bidhaaminaysa dheefta ama faa'iidada macaamiishaadu ka heli doonaan alaabta/adeegga shirkaddaada, jawaabteedu waxay noqon kartaa: dheefta ama faa'iidada macaamiishu ka helaan alaabteena/adeegeena waa: in ay gaaraan himilooyinkooda si ka fiican, ka dhaqso badan, kana kharash yar sida ay hadda ku gaaraan.

Marka laga jawaabayo su'aasha saddexaad waa in la xuso waxa shirkaddaada ku khaaska ah oo ay kaga duwan tahay sharikaadka kale (unique selling proposition). Sidoo kale waa in si cad loo qeexo asbaabta keenaysa in macaamiishu gataan adeegyadaada/alaabtaada marka loo fiiriyo tan tartamayaasha.

Marka laga jawaabayo su'aasha afraad, waa in la sharraxo istaraatiijiyadda suuqgeynta ee shirkaddaada ka dhigi doonta mid meel mar noqota. Waxa fiican in marka hore la fiiriyo waxa sharikaadka tusaalaha fiican noqon kara ay sameeyaan, dabadeedna meeshaas laga anbaqaado. Xusuusnow waxa aad sharraxaysid waa mustaqbalka, maaha shalay, mana aha maanta.

Ugu dabnayn marka aad ka jawaabaysid su'aasha shanaad, waxad sharraxaysaa xiriirka aad la yeelan doontid: macaamiisha, shaqaalaha iyo saamileyda.

Hiraalku waa in uu noqdo mid isu miisaaman, kana gadmi kara dhammaan dadka ku lug leh shirkadda, ha noqdeen milkiilayaasha, shaqaalaha, macaamiisha ama sharikaadka kale ee shirkaddu la macaamisho. Andrew Campbell (1994) ka dib markuu isha mariyey wax ka badan hiraalka 100 shirkadood oo ka soo kala jeedda Maraykanka, Yurub iyo Japan, waxa uu shaaca ka qaaday sida kaliya ee Sharikaadku ku gaaraan koboc in uu yahay shaqaalaha, maammulka iyo maalgeliyayaasha oo dhammaantood fahansan kuna qanacsan hiraalka shirkadda.

Kala dhig-dhigida istaraateejiyada

"All men can see the tactics by which I conquer, but what none can see is the strategy out of which great victory is evolved"
Sun Tzu

Marka la qeexo hiraalka shirkadda, waxa xiga in qiimayn buuxda lagu sameeyo: waxa shirkaddu ku fiican tahay, waxay ku liidato, fursadaha iyo khataraha (SWOT). Si loo horemariyo istaraateejiyo horummar iyo guul shirkadda gaarsiin karta waa in: laga faa'iidaysto waxa shirkaddu ku fiican tahay, xalna loo raadiyo waxa ay ku liidato ama looga fiican yahay. Waxyaabaha shirkaddu ku fiican tahay waa waxyaabo shirkadda gooni ku ah oo shirkadda gaarsiin kara hadafkeeda. Waxyaabahaas waxay noqon karaan: aqoon ama xirfad shirkadda u gooni ah; muuqaal fiican iyo magac ay ku leedahay mujtamaca dhexdiisa iwm. Dhinaca kale, waxyaabaha ay ku liidato waa waxyaabo ka horistaagaya shirkaddu in ay gaarto ahdaafteedda. Waxyaabahaasi waxay noqon karaan: shaqaalaha xirfadda leh oo ku yar, meesha ay ku taalo oo aan munaasib ahayn, dhaqaalaha oo ku yar, iwm.

In la ogaado waxa shirkaddu ku fiican tahay iyo waxay ku liidato waa tallaabada koowaad ee gundhiga u ah istaraateejiyada shirkadda. Waxa shirkaddu ku fiican tahay waxa uu noqdaa dhagaxa aasaasiga ah ee shirkaddu ku kor dhisan tahay.

Shaxda 13.1 SWOT

Maxaad ku fiican tahay (strengths):	Maxaa lagaaga fiican yahay (weaknesses):
• Aqoon dheeri ah oo aad u leedahay suuqa. • Alaab/adeeg ka fiican tan tartamayaasha. • Meesha aad ku taalo (location) • Tayo sare • Sumcad iyo magac	• Alaabtaada lagama sooci karo tan tartamayaasha (undifferentiated product) • Meesha aad ku taalo • Sumcad xumo suuqa kuu gashay • Tayadaada oo ka hoosaysa tan tartamaha
Fursadaha (opportunities):	**Khataraha (threats):**
• Suuq cusub oo soo muuqda • Sharikaad aad ku biiri karto ama wada shaqayn kartaan. • Suuq cusub oo koboc leh oo aad u wareegi karto • Suuq cusub oo caalami ah	• Tartan cusub oo suuqa soo galay • Dagaal dhanka sicirka ah (price war) • Sharciyo cusub • Hoos u dhac dhaqaale • Tiknoolojiyo cusub

Marka qiimayn buuxda lagu sameeyo waxa shirkaddu ku fiican tahay iyo waxa looga fiican yahay, waxa xiga in iyana la fahmo fursadaha iyo khataraha soo wajihi kara shirkadda. Fursaduhu waa waxyaabo wanaagsan, oo shirkadda bannaanka ka ah, gaarsiina kara shirkadda hadafkeedda. Marka la qiimaynayo fursadahaas, waxa muhiim ah in si joogto ah la isu waydiiyo su'aalo ay ka mid yihiin: Ma jiraa qaab ka fiican kaan hadda macaamiisha ku gaarsiino alaabta ama adeegga? Ma jiraa qaab tartamayaashu aysan ku baraarugsanayn? Maxaa fursado ah oo macquul ah oo fooda inaku soo haya?

Khatarahu (threats) waa waxyaabo aan fiicnayn, shirkadda bannaanka ka ah, hoosna u dhigi kara in shirkaddu gaarto hadafkeeda. Muuqaallo kala duwan ayay khataruhu yeelan karaan: tartame cusub oo suuqa soo gelaya, sharci cusub oo suuqa lagu soo rogay, hoos u dhac dhaqaale, tiknoolojiyo cusub oo ka dhigaysa alaabta shirkadda mid ka hoosaysa tan tartamayaasha, iwm.

Qaabaynta iyo dhaqangelinta istaraatiijiyadda

"A wise man will make more opportuinities than he finds"

Francis Bacon

Haddaad ogaatay waxa aad ku fiican tahay iyo waxa lagaaga fiican yahay, fursadaha iyo khataraha iyo waddada guusha, waxa xiga in aad falanqaysid waddooyinka macquulka ah ee ku gaarsiin kara himilooyinkaaga, dabadeedna aad dooratid waddadii ku gaarsiin lahayd himilooyinkaaga. Waddadaas ku gaarsiin karta himilooyinkaaga ayaa loogu yeeraa istaraatiijiyo.

Inta aadan falanqayn waddada guusha waxa muhiim ah in aad ogaatid in istaraatiijiyad kasta oo hirgashay (realized) aysan ahayn mid la qorsheeyey (planned). Istaraatiijiyadda la hirgeliyey waxay sidoo kale noqon kartaa mid aan la qorshayn oo soo shaacbaxday (emergent).

Sida Porter (1985) iyo rag kale oo fara badani ku doodaan shirkadi saddex hab mid uun bay ku yeelan kartaa awood tartan oo sare (competitive advantage). Saddexdaas hab waxay kala yihiin: *qiime jaban* (lowe price); *ka duwanaansho* (differentiation) iyo *macaamiisha oo ahmiyad la saaro* (customer focus). Qiimaha jaban waxa uu shirkadda ka dhigaa midda ugu hallaabada (cost) hooseysa marka loo fiiriyo sharikaadka ay la tartamayso. Sharikaadka doorta in ay ku tartammaan waddadaan waxay badanaa wax ka gadaan macaamiisha sicirku agtooda muhiimada weyn ka leeyahay.

Sharikaadka doorta ka duwanaanshaha (differentiation) waxay awoodda saaraan in macaamiishu garan karaan markay arkaan adeegyadooda ama alaabtooda. Ka duwanaantu waxay keentaa in macaamiishu dareemaan in aad ka fiican tahay tartamayaasha. Waxa muhiim ah in macaamiishu garawsan karaan waxa aad kaga duwan tahay tartamayaasha. Haddii macaamiishu garowsan waayaan, waxay u badan tahay in istaraatiijiyadaasi aysan shaqaynayn.

Nooca saddexaad waxa uu ka duulaa xikmadda tiraahda qof kasta waa uu ka duwan yahay dadka intiisa kale dhinaca muuqaalka, fikirka iyo waxa uu jecel yahay (unique). Haddii aad dooratid istaraatiijiyadaan waxa muhiim ah in aad xulatid gobol (segment) ka mid ah gobollada suuqa.

Meesha Porter saddexdaas istaraateejiyo soo bandhigo, Hamel and Prahalad (1994) waxay iyana ku taliyaan in awoodda la saaro *waxa aad sida dhabta ah ugu fiican tahay* (core competancies). Ugu danbayn Treacy and Wiersema (1995) waxay ku soo koobaan in awoodd tartan oo sare lagu gaaro saddex arrimood miduun: *Qaab shaqo oo aad u fiican* (operational excellence); *hoggaamin dhanka badeecadda* (product leadership) iyo *macaamiisha oo lala yeesho saaxiibtinimo qoto dheer* (customer intimacy).

Shirkad kasta waxay leedahay waxyaabo horummarkeedda iyo guusheedu ku xiran yihiin. In la aqoonsado lagana faaiidaysto walxahaas ayaa lagu tilmaamaa asaaska horummarka iyo guusha ee shirkadda. Walxahaasi waxay leeyihiin muuqaallo kala duwan, qaarkood waa wax la taaban karo, qaarkoodna waa wax ay adag tahay in la cayimo ama la kor istaago. Tusaale ahaan, Makhaayadle ayaa ku soo koobay waxyaabaha uu guusha ku gaaray in ay ka mid yihiin: hallaabadiisa oo hoosaysa, shaqaale xirfad iyo aqoon leh, meesha makhaayadu ku taalo oo aad u fiican, cunto dhadhan iyo muuqaal quruxsan leh, nadaafad dhinac kasta ah, iyo shaqaale carbisan oo soo dhowaynta iyo raalligelintaba ku fiican.

Su'aasha dadka qaar iswaydiiyaan ayaa laga yaabaa in ay noqoto side lagu gaari karaa awood tartan oo sare? Sida kaliya ee lagu gaari karo awood tartan oo sare waa in shirkaddaadu noqoto mid ka duwan sharikaadka kale (unique). Waxan intaas lagu daraa in wax kasta oo aad samaynaysa aad u samayso si dhaqso ah. Ogow dariishadda fursaddu waxay furantahay waqti aad u yar, haddii aadan waqtigaas uga faa'iidaysana cid kale ayaa uga faa'iidaysanaysa.

Harrison and Taylor (1996) daraasad dheer oo ay sameeyeen dabadeed, waxay soo bandhigeen shan istaraatiijiyo oo sharikaadka gaarsiin kara koboc:

1. Ku tartan tayo meeshii aad ku tartami lahayd sicir;
2. Xulo suuq dihin oo aan wali lagu baraarugin (niche market);
3. Ku tartan waxa aad ku fiican tahay;
4. Isha ku hay kharashaadka shirkadda (tight operating control);
5. Iktiraac alaab/adeeg cusub marwalba.

Haddii la soo ururiyo talooyinka sare, waxaad arkaysaa in istaraateejiyada ugu wanaaagsani tahay ka duwanaan (differentiation).

Ugu danbayn waa in istaraatiijiyadda la hirgeliyo. Si istaraatiijiyadu u noqoto mid la hirgelin karo, waa in istraatiijiyada loo qaybiyo qaybo yar-yar oo qayb walba loo xilsaaro qof. Sidoo kale, si loo xaqiijiyo in istaraatiijiyadda la xushay shirkadda gaarsiisay hadafkeedda waa in uu jiro xisaabtan (control). Waxaa waayahan danbe la soo jeediyaa in xisaabtanku noqdo mid dhamaystiran oo qoto dheer.

Qiimaynta Istaraatiijiyadda

"When you have eliminated the impossible, whatever remains, however improbable, must be the truth"
Sherlock Holmes

Sidaan sare ku soo xusnay, ujeeddada loo sameeyo istaraatiijiyadu waa in ay shirkadda gaarsiiso ahdaafteedda. Sida aan qiyaasi karno, shirkadi waxay gaartaa ahdaafteedda marka istaraatiijiyadii lagu gaari lahaa ahdaaftaas la qaabeeyo, ka dibna la dhaqan geliyo. Haddii istaraatiijiyadu ahayd mid quman, shirkaddu waxay gaartaa ahdaafteedii, haddiise ay ahayd mid aan dhamaystirnayn ama khaldan, shirkaddu ma gaarto ahdaafteedii. Waxa dhacda in mar-mar la dhabar-adaygo oo la sugo natiijatda istaraatiijiyadda, si haddaba waxa looga ogaado in istaraatiijiyadu tahay mid sax ah iyo inkale,

217

waa in uu jiraa miisaan lagu qiimeeyo istaraatiijiyadda. Miisaankaas waxa uu ka kooban yahay:

- Istaraatiijiyadu waa in ay tahay mid *ku habboon* ahdaafta iyo siyaasadda shirkadda. Istaraatiijiyadda ku habboon ahdaafta shirkaddu waxay abuurtaa bay'add deggan oo shirkadda gaarsiin kara ahdaafteedda.
- Istaraatiijiyadu waa in ay *ku habboon* tahay bay'adda shirkaddu ka hawlgasho.
- Istaraatiijiyadu waa in *ay ku dhisan* tahay waxa shirkaddu ku fiican tahay.
- Istaraatiijiyadu waa in ay tahay mid la *hirgelin karo*.

Soomaalida iyo Istaraateejiyada ganacsiga

Daraasaddan iyo kuwo kale oo Shire sameeyey ayaa muujiyey in samaynta, fulinta iyo dib-u-fiirinta istaraateejiyada sharikaadka Soomaalidu intuba ku xiran yihiin hoggaanka shirkadda. Maaddaama, inta badan sharikaadka Soomaalidu aysan lahayn nidaam maammul oo qeexan, wax badan waxay ku xiran yihiin heerka aqoon, waaya'aragnimo iyo fir-fircoonaan ee maammulka sare ee shirkadda.

Daraasadahaasi waxay muujiyeen sharikaadka leh istaraateejiyo qoran in ay yihiin sharikaad ay:

- Hogaamiyaan dad hiraal leh diyaarna u ah isbeddel.
- Dadkaasi si fiican uga faa'iidaystaan awoodda iyo aqoonta shaqaalaha.
- Dadkaasi ku baraarugsan yihiin baahida macaamiisha iyo filashadooda labadaba.
- Dadkaasi suuqa soo dhigaan badeecad/adeeg cusub, kana duwan kuwa suuqa yaala.
- Dadkaasi macaamiisha soo hordhigaan wax ka badan waxa ay ka filanayaan.

Si kastaba ha ahaatee, daraasadu waxay muujisay in sharikaadka leh istaraatiijiyo qeexan tiro ahaan ka yar yihiin 0.5%. waxa intaas weheliya in sharikaadka xoogoodu (wax ka badan 90%) aysan lahayn hiraal iyo ujeeddooyin qeexan oo milkiilayaasha, shaqaalaha iyo maammulku shirkaddu isku raacsan yihiin. Sharikaadka leh hiraal iyo ujeeddooyin, waxay u badahn tahay in ay yihiin kuwo ku yaala waraaqaha oo kaliya.

Tixraax (References)

Baron, R. A. "Expending entrepreneurial cognition's toolbox." *Entrepreneurial Theory and Practice* 6, no. 28 (2004): 553-573.

Basu, A. "An exploration of entrepreneurial activities among Asian small businesses in Britai n." *Small Business Economics* 10, no. 4 (1998): 313-26.

Baumol, W. J. "Entrepreneurship> Productive, unproductive and destructive." *Journal of Political Economy* 98 (1990): 893-921.

Bharadwaj, S. A. "Determinants of Success in Service Industries." *Journal of Service Marketing* 7, no. 4 (2000): 19-40.

Bhide, A. V. *The Origion and Evolution of New Business.* Oxford: Oxford University Press, 2000.

Birch, D. *The Job Creation Process.* Washington: MIT, 1979.

Bird, B. "Implementing entrepreneurial ideas: the case for intention." *Academy of Management Review* 13, no. 3 (1988): 442-53.

Birley, S. "To grow or not to grow." In *Mastering Entrepreneurship*, by S. and Muzyka, D. Birlet, 245-46. Pearson Education, 2000.

Birley, S. "Universities, Academics and Spinout Companies: Lessons from Imperial." *International Journal of Entrepreneurship Education* 1, no. 1 (2002): 133-53.

Borrow, C. *Essence of Small Business.* FT Prentice Hall, 2000.

Brennan, M. A. "Academic Entrepreneurship." *Journal of Small Business* 12, no. 3 (2005): 307-322.

Brockaw, L. "The Thruth about start-ups." *Academy of Management Journal* 15, no. 3 (1993): 56-64.

Brooks, I. and Weatherston, J. *The Business Environment.* Harlow: Pearson Education Limited, 2000.

Brush, C. C. *Growth oriented women entrepreneurs and their businesses.* Chaltenham: Edward Elgar, 2006.

—. *Women's Entrepreneurship in the United States.* Washington: In. C., 2006.

Burns, P. *Corporate Entrepreneurship: Building an entrepreneurial organisation.* Basingtoke: Palgrave, 2005.

Carter, S. and Dylan-Jones, D. *Enterprise and Small Business: Principles, Practice and Policy.* Pearson Education, 2000.

Chell, E. "The Entrepreneurial personality; Past, Present and Future." *Occupational Psychologist*, 1999: 5-12.

Churchill, N. C. "The Five Stages of Small Business Growth." *Harvard Business Review*, May/June 1983.

Cobbenhagen, J. *Successful Innovation: Towards a new theory for the management of SMEs.* Chetenham: Edward Elgar, 2000.

Comission, European. *Entrepreneurship in Europe.* EU, 2003.

The European Agenda for Entrepreneurship: Action Plan. European Comission, 2004.

De Bono, E. *Lateral Thinking for Management.* Harmonsdworth: Penguin,

1971.

Dennis, W.J. *A Small Business Primer.* National Federation of Independent Business, 1993.

Drucker, P. *Innovation and Entrepreneurship.* London: Heinemann, 1985.

Fairlie, R. and Robb, A. "Why are black-owned businesses less successful than white owned businesses? the role of families, inheritances and business human capital." *Journal of Labor Economincs*, 2006.

Fisher, E. R. "A theoretical overview and extension of research on sex, gender and entrepreneurship." *Journal of Business Venture* 8 (1993): 151-168.

Gartner, W. B. "A conceptual framework for describing the phenomenon of new venture creation." *Academy of Management review* 2, no. 4 (1985): 696-706.

—. *What are we talking about when we talk about entrepreneurship.* London: Gower, Journal of Business Venture.

Gartner, W. B. "Who is an entrepreneur is the wrong question." *American Small Business Journal* Spring (1988): 11-31.

Greenberger, D. B. and Sexton, D. L. "An interactive model for new venture creation." *Journal of Small Business Management* 26, no. 3 (1988): 107-18.

Heinecke, W. E. *The Entrepreneur: 25 golden rules for the global business manager.* Singapore: John Wiley & Sons, 2003.

Hisrich, R. D. and Peters, M. P. *Entrepreneurship.* McGraw Hill, 2002.

Hormozi, A., Sutton, G., McMinn, R. and Lucio, W. "Business plans for new or small businesses: paving the path to success." *Management Decision* 40, no. 8 (2002): 755-763.

Kakabadse, A. *The Politics of Management.* London: Gower, 1983.

Kamm, J. B. "Entrepreneurial teams in a new venture formation: a decision-making model." *Entrepreneurship Theory and Practice* 14, no. 4 (1990): 17-27.

Kaplan, B. M. and Warren, A.C. *Patterns of Entrepreneurship.* Danvers: John Wiley & Sons, 2007.

Katz, J. A. "Properties of Emerging Organisations." *Academy of Management Review* 13, no. 3 (1988): 429-442.

Kazumi. *Studies of Small Business Manager: Entrepreneurship in Small Business.* Tokyo: Japan Small Business Research Institute, 1995.

Kihlstrom, R. A. "A General Equilibrium Entrepreneurial Theory of Firm Based on Risk Aversion." *Journal of Political Economy* 87, no. 4 (1979): 719-748.

Kinsella, R. P. *Fast Growth Firms and Selectivity.* Dublin: Irish Management Institute, 1993.

Kirby, D. *Entrepreneurship.* London: McGraw Hill, 2003.

Kirzner, I. *Perception, Opportunity and Profit.* Chicago: University of Chicago Press, 1979.

Leach, P. *The BDO Stay Hayward to the Family Business.* London: Kogan, 1996.

Lefebvre, P. A. "Competitive position and innovative efforts in SMEs." *Small Business Economics* 5, no. 4 (1993): 297-305.

Littunen, H. "Entrepreneurship amd the characteristics of the entrepreneurial personality." *International Journal of Entrepreneurial behaviour and research* 6, no. 6 (2000).

Lombard, K. "Female self-employment and demand for flexible, non standard work schedules." *Economy Inquiry* 39, no. 2 (2001): 214-237.

Love, N. A. "A Model for predicting business performance in SMEs." *British Accounting Association*, 2001: University of Exter.

Lucas, R. E. "On the size distribution of business firm." *Bell Journal of Economics* 9, no. 2 (1978): 508-523.

Man, T. A. "The Competitiveness of Small and Medium Enterprises." *Journal of Business Venturing* 17 (2002): 123-142.

Martin, G. A. "Managerial Competence in Small Firms." *Journal of Management Development* 13, no. 7 (1992): 23-34.

Mazzarol, T. V. "Factors influencing small business start-ups." *International Journal of Entrepreneurial Behaviour and Research* 5, no. 2 (1999): 48-63.

Mazzarol, T., Volery, T, Doss, N. and Thein, V. "Factors influencing small business start-up." *International Journal of Entrepreneurial Behaviour and Researcj* 5, no. 2 (1999): 48-63.

McGratih, R. G. and MacMillan, I. *Entrepreurial mindset.* Harvard Business School Press, 2000.

McKay, E. *The Marketing Mystique.* New York: American Management Association, 1972.

Mintzberg, H. (1983). *Structures in Fives: Designing effective organisations.* London: Prentice-Hall, 1983.

Mintzberg, H. *Five Ps for Strategy.* California: California Management Review, 1987.

Mitchell, B. "The role of networks among entrepreneurs from different groups." *The Small Business Monitor* 1, no. 1 (2003).

Morrison, A. "Entrepreneurship: what triggers it?" *International Journal of Entrepreneurial behaviour and research* 6, no. 2 (2000).

Mullins, J. W. *The New Business Road Test: What Entrepreneurs and Executives should do before writting a Business Plan.* FT Prentice Hall, 2003.

Nwankwo, S. "Characteristics of Black African Entrepreneurship in UK." *Journal of Small Enterprise Development* 12, no. 1 (2005): 120-136.

O., R. V. *A whack on the side of the head.* New York: Warner Bookds, 1998.

OECD. *Women Entrepreneurs in Small and Medium Enterprises.* Paris: OECD, 1998.

Parkhurst, H. B. "Condusion, lack of consensus and the definition of performance." *Journal of Product innovation and Management* 10 (1999).

Porter, M. E. *The Competitive Advantage of Nations.* New York: Free Press, 1990.

Porter, M. *On Competition.* Harverd: Harverd Business School, 1998a.

Praag, C. M. "The roots of entrepreneurship and labour demand: Individual and low risk." *Economica* 68, no. 269 (2001): 45-62.

Proctor, T. *Essentials of Marketing Research.* Financial Times, 2000.

Quinn, J. B. *Strategies for change: Logical incrementalism.* Richard D Irwin, 1980.

Schumpeter, J. *The theory of economi development.* Cambridge: Cambridge University Press, 1934.

Segal, G., Borgia, D. and Schoenfeld, J. "The motivation to become an entrepreneur." *International Journal of Entrepreneurial behaviour and research* 11, no. 1 (2005).

Shane, S. A. *General Theory of Enterpreneurship: The Individual Opportunity Nexus.* Edward Elgar, 2003.

Shane, S. K. "An exploratory examination of the reasons leading to new formation across country gender." *Journal of Business Venturing* 6 (1991): 431-446.

Shaver, K. G. "Person, process, choice: the psychology of new venture creation." *Entrepreneurship theory and practice* 16, no. 2 (1991): 23-43.

Smith-Hunter, A. and Boyd, R. "Applying theories of entrepreneurship to a compaartive analysis of white and minority owners." *Women in management review* 19, no. 1 (2004).

Stevenson, H. A. M. "Preserving entrepreneurship as companies grows." *Journal of Business Strategy* 7 (1986): 10-23.

Stokes, D. and Wilson, N. *Small business management Entrepreneurship.* London: Thomson, 2006.

Stokes, D. *Marketing.* Thomson Learning, 2002.

Timmons, J. A. and Spinelli, S. *New Venture Creation.* New York: McGraw Hill, 2007.

Timmons, J. A. *New Venture Creation: Entrepreneurship for the 21st century.* Singapore: Irwin/McGraw Hill, 1999.

Usmani, M. T. *An introduction to Islamic Finance.* Karachi: Idaratul Ma'arif, 1999.

Venkataraman, S. "The distinictive domain of entrepreneurship research." In *Advance in entrepreneurship, firm emergence and growth*, by J. Katz, 509-533. Greenwich: JAI Press, 1997.

Vyakaranam, S. J. "Exploring the formation of entrepreneurship teams: the key to rapid business growth." *Journal of Small Business and Enterprise* 6, no. 2 (1999): 153-165.

Vyakaranham, S. A. *A marketing action plan for the growing business.*
   London: Kogen Page, 1999.

Werbner, P. "Renewing an idustrial past: British Pakistani entrepreneurship
   in Manchester." *Migration* 8 (1990): 7-41.

Wickham, P. A. *Strategic Entrepreneurship.* Essex: Pearson Education
   Limited, 2001.

Xussen, Cabdisalaam Muxammad. *Xisaabaadka Maaliyadda.* Oslo: CMX,
   1997.

Yusuf, A. "Critical success factors for small business: Perception of South
   Pacific Entrepreneurs." *Journal of Small Business Management* 33,
   no. 2 (1995): 68-73.

page 64, 35, 59 61, 27